Diploma × KYOTO´23

The Kyoto exhibition of graduation projects
by architecture students

—

an real

は じ め に

卒業制作とは何か、と質問された時、私はだいたいいつもこう答えることにしている。「卒業制作とは、多くを体験し、わずかばかりの判断を下すことです」と。

なぜ、わずかばかりしか判断を下さないのか、それは仮説の行方を決めるのは常に鑑賞者であり、制作者ではないからだ。

展示会の役割は、個々人の下すべき判断を最も魅惑的なかたちにして鑑賞者にそっと手渡すところにある。

豊かな制作活動をするためにすべきことは、ごく簡単に言ってしまえば、結論を用意することではなく、仮説をただ丹念に積み重ねていくことだ。どれくらい有効に正しく仮説を選び取り、どれくらい自然に巧みにそれを積み上げていけるのか、それが建築を学ぶものの力量として現れる。

卒業制作というものは、使用されているマテリアルを一つひとつ取り上げてみると、それぞれは曖昧な情報（虚構）であるが、それらに従う個々の思考と、並び替えの作業プロセスについていえば、紛れもなく実際的なものである。

「Diploma × Kyoto」とは関西の大学4年生が自ら企画・運営・出展を行う卒業設計展であり、全国最大規模の有志展となっています。ここでは多くのフィクションとリアリティが集い、それぞれの思考に基づき議論を交わす。それを社会に開く場としての展示会を目指しています。

U・N・オーウェンが優れた作品についてこのように語っている。

「作品とは風であり、揺らされる人の心があって、初めて風は目に見えるものになり、誰かの思考に浸透し一つの現実として存在できる」

そんなことが本展示会テーマ「an real」という言葉から私たちが考えていたことになります。

さまざまな作品の揺らぎに当てられ、展示会の出口から出た時、入口をくぐる前とは少しだけ違った現実に辿り着いてしまっている。そのような体験が本書を通して、少しでもできれば私たちはただそれだけで十分かもしれないなと思っています。

テーマ

「an real」

卒業制作とは空想物である。しかし学生達は自分なりの確かな「an real」を抱き、設計制作に打ち込む。それぞれの「an real」が相互に作用し合いながら、可能性を有して世の中へ波及していく。

京都建築学生之会 2023 年度代表
中野　宏道

CONTENTS

開 催 概 要

主　　宰　　京都建築学生之会

会　　期　　2023 年 2 月 25 日（土）〜 27 日（月）

会　　場　　京都市勧業館みやこめっせ 1F 展示会場

テ ー マ　　an real
　　　　　　Day1 **Point**
　　　　　　Day2 **Line**
　　　　　　Day3 **Surface**

参加大学　　18 大学
　　　　　　（大阪大学、大阪芸術大学、大阪工業大学、大阪公立大学、大阪電
　　　　　　気通信大学、関西大学、京都大学、京都工芸繊維大学、京都精華大
　　　　　　学、京都橘大学、京都府立大学、近畿大学、神戸大学、滋賀県立大
　　　　　　学、摂南大学、帝塚山大学、武庫川女子大学、立命館大学）

出展者数　　158 名

審 査 員　　**Day1** ／赤松佳珠子（建築家｜ CAt、法政大学教授）、島田陽（建
　　　　　　築家｜タトアーキテクツ / 島田陽建築設計事務所、京都市立芸術大
　　　　　　学准教授）、武田清明（建築家｜武田清明建築設計事務所）、満田衛
　　　　　　資（構造家｜京都工芸繊維大学教授、満田衛資構造計画研究所）、
　　　　　　山田紗子（建築家｜山田紗子建築設計事務所）
　　　　　　Day2 ／五十嵐太郎（建築史・建築批評家｜東北大学大学院教授）、
　　　　　　忽那裕樹（ランドスケープデザイナー・まちづくりプロデューサー
　　　　　　｜ E-DESIGN、大阪公立大学客員教授）、倉方俊輔（建築史家｜大
　　　　　　阪公立大学教授）、都島有美（建築家｜久保都島建築設計事務所）、
　　　　　　藤村龍至（建築家｜ RFA、東京藝術大学准教授）
　　　　　　Day3 ／木内俊克（建築家｜木内建築計画事務所、京都工芸繊維大
　　　　　　学特任准教授）、泉山塁威（都市戦術家｜日本大学理工学部建築学
　　　　　　科准教授、ソトノバ創設者・共同代表理事）、野口理沙子（ケンチ
　　　　　　クイラストレーター｜イスナデザイン）、原田祐馬（アートディレ
　　　　　　クター・デザイナー｜ UMA/design farm、京都芸術大学客員教授）、
　　　　　　松村淳（建築社会学者｜関西学院大学准教授）

Point

建築意匠・構造の確かな視点から各作品を１個の建築物として評価・議論する。

審 査 方 法

① 巡回審査
　会場に並んだ模型とプレゼンボードから、
　各審査員が予備審査で議論したい作品を
　選出する。

② 予備審査
　ポートフォリオを用いて、
　最終講評会に進む8選を選出する。

③ 最終講評会
　8選について、
　パワーポイントと模型を用いた
　プレゼンテーションと質疑応答を実施。
　ディスカッションを経て、
　１〜3位と審査員賞を決定する。

1位
ID046
平松 那奈子 Nanako Hiramatsu
（京都大学）

元町オリフィス
〜分裂派の都市を解く・つくる〜

2位
ID069
西本 敦哉 Atsuya Nishimoto
（大阪芸術大学）

地中を舞う種に習い、うたを繋ぐ
〜塩で描く多喜浜の未来の物語〜

3位
ID132
池田 穂香 Honoka Ikeda
（近畿大学）

ついぎのすみか
終×次 動くみどりに伴う終築

ファイナリスト／赤松佳珠子賞
ID114
川口 颯汰 Sota Kawaguchi
（京都精華大学）

大地を育む
砂丘の環境（風・砂・水）と過ごす
生き物（植物・動物・人）が作り出す新しい風景

ファイナリスト／島田陽賞
ID146
葛谷 寧鵬 Neiho Kuzutani
（滋賀県立大学）

景ノ庭

ファイナリスト／武田清明賞
ID086
池内 優奈 Yuna Ikeuchi
（京都大学）

着生建築

ファイナリスト／満田衛資賞
ID093
千葉 祐希 Yuki Chiba
（京都大学）

その鉄が映すもの

ファイナリスト／山田紗子賞
ID099
中野 宏道 Hiromichi Nakano
（近畿大学）

都市ガ侵略サレタトセヨ.
偏執狂的＝習合的手法

審査員

赤松 佳珠子
Kazuko Akamatsu

建築家
CAt
法政大学教授

総評：卒業設計はあくまでも一つの通過点であり最終目標ではないため、悩みに悩んで、紆余曲折を経て取り組んだことや、自分自身を見つめ直し、いろいろなテーマにどう向き合ってきたのか。ということにこそ意味があり、問われるのだと思います。卒業設計で賞を取った人が第一線で活躍しているかというと、実はそうでもないというのはよく言われる話です。結果に一喜一憂せず、そこに向けてがむしゃらに頑張ったという経験が、今後みなさんが生きていく上での大きな指標や糧になると思います。すべてを出し切れず悔しがっている人もいると思いますが、自らが応募して審査に挑んでいる場であり、悔しい思いをすることも大切です。そこに向けて自分が何をやったのかをしっかり認識できれば次に繋がるはずだと思います。8選には残らなかったけれど、面白かった作品、いい考え方だと思える作品もたくさんありました。大学によっても特徴が違ったり、年による傾向の違いもありますが、それぞれが情熱を注いだ良い提案になっているので、審査員が変わればまた違う作品が選ばれるはずですし、それこそが、こういったイベントの面白さだと思います。

1968年東京都生まれ、1990年日本女子大学卒業後、シーラカンスに加わる。
1998年シーラカンスアンドアソシエイツ（C＋A）に改組、2002年パートナー着任、2005年CAtに改組、2013年法政大学准教授、2016年法政大学教授。

審査員

島田 陽
Yo Shimada

建築家
タトアーキテクツ / 島田陽建築設計事務所
京都市立芸術大学准教授

———

総評：私が学生の頃には、このような関西エリアの卒業設計コンテストはほぼありませんでした。もしあったとしたら、私は建築家になっていないかもしれません。出展者から選ばれた数名が壇上に挙げられて一種の評価が下されるけれど、これは、みなさんの卒業設計を励ますためのイベントであり、設計能力コンテストではありません。設計能力がないから評価されないのではなく、卒業設計は、自分がその時に何に興味があったかを追求するものであり、それが上手くいったかどうかは関係ないです。20年、30年経って振り返ると、卒業設計時に考えていたことが蘇ってくるというものなのです。そういう意味で、私は卒業設計のフォーマットに則って点を積み上げて、完成度が高くなっているような作品は評価しませんでした。学生からすると、模型の密度が高いにも関わらず1票も入っていないことに不満はあると思いますが、独自の嗅覚で何かを追い求めている作品に私は点数を入れました。

1972年兵庫県生まれ、1995年京都市立芸術大学卒業、1997年京都市立芸術大学大学院修士課程修了。
1997年タトアーキテクツ / 島田陽建築設計事務所設立、2021年京都市立芸術大学准教授。

審査員

武田 清明
Kiyoaki Takeda

建築家
武田清明建築設計事務所

総評：ID042「ヴィーナスに棲まう」の案について最後に触れておきたいと思います。建築とはゼロから何かを生みだすことであるとまでは言わないまでも構築的なものではあるから、廃墟という非構築的なものに興味をもってしまった彼女は、卒業設計としてこのまま突き進んでいいのかどうかきっと迷ったと思います。私の個人的な意見ですが、フォーマットが建築であるかよりも、興味に向かって突き進むことのほうが大切だと思います。卒業設計によって真剣にあぶりだされたその興味は、将来にきっと生きるのではないかと思います。イギリス留学時に、私も興味の探求で廃墟の研究を2年間しました。誰もいない廃墟の村に寝袋で何日も寝泊まりしていると「建築家として将来この体験が活きるわけがない」と泣きそうになりました（笑）。しかしその興味の探求は、独立後の設計思想のベースになっています。卒業設計はプロセスのひとつなのです。この先もずっとずっと興味を探求し続けるのです。

1982年神奈川県生まれ、2007年イーストロンドン大学大学院修士課程修了。
2008年隈研吾建築都市設計事務所、2018年隈研吾建築都市設計事務所設計室長歴任、2019年武田清明建築設計事務所設立、
2020年千葉工業大学非常勤講師、2021年日本女子大学非常勤講師。

満田 衛資
Eisuke Mitsuda

構造家
京都工芸繊維大学教授
満田衛資構造計画研究所

———

総評：Day1の審査員に構造家として選んでくれたのだと思いますが、構造がきちんと考えられている作品がほぼ皆無だったのは非常に残念でした。厳しく言うと、みなさんは卒業資格と同時に建築士の受験資格も得られる大事な節目であるのに、そのあたりがおざなりになっているのが気になります。ただ、まったくできていないわけではないため、特に指摘はしませんでした。8選以外にも魅力ある作品がたくさんあり、自身の解決したい課題をテーマに掲げ、それに対して切実に考えていると思いました。決勝選抜の審査で私が票を入れたのはID034「東大阪詩的建築試論」、「元町オリフィス」、ID057「山守の結び」、ID065「重なり合う互助」、「その鉄が映すもの」、ID094「不沈」、「景ノ庭」、ID147「Climate Plaza」、ID148「鉱都の羅針図」、ID153「躍動する学生たちの棲家」です。ただ、この中で決勝に進んでいない作品は、それぞれのテーマに対して建築家として成すべきことが物足りなかったです。相互互助の話や自閉症スペクトラムの人の施設など、それぞれすごく熱心に取り組んでいますが、決勝まで進むと、かえって物足りない点が露呈するでしょう。

1972年京都府生まれ、1997年京都大学卒業、1999年京都大学大学院修士課程修了。
1999年佐々木睦朗構造計画研究所、2004年佐々木睦朗構造計画研究所副所長、2006年満田衛資構造計画研究所設立、
2014年京都大学大学院博士後期課程修了、2017年大阪工業大学客員教授、2018年京都工芸繊維大学教授。

審査員

山田 紗子
Suzuko Yamada

建築家
山田紗子建築設計事務所

———

総評：昨年はDay3で参加して、各日で異なる審査員という構成がとても独特な設計展だと思いました。昨年のDay1と3では全く違うディスカッションだったので、明日と明後日も話の展開が異なると思います。今回は自分が票を入れた作品が意外と残りましたが、説明がちぐはぐでも、とても魅力的な風景や空間を最終的につくり出している作品に共感を覚えました。特に「地中を舞う種に習い、うたを繋ぐ」と「ついぎのすみか」の模型は、覗き込んだ時の豊かさというか、終わりのなさがとても良かったです。「元町オフィス」は、最初はよくわかりませんでしたが、元々の風景の構成要素を持って来て現状を維持するのではなく、元々の魅力として持っていた奥行きのようなものを過剰に展開していくという内容であり、意外とドラスティックな提案に次第に面白みを感じ始めました。新しい未来をつくるために強い形で提案しているけれど、いろいろな人が楽しく入って来られる明るい感じがあり、そこが魅力だと思います。クルクルしている模型も見たことがなくて面白く、何かセンスを持っているので、これからも頑張って欲しいです。

1984年東京都生まれ、2007年慶應義塾大学卒業。
2007年藤本壮介建築設計事務所、2013年東京藝術大学大学院修士課程修了、2013年山田紗子建築設計事務所設立。

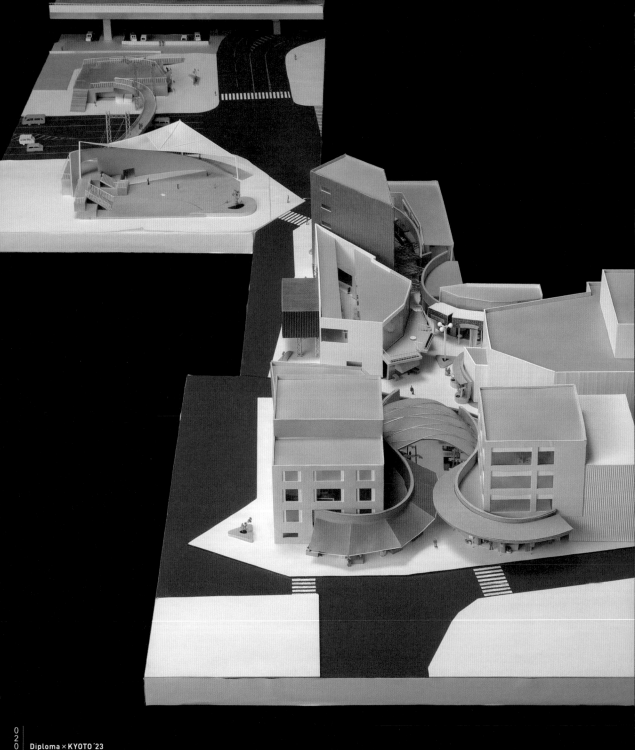

神戸市中央区三宮、元町エリア近郊。このエリアは商店街と商店街未満の通りが密集し、穴だらけの空間が一点透視的なシーンを連続させる。歩いてみると地図通りには感じられないこの場所を認識するために、私は【オリフィス】＝（穴をつくる門＋引力）という街の一単位を考えた。オリフィスは例えばお店や、階段や、商店街等の向こうに行けそうな穴を指す。すると、お店が集まって商店街になることが、最小単位のオリフィスが横並びに集まることによって一つ高次の、2次オリフィスになっている現象ととらえることができる。【オリフィス】という場所の認識方法とともに、その構造を写し取ることで、複雑さと歴史を蓄積できる場所づくりを提案する。

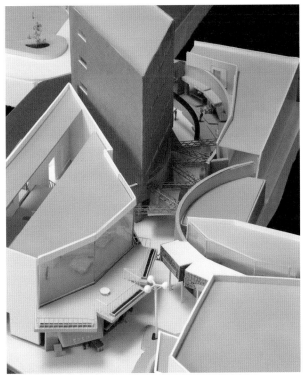

1、調査・分析

本作の調査は兵庫県神戸市中央区、三宮・元町エリア一帯を扱う。この場所は海と山に囲まれ、異人館や旧居留地、メリケンパーク等の観光地・市役所等公共施設・オフィス街・大小の商業施設、周囲には住居施設が発達している。中央区の人口は約15万人で鉄道網が発達し京阪神エリアからアクセスは非常によい人口密集エリアである。センター街をはじめとする大小の商店街が集中しているのも特徴の一つである。元町〜三宮の高架によって北と南に分断されており、さらに、海へのアクセスは悪くタワーマンションが林立するため都市部と海との連続性は低い。現在は特に駅前を中心に再開発計画が進行中である。

センター街1〜3、三宮本通商店街、元町商店街、南京町、東門街などの商店街と、路地裏、なにかしらの雰囲気がある商店街未満の通り、居留地やビル街などの特定のイメージを持つエリアが密集するエリアである

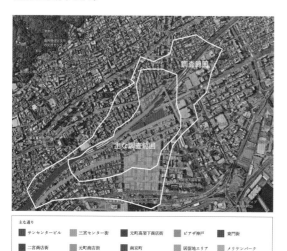

地図からはわからない体験とシーンが次から次へと切り替わっていく時間の流れがあり、独特な歩行体験ができる。吸い込まれるようにして気が付いたら遠くまで来ている

主な通り
■ サンセンタービル　■ 三宮センター街　■ 元町高架下商店街　■ ピアザ神戸　■ 東門街
■ 二宮商店街　■ 元町商店街　■ 南京町　■ 居留地エリア　■ メリケンパーク

2、オリフィス

●体験から街を読み解くオリフィス構造

三宮・元町の独特な歩行体験は一点透視的な空間の連続からできている。これは、穴が集まってまた穴を成している街の構成が関係している。そのため、地図や平面で捉えられない、立体や吸い込まれる感覚を考慮する必要がある。穴によって成る街の構成を考えるため、「オリフィス」（＝穴＋引力）という1単位を設定する。

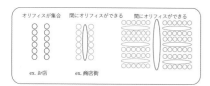

オリフィス・フラクタルモデル。小さなオリフィスの集合がもう一つ高次のオリフィスを成す。それが集まり、また高次のオリフィスになるというモデルで街を捉えることができる

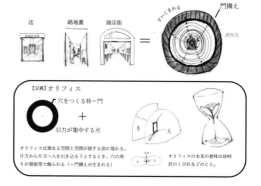

●オリフィス・フラクタル

元町で確認したオリフィスは3つの次元に分けられる。1次オリフィスはお店のような、人を滞留させようとする行き止まりの空間。お店が並ぶことで商店街や通りができる。それらもまた、方向を変えると人を引き込む穴であり、これをより高次の2次オリフィスと名付ける。そして、2次オリフィス（商店街や通り）が集まることでより高次の3次オリフィスができる。これらを図化すると、上のモデル図となる。まちをオリフィスのフラクタルとして捉えてみることができる。

＝1次オリフィス／滞留
行き止まりの空間
・個性がある
・ルールや雰囲気がある。
・大空間から小空間まで可能。様々な機能を果たす。

＝2次オリフィス／分裂
別の種類の空間を増やす
・個性がある
・ルールや雰囲気がある

＝3次オリフィス／統一
見通しがよく向こうとつなぐ
・雑多
・見通しがよい
・道路がとおる

●2次オリフィス分析

2次オリフィスはどうつくられるのか。例えば南京町に入ると、赤いテントやぼんぼりにより、ある何かの一帯だとわかる。オリフィスの門構えに当たる部分が2次オリフィスの空間性をつくっている。門構えを分析すると、エリアに既存のものと、店や個人が置いているものに分かれる。オリフィス構造は機能を入れる器であり、オリフィスという定型があるからこそ、意外性のある使い方を促し、使い手に合う使い方の工夫を可能にする。

●フラクタルの型にはめることで、実際にはそうではないまちが見えてくる

気づいたら違う通りにいて……というような体験はヒエラルキーの強い整った空間からは得られない。それは、1次のオリフィスの中に、単に行き止まりではないオリフィスや2次の入口が混ざっているからである。実はこことここがつながっていて……ということがヒエラルキーを破壊し、さまざまな空間が分裂・増殖したような空間をつくる。独特な歩行体験は1次のオリフィスに通路や巨大な空間など思いがけないものが紛れ、ヒエラルキーをかき乱すことで生まれる。

3、設計・手法

このエリアを特徴づけているのは2次オリフィスの存在である。

- 2次オリフィスはあるパターンのエレメントが集まり、秩序づけられることで できる。
- 2次オリフィスは複雑で、思いがけない体験のある都市をつくる。
- 2次オリフィスは人々の思い入れが募る歴史ある場所をつくり得る。

敷地は海から賑わいエリアへのつながりを分断しているエリアである。ここに、新たな2次オリフィスを出現させる。歩行体験の流れを引き込み、関係性を育まれる場所をつくる。時間を経て機能が入れ替わるたびに文化や雰囲気が蓄積されていく場所を目指す。

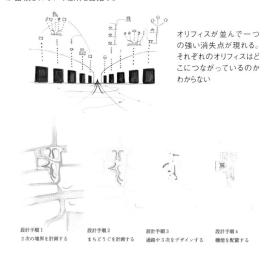

オリフィスが並んで一つの強い消失点が現れる。それぞれのオリフィスはどこにつながっているのかわからない

設計手順1
2次の境界を計画する

設計手順2
まちどうぐを計画する

設計手順3
通路や3次をデザインする

設計手順4
機能を配置する

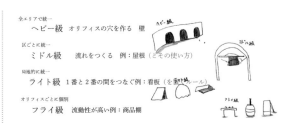

全エリアで統一
ヘビー級　オリフィスの穴を作る　壁

区ごとに統一
ミドル級　流れをつくる　例：屋根（その使い方）

局地的に統一
ライト級　1番と2番の間をつなぐ例：看板（を置くルール）

オリフィスごとに個別
フライ級　流動性が高い例：商品棚

2番の空間は採集からもわかるように、切り離し可能なエレメントとそれらを秩序づけるルールによって成っている。そこで、ここでは門をつくるエレメントを設計することで2番の空間をつくる。それらを舞台の大道具からとって「まちどうぐ」と名付ける。

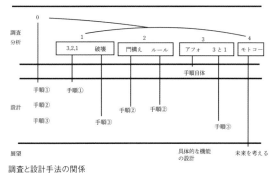

調査と設計手法の関係

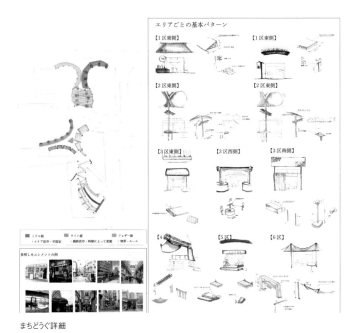

まちどうぐ詳細

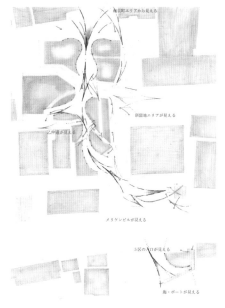

体験の流れ

●敷地

元町駅・三宮駅から海に行く際に通る、賑わいのあるエリアとメリケンパークの間をつなぐエリア。海沿いにはタワーマンションがあり、オフィスビルも集合している。住民と仕事に来る人、観光にくる人などさまざまな人が入り乱れる。また、幹線道路もあり、3次オリフィス的といえる見晴らしがよい場所である。

●展望

元町オリフィスは変形し続ける。機能が入れ替わるたび、まちどうぐやその使われ方も少しずつ変わっていく。時を経て通路や1部屋の形も複雑化していく。やがて、まちどうぐは古くなり、周辺は建て替わる。それでもエリアごとイメージや雰囲気、使い方が人々の間で共有され、誰かがその少し続きをつくることで形を変えながら存在し続ける。40、50、60年後には周辺やまちどうぐは欠損したり、代替わりしたりする。それでもここは、ここであり続ける。

1区

2区

3区

6区

5区

4区

北側平面図

南側平面図

設計プロセス

ID046 平松 那奈子

三宮が好きで、実家に帰るたびに歩いていたので敷地に決めた。

特に何も決めずに3日と決めて毎日ひたすら歩く。それを数週間続けた。行きたい店が増えていった。

2022年
9月

店の人にインタビューをしたり、キーになる概念をつかみはじめた。オリジナル地図記号の作成に励んでいた。先が見えなくて泣いていた。

2022年
10月

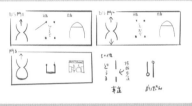 

2022年
11月

オリフィスという単語を見つけてそれをキー概念に使い始めた。コンセプト模型をつくりながらこれで完成かな〜と思っていた。

 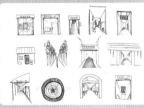

2023年
1月

理論が組み終わった。形が決まったら、ひたすらボールペンで絵を描いていた。雪のなか、来る日も来る日も……。

2023年
2月

後輩に支えられ模型をつくりきることができた!!

ID069

地中を舞う種に習い、うたを繋ぐ
～塩で描く多喜浜の未来の物語～

西本 敦哉 ／Atsuya Nishimoto　　大阪芸術大学 芸術学部 建築学科 久保清一研究室

設計期間▷5カ月　　製作中の苦労や思い出▷12月1日提出。10月中旬の地元の祭りにはしっかり参加。
お気に入りの本▷環境ノイズエレメント　　製作中に影響を受けた人物や思想▷久保清一先生によるゼミでの指導と、門内輝行先生による
　　　　　　　　　　　　　　　　　　　　　　　　　　建築論の授業などの指導

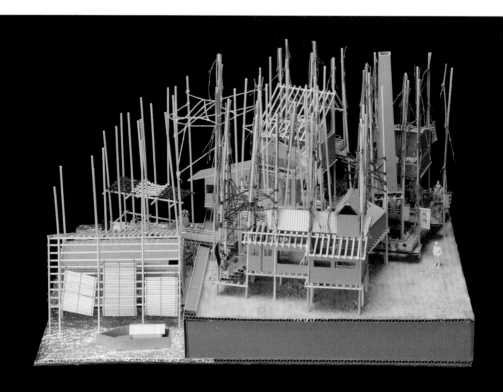

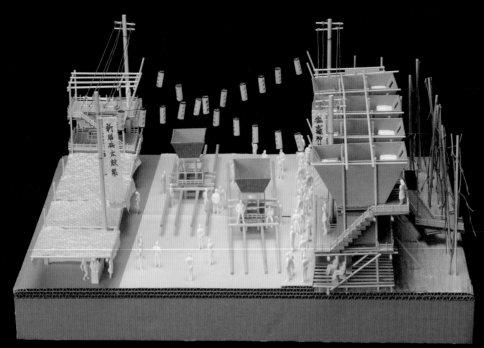

愛媛県新居浜市多喜浜。遠浅な海岸が広がり、豊かな自然を用いた塩田が存在していたが、現在では埋め立てにより、工場地帯が広がる。失われた自然環境や自然と人との関係性を取り戻すために、「自然環境」、「産業」、「文化」の3つをつなぎ合わせる計画を提案する。廃工場や未利用の土地に「塩田」を配置し、伝承される昔話や祭りをもとに、8つの建築を計画する。それらは広範囲な多喜浜にネットワークを結び、媒介装置として存在し、未来の多喜浜の風景を築き上げていく原点となる。人為的行為がもたらした社会問題と向き合うことで、現代人が見失いがちな環境との向き合い方へと繋がっていく。

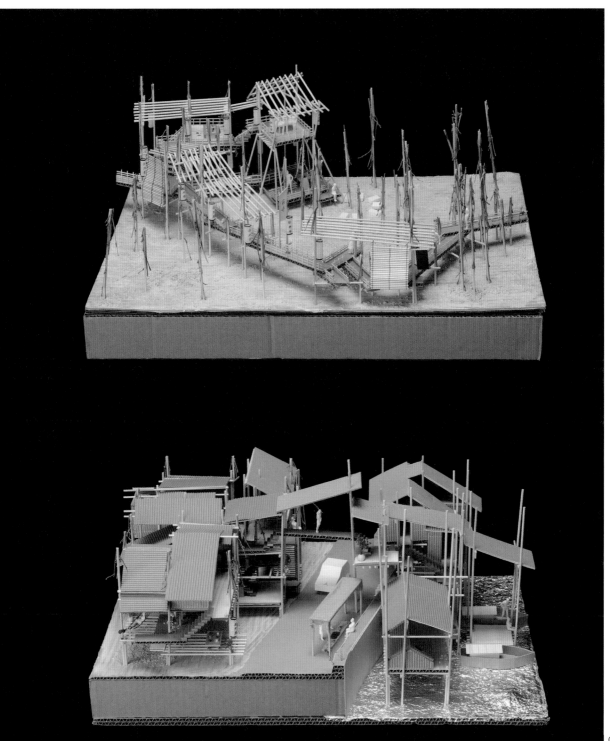

1、敷地

四国の瀬戸内海側のほぼ中央に位置する人口12万人の都市。別子銅山開坑によって繁栄し、沿岸地域は工場群が帯状に形成され、四国屈指の臨界工場地帯となっている。新居浜市の沿岸部は燧灘（ひうちなだ）に属し、浅瀬が広く続く干潟であり、街の発展に塩田が大きく貢献していた。しかし、かつて塩づくりで栄えた場所は、海岸沿いを埋め立てて工場地帯となり、今では廃工場が集積する殺伐とした風景となっている。

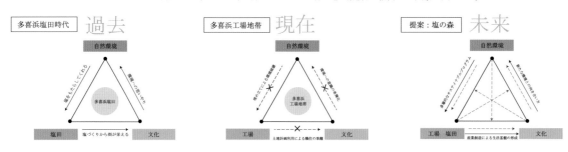

2、工場の街から塩の街へ

●国内製造業の衰退に伴う
　手つかずの土地たちへ

高度経済成長期を支えた製造業は、一時の繁栄を境に大幅に衰退し続けている。これら現状は海外の安い労働力を求めた製造業の海外移転や、少子高齢化問題の働き手不足等が原因であると考えられる。高度経済成長期に急増した工場地帯は、時代の変化に対応することができず、空き工場や未利用地が増加していく将来が予想される。

これからさらに時代が進むにあたって、大量生産をメインで計画された大規模な工場地帯の計画から、環境への配慮や街のコミュニティを形成する、地域と密着した土地利用へと再考していく必要がある。

現在の空き地と工場のオープンスペースを用いた塩田の再構築

●塩ができるまで

製塩には大きく分けて「採鹹（さいかん）」と「煎熬（せんごう）」という2つの工程がある。

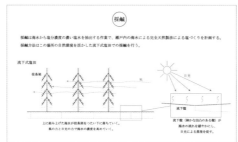

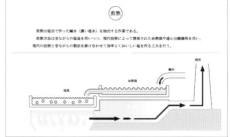

●塩田の杭が導く多喜浜の風景

多喜浜では新居浜太鼓祭りが代表的な文化の1つとして、今も根強く残っている。この祭りの主役である太鼓台は、それぞれの部位において「五穀豊穣」や「家内安全」等の祈りを形態として表現した装飾が施され、親しまれている。

太鼓台の一番上部に位置する「天幕」は宇宙を示し、太鼓台を支える構造部分である四本柱は、それぞれに方位が定められ、それぞれに四神（蒼龍、白虎、朱雀、玄武）が宿るとされている。それぞれの形態への導き方をメタファーとして習い、塩田に描いていく。

●塩田の場所を大きく4つに分け、それぞれに方位を定める。
●東西南北に位置する星を、方位が定められた塩田に当てはめ、杭を配置していく。
●中国星座で描かれる四神をもとに、塩田にプロムナードを繋いでいく。

旧多喜浜塩田開発以前（宝暦年間以前）の多喜浜。新居浜平野東端、郷山、垣生山、黒島の3丘陵に囲まれ、燧灘南岸に位置する。南から阿島、又野、落神の3河川が流入して干潟を形成していた

かつての遠浅の海岸がFLATな埋め立て地の上に現れる。両者の間に人々のいとなみが絡み合っていく。かつての遠浅な海岸の等高線を用いて塩田の杭の高さを決定していくことで、土地の造成が行われる以前の多喜浜の自然がつくりだした美しい風景を再び浮かび上がらせる

3、失われた4つの島の記憶へ

　この地はかつて平野が極めて少なく、山裾から即海岸であった。その海岸も屈曲が極めて少ないなめらかなものであり、地先の海は遠浅で、干潮時には沖合20数丁も干上がり、干満の差の激しい海であった。多喜浜付近には、垣生山・久貢山・黒島・大島と4つの島が浮かんでいたが、久貢山・黒島は多喜浜塩田の建設によって陸繋島となり、工場地の造成により完全な陸地となった。現在、離島は大島だけである。離島となった大島への移動手段は黒島から出航する定期船のみで、それぞれの場所は海との関係性、島同士の関係性、ともに希薄化していった。現在唯一の離島となった大島は高齢化、人口の大幅な減少が問題となっている。

かつての4つの島に役割を与え、航路を用いて多喜浜にネットワークを張り巡らせる。分断された海との関係性を、塩田のなりわいでゆるやかに結んでいく

「海の森」と「陸の森」を混合させ、埋め立て地が自然に帰っていく未来を計画する。多様な自然への理解が生まれ、工場地帯から環境と向き合い直す場へと生まれ変わる。海岸線の等高線をもとに高さを規定することで、かつての海岸線の記憶と結び、多喜浜でしか生まれることのないランドスケープが広がっていく

4、八つの物語

　多喜浜に伝承されている昔話や祭りでは、「教訓」「戒め」「道徳」などを物語として伝えられてきた。環境、職業、文化の繋がりが途切れたことにより、それらの物語たちは希薄化していく。何気ない地域の物語が失われていくことが、環境や道徳への関心が薄れていく原因となる。そのような、多喜浜に残る4つの昔話と、祭りの太鼓台に描かれた3つの物語を建築化し、「なりわい」「文化」「環境」のネットワークを形成する。そして、これからこの場所で生活した人々が必要に応じてセルフビルドを行うことで、未来に八つ目の物語を描いていく。

　物語を手掛かりに設計された八つの建築たちは、マテリアルや形態を媒介の主体（アクター）とし、その地域に存在する問題と向き合うこと、その場所の環境と向き合うことを媒介の客体とすることで、大規模な塩田の中にネットワークを形成する。これら建築は「主体と世界（客体）の間に介在する媒介装置」となることで、多喜浜に存在する塩田、人、文化、環境をネットワークとして結ぶ。また、建築間を移動する船は塩づくりの運送に用いられ、航路で描かれる軌跡がネットワークを形成し、埋め立てにより失われた瀬戸内独自の多島海の記憶と結びつく。

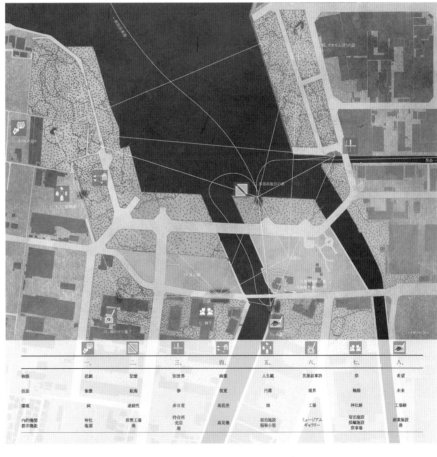

	一、	二、	三、	四、	五、	六、	七、	八、
物語	悲劇	記憶	別世界	幽霊	人生縮	英雄叙事詩	祭	希望
技法	象徴	航海	夢	隈愛	円環	境界	離脱	未来
環境	祠	連続性	非日常	高低差	煙	工場	神社跡	工場跡
内的機関都市機能	神社塩屋	製塩工場庫	待合所売店庫	高見橋	宿泊施設絵茶小屋	ミュージアムギャラリー	宿泊施設接続施設祭事場	農業施設庫

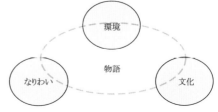

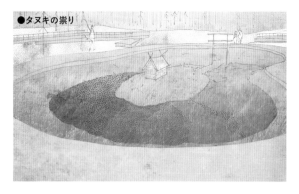

●タヌキの祟り

●多喜浜塩田の景

●タカせんぼうの話

●三猿物語

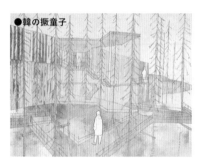

●韓の搬童子

●獅子

●未来へ

現在の沿岸部の廃棄されたコンテナを用い、必要に応じて可変していく建築。塩田の杭が建築の一部に可変していく、増減築が描く未来の多喜浜の物語。

設計プロセス

ID069 西本 敦哉

敷地は地元の愛媛県新居浜市。変わりゆく地方都市の風景と閑散としていく大好きな祭りの賑わいに対して、建築はどうあるべきであるかという問いを立て、卒業設計を展開していく。

敷地を市内のどこかに決めるため、郷土史を参考に文化色の濃い場所をプロットする。かつて塩田が開かれていた、沿岸部の工場地帯に昔話が集中していることを発見。

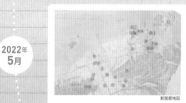

2022年5月

祭りのために帰省。新居浜人の祭りへの思い入れを再度感じ、制作へのモチベが上がる。その後は祭りの勢いでスタディを繰り返す。

2022年10月

2022年11月

模型のサイズと6畳の賃貸では作業環境が苦しく、泣く泣くベッドをベランダに出し、部屋を拡張。後輩と制作に明け暮れる。

2022年12月

早すぎる提出日と学内講評会を迎える。このタイミングでベッドは部屋に戻る。卒制で発生した借金をバイトで稼ぎ、卒業旅行にも行きつつ(大切)、ブラッシュアップを行う。

2023年6月

複数の卒制展に出展し、プレゼンすることを繰り返す。その都度、反省点を拾い、ブラッシュアップする。6月に開催されるJIA全国で金賞を受賞し、自身の卒制に幕を閉じる。

ID132

ついぎのすみか

終×次 動くみどりに伴う終築

池田 穂香 ／Honoka Ikeda　近畿大学 建築学部 建築学科 松本明研究室

設計期間▷ 4カ月　製作中の苦労や思い出▷ グリーンレーズンをたくさん食べた
お気に入りの本▷ Aalto in Detail　製作中に影響を受けた人物や思想▷ ジル・クレマン、アルヴァ・アアルト

みどりと建築の共生とは現在の建物側から見ただけの共生ではなく、動くみどりとともに建築も動くことで本当のみどりと建築の共生が実現する。自然を愛する老夫婦が住むこの住宅を、動くみどりに伴い、二人にとっての終の住処となる残り20年のための終築（建築を用いた終焉活動）を行う。すべての生き物には終焉が平等に訪れるものである。建築の終焉は人間の終焉より一般的に長く、樹木は人間よりはるかに長い。終は悲しいことには違いないが、いずれ訪れる。少しでも思い出として、空間として残し継いでいくことはできないだろうか。

1、生き物と建築

　住宅の寿命は平均60年。しかし、住み継がれてきた住宅は寿命よりも長く存在する。植物はより長くその地に住み着いているものが多い。植物と人と住宅の寿命はそれぞれ異なるが、共通しているのは、大切にされてきたものはより長く生きる可能性を、より思い出の中に残る可能性を秘めている。

草花の成長
草花 ┬ 一年草（一年単位）
　　　│　種子から芽が出て花が咲き種子ができ枯れる
　　　└ 多年草（主に三年単位）
　　　　　季節が変わっても枯れることがなく毎年花を咲かせる

樹木の成長
樹木 ┬ 常緑　一年を通して葉を落とすことがない樹木
　　　└ 落葉　一年中で葉がない期間がある樹木

敷地に住む生き物

建物側から見た共生。植物は生きていて動いているのに建築は不動であり、建築が環境のために形を変えることがない

2、すみかの生き物と建築

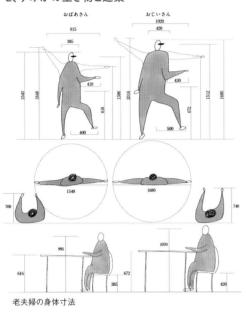

老夫婦の身体寸法

樹木を素敵に見せるために剪定を行うする

建物を守るために成長する樹木が切られるされる

この住宅は庭と暮らしを切り離すことはできず、自然と建築の浸食が行われている

飛び石は目的地に直接向かうのではなく、その途中にある複数の地点を経由しながら目的地へ達するように配置されている。飛び石の上を歩くと、部屋の内部の人の暮らしや動きが見えるようになっている

3、変化を許容するために行われている行為

　木々の成長は一年で100cm成長するものもあり変化が著しい。成長の変化を支え、植物からの癒しや変化を受けることのできる庭を目指す。変化を許容するために剪定や花柄つみ、古葉かき、挿木や植え替えを行い、庭木の成長を手助けする。株や根への負担が減り、長生きできたり大きく育ったり、また花や果実の数を増やしたりできる。

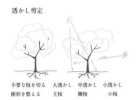

透かし剪定

不要な枝を切る
樹形を整える

大透かし
主枝

中透かし
側枝

小透かし
小枝

芽かき

わき芽を取り除く作業
果実や花を大きく、木を大きく育てることができる

植え替え

庭の狭いところ小さい鉢での根詰まりを防ぐ

切り詰め剪定

長く伸びた枝を切る
枝の伸びる方向を考えながら外芽の外側を切る

鉢植え、株分け
移動可能（人が主体的に持ち運ぶことができる）

直植え
移動不可（人が受動的に動くきっかけになる）

草花 ┬ 一年草：種子などから芽を出し、成長し、花が咲き、種子ができ、枯れるサイクルのある植物
　　　└ 多年草：季節が変わっても枯れることがなく毎年花を咲かせ年を追うごとに株が大きくなる
　　　　　株分けを行うことができる（梅雨の時期に行うと良い）

4、すみかのリサーチ —— 生き生きと植物が育つ庭、変化を許容できる庭

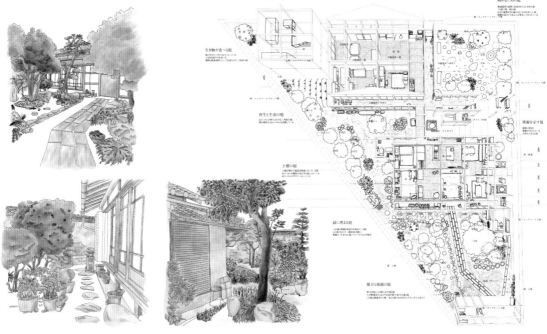

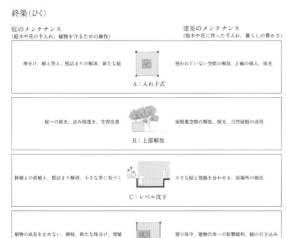

5、提案 —— 形態は植物に従う

終築（ひく）

庭のメンテナンス
（庭木や花の手入れ、植物を守るための操作）

建築のメンテナンス
（庭木や花に伴った手入れ、暮らしの豊かさ）

庭のメンテナンス	建築のメンテナンス
株分け、植え替え、根詰まりの解消、新たな庭	使われていない空間の解消、Z軸の挿入、採光
A：入れ子式	
庭への採光、込み枝透き、生育改善	屋根裏空間の解放、採光、自然屋根の活用
B：上部解放	
鉢植えの直植え、根詰まり解消、小さな草に気づく	小さな緑と視線を合わせる、居場所の創出
C：レベル沈下	
植物の成長を止めない、横枝、新たな株分け、増築	壁の保守、建物自体への影響緩和、緑の引き込み
D：入り込み	

E：可動域以外　　F：掘り下げ　　G：壁除去

終築（たす）

庭のメンテナンス
（庭木や花の手入れ、植物を守るための操作）

建築のメンテナンス
（庭木や花に伴った手入れ、暮らしの豊かさ）

庭のメンテナンス	建築のメンテナンス
鉢おき、道具おき、植物の居場所	植物の手入れ道具、モノの居場所
a：はこくら	
庭木に近づく、変化に気づく、手入れの休み場	床、土間、机、の張り出し、暮らしの屋外化
b：張り出し	
庭の分割、庭の敷居	動線の確保、回避
c：飛石	
手入れの休み場、植物への日光制限	緑の下の空間、機能空間の確保
d：天井付加	

e：壁付加　　f：段差　　g：盛り土

草花の高さ

H1300 —— 見上げる高さ
棚の一番上の高さ

主な草花
酔芙蓉
皇帝ダリア
堀河菊

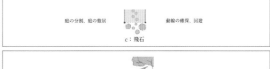

H800 —— 視界に入りやすい高さ
立ち作業のしやすい高さ

ホタルブクロ
ホトトギス
ツリガネソウ

H300 —— しゃがむとよく見える高さ
腰をかけやすい高さ

アジュガ
スズラン
スノードロップ

建物の内外の境目に終築（はこくら）を施す。初めは境界に設置され、内部のものと庭木をいじるための外のものが入り混じる。やがて内外の中心となり、外と中の境目が曖昧になり、内部のものと外部のものの居場所が曖昧になる

はこくら

H300
しゃがむとよく見える高さ
腰をかけやすい高さ

H800
視界に入りやすい高さ
立ち作業のしやすい高さ

H1300
見上げる高さ
棚の一番上の高さ

ID132　ついぎのすみか・池田 穂香

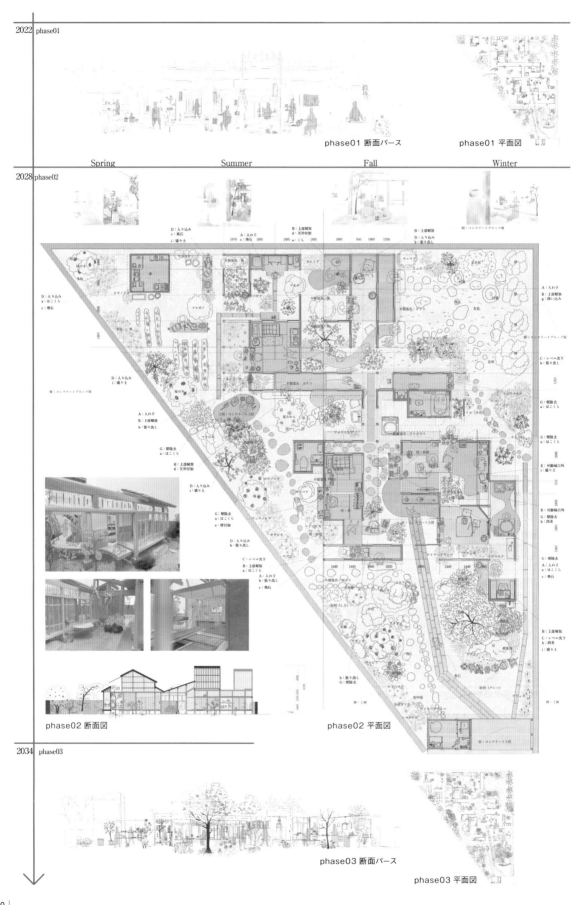

phase01 断面パース

phase01 平面図

Spring　　　　　Summer　　　　　Fall　　　　　Winter

phase02 断面図

phase02 平面図

phase03 断面パース

phase03 平面図

設 計 プ ロ セ ス

ID132 池田 穂香

建築の内外の境界や植物と建築の関係性に興味があり、それと同時に建築の終焉や建築と人をつなぐものについて興味があった。住人と住宅の関係性を読み取ることに意識を置きながら調査とスタディを進めた。

人の居場所とその空間の構成について事例を読み込む。

2022年 7月

敷地の実測、スケッチ、老夫婦と会話を重ねる。

2022年 8月

2022年 11月

既存模型を製作し、1/50、1/30でスタディを重ねる。同時に敷地へ頻繁に訪れスケッチを重ねる。

2023年 1月

最終案に向けて1/30模型をつくりながら植物の図鑑を読み込む。絵本を描く。

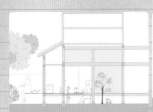 

2023年 2月

大学内部の講評会で伝わりきらなかった点を改善。新たに〈生き物の見える〉断面詳細図を描き込む。

ID114

大地を育む
砂丘の環境（風・砂・水）と過ごす生き物（植物・動物・人）が作り出す新しい風景

川口 颯汰 ／Sota Kawaguchi　　京都精華大学 デザイン学部 建築学科 岸川謙介スタジオ

設計期間 ▷ 5カ月　　製作中の苦労や思い出 ▷ 真夏・真冬の外での実験
お気に入りの本 ▷ 動いている庭　　製作中に影響を受けた人物や思想 ▷ ジル・クレマン

1、砂の特性を知る実験 ── 砂・地形・風の方向の関係性

エレメントに対する砂の角度・地形の傾斜度・風の方向により、新たにできる地形がどのように関係するかを調べる。風で砂を動かして砂・地形・エレメントの関係性を調べた実験の成果により、エレメントの幅10,000・高さ2,000・砂の角度:安息角（32°）として検証する。

●実験1　傾斜に対して下方向

傾斜が急なほど、新しくできる地形への影響範囲が大きくなる。しかし1/8以下になると影響範囲は変わらない。

傾斜角 1／4　　　　　傾斜角 1／8

断面図　　　　　　　断面図

●実験2　傾斜に対して横方向

傾斜が急でも緩やかでも砂の影響範囲は変わらない。

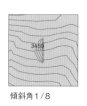

傾斜角 1／4　　　　　傾斜角 1／8

断面図　　　　　　　断面図

砂丘は地域住民が砂丘を虐げてきたことで荒れ果てた植林地で区切られ、非日常の砂漠のような大地が広がる。しかしそこはさまざまな生命が広がる大地である。荒れた植林地に砂丘に関わるすべての生命(砂・風・水・植物・動物)がつくり出す美しい風景を提案する。

その場所は荒れ果てた大地から地域住民が砂丘の生命と共に育てていく日常の大地へと変わる。

砂丘が常に成長しているようにこの大地も変わり続ける。そんな大地を人の営みが美しく保ち砂丘の生命すべてが共存した大地になる。

●実験3　傾斜に対して上方向

傾斜度が変わっても砂の影響する範囲はほとんど変化しなかった。しかし安息角が約30°のため、急傾斜になるほど断面的な変化が大きい。

傾斜角1/4　　傾斜角1/8

断面図　　　断面図

2、砂の特性を知る実験 ── 砂・地形・風の方向・砂の影響時間・エレメントの大きさ・角度

砂の影響範囲に対して、影響時間・エレメントの大きさ・角度がどのように関係するかを調べる。実験で得た成果・実験1〜3の砂の変化が大きく現れた傾斜角を1/6と仮定し検証する。

断面図

●建築エレメントの高さ・幅と砂の関係

実験1〜3ではエレメントの大きさを一定に設定した。今回はエレメントの形態が砂の影響範囲にどのように関係するかを調べた。エレメントが高くなるほどできる地形が大きくなるが、縦方向だけでなく横方向にも安息角が適応されるため、できる地形の最高高さは、エレメントの幅に比例し以下の式になる。

$1/2a \times 0.64 = L$　エレメントの長さa　砂の影響範囲L

断面図

●建築エレメントと風の影響時間の関係

砂が安息角になった後、どのように変化していくかを調べた。エレメントに砂が積もり最高高さまでいくと安息角になる。その後は安息角から少しずつ角度が緩くなっていき、既存の傾斜角になっていく。傾斜角になるとその後はエレメントに影響され、既存の傾斜が変わっていく。

断面図

●建築エレメントの角度と砂の関係

これまでの実験で垂直方向の壁に安息角で砂が積もっていくことがわかった。エレメントが安息角以下の場合どのように積もるかを調べた。エレメントが安息角以上だと一度安息角に近い角度まで積もった後、垂直のエレメント同様に既存の傾斜角に依存した角度になる。安息角以下のエレメントの場合はエレメントの角度に近侍して砂が積もる。建築を覆い隠すと既存の傾斜角に依存した角度になる。

3、砂の特性を知る実験 ── 風・砂・植物・エレメントの時系列の関係性

エレメントによって起こる時系列の変化。エレメント地形や植物の育つ場所をつくりだす。その場所に一定の形はなく常に変わり続ける。変わり続ける場所に対して過ごし方を見つけながらこの場所を育てていく。

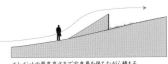

エレメントの最高高さまで安息角を保ちながら積もる
時間とともに固有種の成長範囲も大きくなっていく

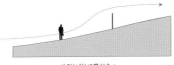

地形に対して壁が立つ

最高高さまで積もると既存の地形に沿った傾斜に変化する。裏側にも砂がずり落ちだし安息角を保った傾斜が植物を覆い隠しながらできる

壁に対して砂が安息角を保ちながら積もっていく
壁の裏側で影響を受けない一定領域に固有種が生まれる

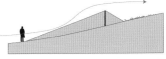

さらに既存傾斜なりに積もっていく。裏側も安息角に近似した傾斜で埋まることで一定の形が形成される。
風の影響を受けない一定範囲が移動し固有種の領域が変化する

4、砂丘地形ボキャブラリー

　実験で得た成果から砂丘地形ボキャブラリーを制作。エレメントは風を操作し新しく地形をつくるだけではない。風の影響がない範囲をつくることができ、砂丘の固有種が育ち、砂でできる地形とは違った場所がつくられる。

繋がる場所

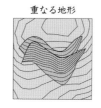

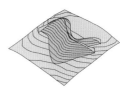

エレメントにより地形と固有種の場所ができる。固有種は植林と繋がった場所になる

重なる地形

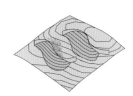

エレメントの連続によって地形が重なった場所ができる

連続したエレメント

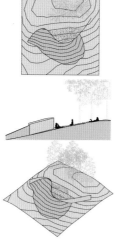

エレメントで区切られた場所に地形と固有種が場所をつくる

5、地形分析と間伐計画

　地形・風の流れ・雨の流れの分析を行う。分析により、北西からの風が全体に行き渡るように既存の植林の間伐を行い、実験で得たエレメントを挿入していく。エレメントと植林が防砂林の役割を果たしながら砂丘の環境と共にさまざまな場所をつくり出していく。

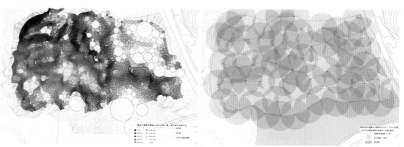

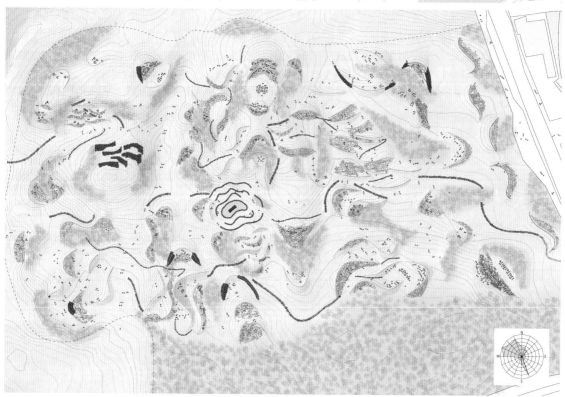

6、植林の間伐・エレメント・地層のできる時系列

防砂林が覆っているこの場所を間伐しながら計画を進めていく。間伐をすることで計画全体に風を通し砂丘の大地に戻していき、人の手を加えながらこの場所は育っていく。

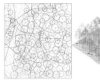

Phase 1
地形を読み取り、敷地全体に単線循環式軽架線（L=30m）と木寄せ範囲（R=30m）を配置することで大きな重機が入ることなく間伐を進めることができる

Phase 2
既存動線や傾斜の緩やかな部分から間伐が行われる。単線循環式軽架線を伝って間伐材を運び出して製材を行う。地域住民が除草作業を行ったり、間伐を行ったりすることで北西からの風を通すようになり、植物で覆われた地面が砂地に戻っていく

Phase 3
間伐が進むとさらに囲うエレメントが追加される。そしてエレメントによって積もっていく地形が大きくなっていく。地域住民による小さな操作は砂に飲み込まれ地層となっていく

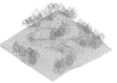

Phase 4
できた地形に反応しさらにエレメントがつくられる。間伐が進むことでさらに人の場所がつくられていく

7、時間での場所の変化

間伐と同時に建てられたエレメントは砂丘の環境の影響を受け、その場所を変えていく。

間伐と同時に建てられたエレメントは、間伐された計画地を区切るように場所をつくっていく

できた地形と固有種の地面が大きくなり、観客席と舞台のような関係性をつくりだす

向かい合う地形が大きくなりつながりを持つようになる。固有種の育つ地形と砂丘の地形で交わり、谷ができて道ができる

8、変化し続ける大地

この大地は砂丘の環境とそこに過ごす生命がつくり出す。エレメントと砂、植物の関係は、小さな生命のモグラや野うさぎの住処から人々が集えるような建築的空間のスケールまで時間と共に変化する。砂丘の小さな砂粒は建築、環境、生命と共に大きな波をつくり出し、この場所に集うさまざまな生命に居場所をつくり出す。この場所から始まる風景は長い時間をかけ砂丘本来の風景になっていく。

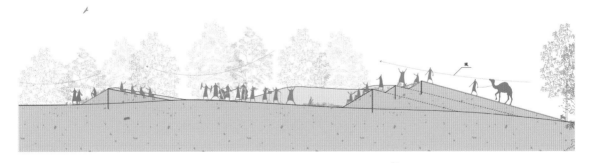

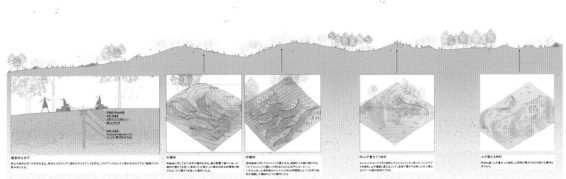

ID114　大地を育む・川口 颯汰

ID146

景ノ庭

葛谷 寧鵬 ／Neiho Kuzutani　　滋賀県立大学 環境科学部 環境建築デザイン学科 芦澤竜一研究室

設計期間▷ 2週間　　製作中の苦労や思い出▷ かわらない日常
お気に入りの本▷ ルイス・カーン建築論集　　製作中に影響を受けた人物や思想▷ ルイス・カーン、磯崎新、西澤文隆

ロラン・バルトは空虚な中心といったが、皇居東御苑旧本丸跡の現在は都市公園としてひらかれている。現在性から歴史に建つ現代の中心を提案する。プログラムは子どもの家になる都市の箱庭。日本の世界は様式ではなく様相にあり、空間ではなく光景に現象してきた。遠景における光の様相の分析から光の円環を皇居東御苑旧本丸跡に設計した。建築に輪郭はなく、あるのは季節や天候、日々の生活の中で移り変わる光の様相だけである。子どもたちの心象の中に建ち、記憶の中に浮かび上がる光景。光の庭の生きられた記憶は瞬間的に刻まれる。日々の暮らしの中で繰り返し差し込まれて身体化していく。近代の終焉は、大きくたおやかな光の円環に象徴される。

1、敷地

現在の皇居東御苑旧本丸跡は公園として都市に開放されていながら皇居施設に取り囲まれることで、都市生活と切れて日常の場ではなく、目的の場になっている。歴史を鑑みると、皇居の文脈から少し距離が離れた「利用する為の土地」であることがわかるので「都市の日常」を再考する。

江戸城旧日本丸は洪積台地の台地の上にあるが、周囲の高層ビル群に対しては低く窪んだ中心である。そのため、中景のビル群に視界が阻まれて遠景を持てない場所になっている。日本の中心の在り方は風景との繋がりから現れると考えた。「遠景＝建築」である。

周辺の領域スケール

都市スケールでの思考

江戸は螺旋の求心的と同時に発散的な都市形式であった

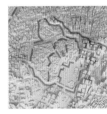

現在、螺旋は発散して逆に周辺が中心を侵食している

方向性のない中心は省庁ではなく、環境適応する個になる

ランドスケープの中での操作

石垣と樹木からなる環境の構造帯からセットバックし、挟まれた盛り土を操作領域とする

天守台、書陵部、桃華楽堂があり、大嘗祭の開催地でもあるため、それらと被らない富士見櫓側の広場で盛り土を石垣に呼応させた

環境構造に溶け込むように石垣も、樹木も、空間をつくる等価な構成要素として構築される。ボリュームの兼ね合いが外の中のような空間をつくりだす

素材の操作

ボリュームを掘り込む。必要諸室に応じて掘り込まれる。原始的建築行為から立ち上げる。掘り込まれた形に添ってRCを打設。表面は黄土の左官がなされ、光は柔らかく乱反射して光を均質に満たす

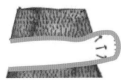

突き破って掘り進められた空間はボリューム化する。必要諸室に応じて突き破った延長に打設して諸室をつくる

2、遠景での光の様相を日本の4原色に置換

　遠景の風景は素材感のある物質や建物ではなく、光の様相から生れている。そして、光の様相は色味の淡いグラデーションとムラのないシルエットの大きく2つから捉えられる。日本の原色は赤、黒、白、青の4色。色は太陽光のバランスが崩れて現れる様相なので色は「壊れた光」である。色の本質は種類ではなく、その壊れ方にある。4つに抽象化された色は風景のスケールで起きている光の様相である。赤は明るさ、黒は暗さを示し、白は顕かという明瞭さ、青は淡さを示す。色味のグラデーションとムラのないシルエットは青と白の2色の振り幅による。

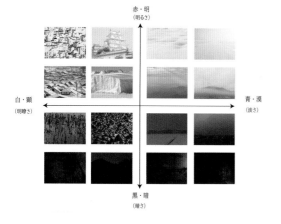

赤・明
（明るさ）

白・顕
（明瞭さ）

青・漠
（淡さ）

黒・暗
（暗さ）

遠景の光の様相が現れる形態の検討

ストラクチャー
明瞭で明るい時、それは朝、夕の横からの光や、上からの日差しがある時、地面の延長だった建築に構成が浮かび上がる。

ホワイトアウト
淡くて明るい時、それは曇りや、雪や雨の時の光が拡散している時、なだらかな勾配の地面は距離感を失い、心象に合わせて距離が生まれる。

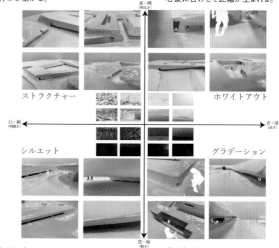

赤・明
（明るさ）

白・顕
（明瞭さ）

ストラクチャー　　　　ホワイトアウト

青・漠
（淡さ）

シルエット　　　　グラデーション

黒・暗
（暗さ）

シルエット
明瞭で暗い時、それは光量差が著しくある時、明るさに対しても暗さに対しても奥行きの消えた空間の裂け目として現れる。

グラデーション
淡くて暗い時、それは光量差がグラデーショナルに変化する時、光量に重層性や奥性が生まれ、距離は心象に合わせて深まる。

4、光の円環を回遊するシークエンス

route A
石垣を登った先に浮遊したボリュームが現れる。進むと真っ暗な裂け目の奥に遠景と同じ淡さが生まれ、さらに近づくと淡さは解像度を増して、地面と地続きの素材感が生まれる。左奥にも遠景の光が現れる。暗い裂け目には必ず2つの遠景の光があって中は光で満たされている。

route B
軒下は半屋外の活動スペースで強い光量差から外側は切れつつも光は芝生を反射して、間接光が入る。軒を出た脇には通路があり、奥に暗い裂け目のような孔が見える。歩いていくと微妙な高低差から暗闇の奥に遠景の光が生じる。近づくと地面は素材感をもって繋がり、暗い孔など存在していなかったことを知る。

route C
スリットの中はたたき仕上げされた壁が光を拡散している。真っ暗な裂け目を覗いてみると淡い金色の光で充満している。

route D
歩いていると真っ暗な裂け目がヌッと顔を出す。進むと遠景の光が現れる。さらに、歩き進めると闇は光であふれていることが分かる。内側の金がじんわりと外にまで染み出している。軒下に入り込むと金色のやわらかい光に包まれた生活空間がある。

route E
たたき仕上げの壁が光を拡散するので回廊は淡く明るい。色んな箇所の採光が滲み込んできて、内部にもあちらこちらに光量のムラがある。

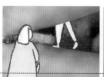

route F
雁行する中庭に重さを感じない裂け目が浮かんでいる。裂け目に近づくと、そこは明るい通路空間であった。回廊の中はスリットから緑の光が入り込みながら拡散して、程よい光量の通路となっている。

3、建築プログラム

　子どもの家のプログラムは時間帯によって変化していく。平日は子ども園となり、子どもたちが学校から帰ってくると、子ども園から家に戻る。普段は公園としても利用されていて、休日は公園に来たいろいろな人と子どもの家は関わりを持つ。

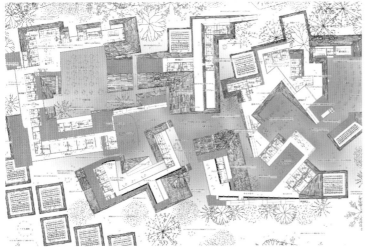

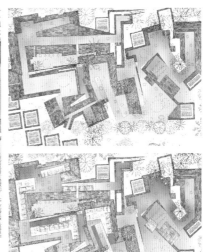

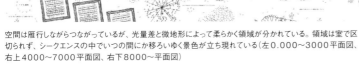

空間は雁行しながらつながっているが、光量差と微地形によって柔らかく領域が分かれている。領域は室で区切られず、シークエンスの中でいつの間にか移ろいゆく景色が立ち現れている（左0.000～3000平面図、右上4000～7000平面図、右下8000～平面図）

---

route G
通り庭に入った暗い裂け目の向こう側は教室。微地形を練り歩くと裂け目は消える。しかし、少し歩くとすぐに裂け目が現れる。歩いていくと話を聞いている人たちが見えてきた。じんわりと芝生が黄色くなっていく。正面に立つと遠景の光が見える。子供たちでいっぱい。近づくと目が暗瞬化して金色は認識できない。誰かが通り庭を通ると教室の中に一瞬、足の影が落ちて全体の光が揺らぐ。

route H
軒下の日陰。近づくと奥に遠景の光が見えてじんわりと金色が染み出す。軒下は柔らかい光で充満し、外の振る舞いはフレーミングされて切り取られる。中に入ると遠景の光は遠景でなくなり、窓の光になる。

route I
軒が深いほど外との光量差で、暗いシルエットとなる。外からは暗い裂け目に見えて閉鎖が切れた軒下の居場所に、外に近づくと光量差が徐々に小さくなって色を取り戻す。奥に淡い影の軒下がある。近づくときさらに見えていた暗い裂け目に遠景の光が浮かんでいることが分かる。

route J
通り庭の奥は裂け目で見えないが、誰かが通るとその人だけが浮かびあがってくる。暗い裂け目は連続したシークエンスの中での光の一様性であって、いる場所を変える暗い裂け目であった場所との光量差が変化して見え方が変わる。場所の像が結ばれないまま周遊する光の円環。

D.C.

route A
右山を登った先に浮遊したボリュームが現れる。進むと真っ暗な裂け目の奥に遠景と同じ深さが生まれ、さらに近づくと決済は解像度を増して、地面と地続きの素材感が生まれる。右奥にも遠景の光が現れる。暗い裂け目には必ず2つの遠景の光があって中は光で満たされている。

ID086

着生建築

池内 優奈 ／Yuna Ikeuchi　　京都大学 工学部 建築学科 小見山陽介研究室

設計期間▷ 5カ月　　製作中の苦労や思い出▷ みんなが手伝ってくれたこと。
お気に入りの本▷ 風の谷のナウシカ　　製作中に影響を受けた人物や思想▷ 武田清明、藤野高志

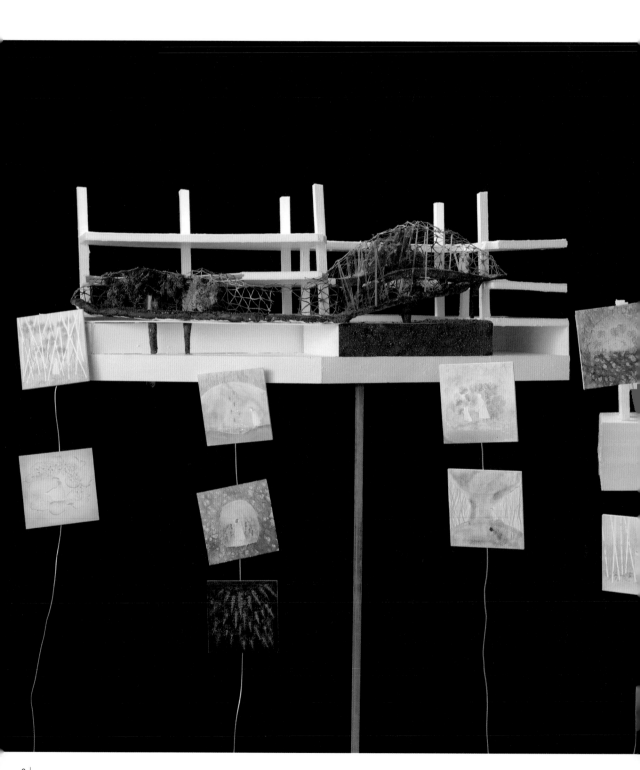

着生植物という木にくっついて暮らす植物になぞらえて、「着生建築」という既存のビルに取り付く生き物のような、都市に息づく建築を考えた。均質なオフィス空間で働く人たちのための緑の憩いの空間。

生き物のからだの中に臓器が詰め込まれているように、「着生建築」にはさまざまな空間体験やシーンが詰め込まれている。ちょっと仕事の合間に出かけていって植物の香りに包まれる空間、きらきら光る水管と気根の間を散歩できる空間、雨水がちゃぽちゃぽ鳴るのに耳を傾けて頭を空っぽにする空間……。この緑の建築が都市の中に増えていって、都市を結んでいくような、そんな風景を想像しながら設計した。卒業設計では2つの着生建築について考えている。

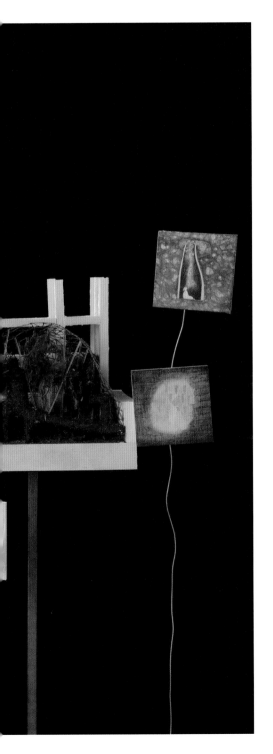

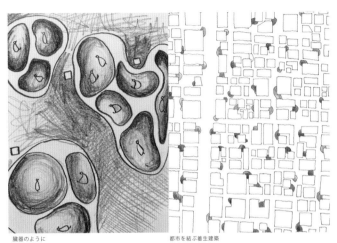

臓器のように　　　　　　　　　　　　都市を結ぶ着生建築

生 き 物 み た い な 着 生 建 築

雨水と日の光で生きている着生建築。

臓器みたいに詰め込まれた美しい風景や体験
で人間を呼び寄せる。

人間は愛着をもって手入れをする。
こうして着生建築は都市の中で生き続ける。

２ つ の 着 生 建 築

大阪本町駅周辺に実際にあるビルをモデルと
して2つの着生建築を考えた。

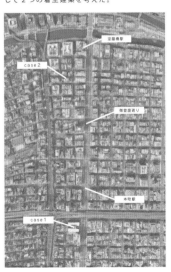

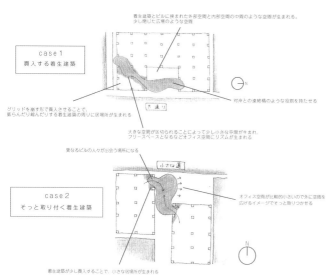

case1
貫入する着生建築

着生建築とビルに挟まれた外部空間と内部空間の中間のような空間が生まれる。
少し閉じた広場のような空間

グリッドを崩す形で貫入させることで、
膨らんだり縮んだりする着生建築の周りに居場所が生まれる

大通り

対岸との連絡橋のような役割を持たせる

N

大きな空間が区切られることによって少し小さな空間が生まれ、
フリースペースとなるなどオフィス空間にリズムが生まれる

異なるビルの人々が出会う場所になる

小さな道

case2
そっと取り付く着生建築

オフィス空間が比較的小さいので外に空間を
広げるイメージでそっと取りつかせる

N

着生建築が少し貫入することで、小さな居場所が生まれる

オフィスに着生建築の影が落ちる

オフィスから一歩入ればそこは別世界

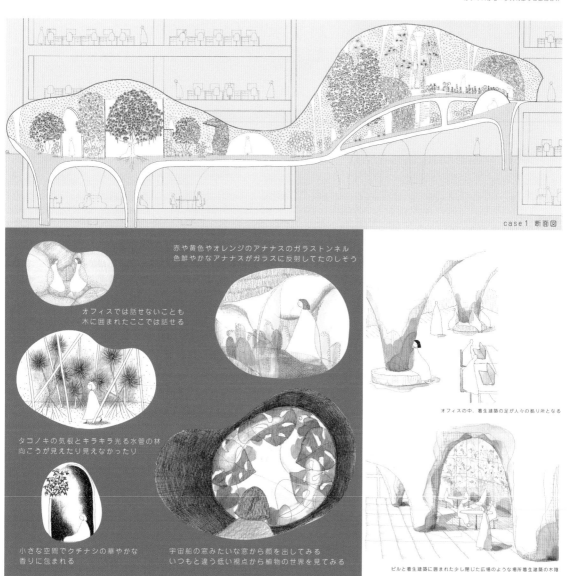

case1 断面図

赤や黄色やオレンジのアナナスのガラストンネル
色鮮やかなアナナスがガラスに反射してたのしそう

オフィスでは話せないことも
木に囲まれたここでは話せる

タコノキの気根とキラキラ光る水管の林
向こうが見えたり見えなかったり

小さな空間でクチナシの華やかな
香りに包まれる

宇宙船の窓みたいな窓から顔を出してみる
いつもと違う低い視点から植物の世界を見てみる

オフィスの中、着生建築の足が人々の拠り所となる

ビルと着生建築に囲まれた少し閉じた広場のような場所着生建築の木陰

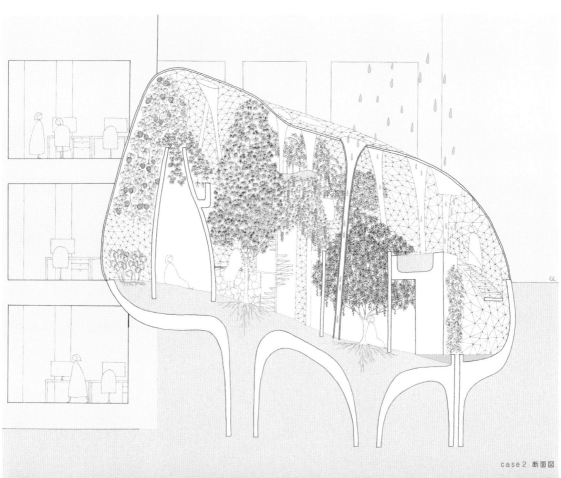

case2 断面図

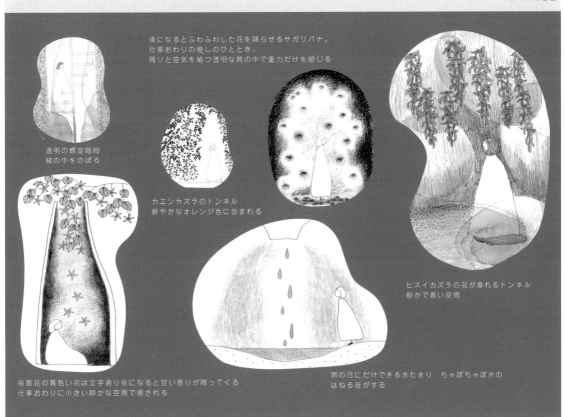

夜になるとふわふわした花を降らせるサガリバナ。
仕事おわりの癒しのひととき。
周りと空気を絶つ透明な筒の中で重力だけを感じる

透明の螺旋階段
緑の中をのぼる

カエンカズラのトンネル
鮮やかなオレンジ色に包まれる

ヒスイカズラの花が垂れるトンネル
静かで青い空間

夜香花の黄色い花は文字通り夜になると甘い香りが降ってくる
仕事おわりに小さい静かな空間で癒される

雨の日にだけできる水たまり　ちゃぽちゃぽ水の
はねる音がする

ID093

その鉄が映すもの

千葉 祐希 ／Yuki Chiba　　京都大学 工学部 建築学科 神吉紀世子研究室

設計期間▷ 5カ月　　製作中の苦労や思い出▷ 雪の日に大学から見た朝焼け
お気に入りの本▷ 都市のイメージ　　製作中に影響を受けた人物や思想▷ ダニエル・リベスキンド、谷口吉生

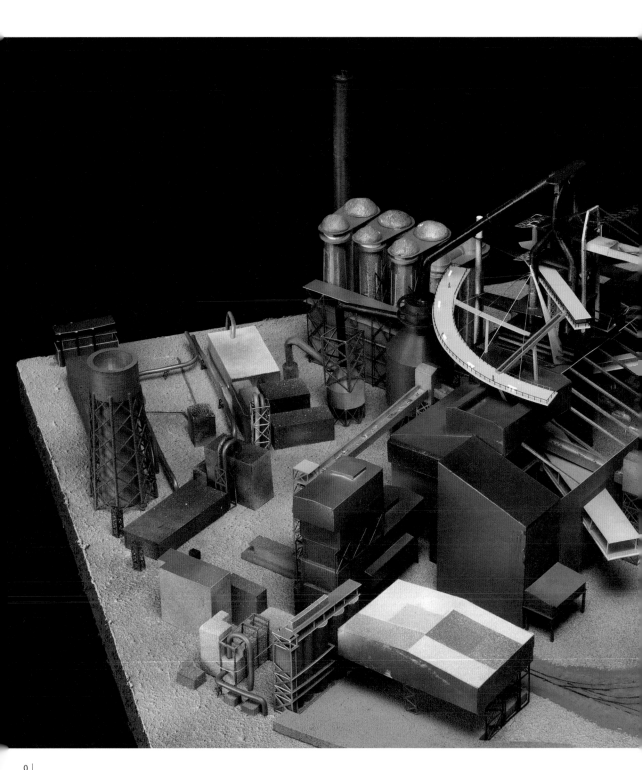

2023年、京浜地域の発展を支えてきた川崎の巨大な高炉の火が消える。一大産業が残した広大な土地と鉄が、私たちの世代に残された。私たちはここで、どんな未来を見ることができるのだろう。高度経済成長の対価として残る忘れられた土地で、再び人の手によってつながりを取り戻すための計画を提案する。

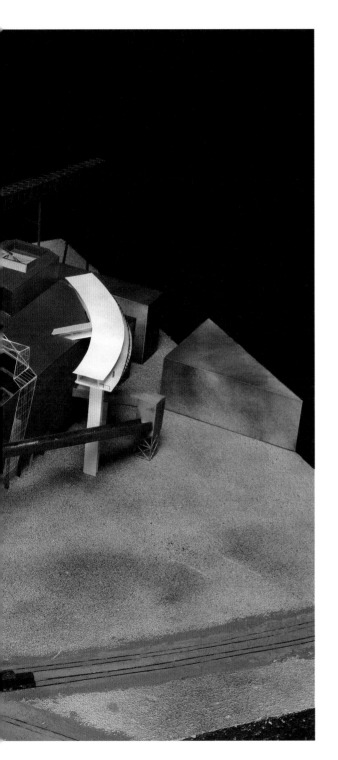

1、敷地

東京湾の西側、羽田空港から約6kmに、扇島という巨大な人工島がある。8500万㎡の土砂を持ち込み、6万㎢以上もある陸地をつくり、100m近くある構造物を建て、鉄をつくる場所としてつくり上げた。製鉄所はまるでひとつの都市のように島に広がり、重厚長大な世界観を今も残している。

2、対話の中で気付いた、この場所に必要なこと

①残す

鉄がどういう流れでつくられ、どれほどのスケールで行われてきたのかがわかるよう既存を残していくこと。製鉄所の建屋のうち残す部分を以下のルールから決定した。A.製鉄の工程を残す部分（原料ヤード→前処理施設→焼結炉・コークス炉→高炉→トーピードカー→転炉・連続鋳造）、B.技術革新において歴史的意味合いのあるものを残す部分（CDQ、脱硫設備）、C.眺望・象徴として残す部分（ガスタンク群、高炉）。解体した建屋の残骸は集め、新しい鉄に変えていく。

②刻む

失われゆく製鉄の歴史をとどめ、私たちが製鉄とどう向き合ってきたのかを記憶していくこと。つまり、過去を象徴する場所や建物に新しく操作を加える。

③整える

環境改善の技術や製鉄の魅力を見せながら、鉄のための環境を人の居場所に整備すること。人の居場所をつくるために、港と簡易宿泊所、半径200mおきにシェルターとしての屋内空間を確保する。さらに、製鉄の裏で開発されてきた技術を生かした実験植物園・藻場の再生、鉄再生工場を計画し、全体を生きた場所として見せる。

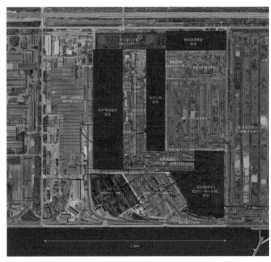

3、必要なことから見えた設計手法

①鉄を転生させる

解体した製鉄所の建屋をシャフト炉で製錬し、その鉄を使って場所をつくっていく。ある時は軽やかに、ある時は重厚に。新たな命を吹き込み、さまざまな姿に昇華させる。

②軸線上に配置する

敷地の外側の要素や内側同士で結ばれる軸線から建築や道の配置、形態を決定する。それぞれの建築物が内外と繋がり、ばらばらでもあり全体性を持っているような構造をつくる。

③ルートをつくる

歩いて周ることをメインの目的として、各エリアとそれを結ぶルートを設計する。踏み入れることすらできなかった場所に、シークエンスとしての体験を計画することでばらばらに広がる敷地に連続性を持たせる。

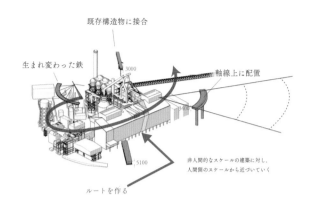

外側へ伸びる軸線

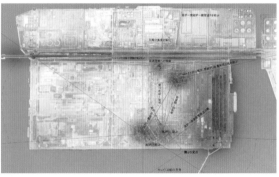

内側を繋ぐ軸線

4、設計

Site1　港

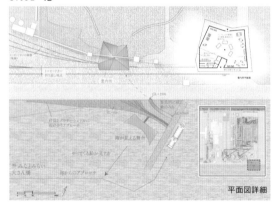

平面図詳細

高炉のシルエットに配慮しながら、閉ざされた土地を開くための鉄の小道、海が見える舞台、船を待つための案内所を計画する。

船は1日数度やってくる。朝日に包まれながら波止場に着く

Site2　旧前処理施設

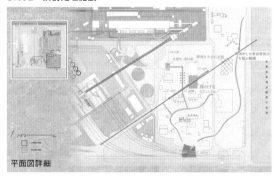

平面図詳細

休止することそのものを歴史の一部としてレコードし、高炉の時代から水素製鉄の時代へと自らの足でたどっていく場所として計画した。

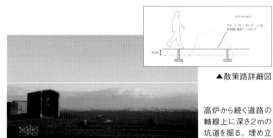

▲散策路詳細図

高炉から続く道路の軸線上に深さ2mの坑道を掘る。埋め立てに使われた山砂が露出する場所を、来訪者は歩いていく

site3 焼結炉

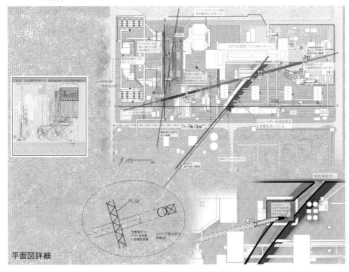

脱硫設備側は、仮設用の場所としてステージの設営や展示を行える

平面図詳細

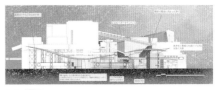

B-B'断面

　この場所の歴史で最も重要な、1969年の扇島リプレイス計画から1976年の高炉火入れまでの歴史を建築によってレコードする。

site4　コークス炉&旧化学工場

　1976年以降、政治的操作により忘れられた歴史を植物と共演させることによって描いていく。その視線は、静かに高炉へと向けられている。

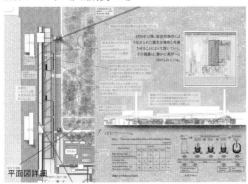

平面図詳細

高炉を見ることなく、植物園の中を歩いていく

site5　高炉（I号機）

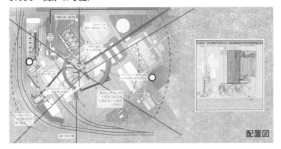

配置図

　高炉を鉄再生工場の一部としてつくり替え、都市を一望する展望空間と産業が複合する場所として計画する。高炉から見える風景を、高炉がつくってきたものと結び付けていくことで都市とのつながりを取り戻していく。

スクラップになった製鉄所の建物たちを、細かい鉄片にする現場

site6　ガスタンク群

配置図兼平面図　GL＋55,000

　紅白のパッチワークに沿ってガラスの開口部をつくり、それに呼応するようにスラブを張る。内部の巨大さを残しつつ、高速道路とのつながりをつくり出す。

木々の合間からガスタンクを望む

ID046　平松 那奈子　京都大学

元町オリフィス

武田：上の四角い建物は既存ですか？

平松：設計手法として、まず壁などの『まちどうぐ』を設計し、そのほかは設計者が決め込まず、むしろ何が入ってきても良い仕組みを目指しました。そのため、劇場や図書館、オフィスなどを設計していますが、これらは現在の再開発から機能を流用しており、こだわりはありません。

島田：四角い建物をジェネリックに設計し、それに対してアーケードがあるということですか？

平松：先にまちどうぐをつくり、その後にアーケードを付けました。

山田：オリフィスというのは、少しパースがかかった空間ということですか？

平松：そうです。一点透視的なパースがかかっている空間ではありますが、空間と捉えたくなくて『オリフィス』という一単位を新たに考えました。敷地である元町には一点透視的な空間が多く、人を引き込むような引力というか勢いのようなものと、穴をつくっている外側を『オリフィス』の一単位として考えています。

島田：京都の条里制のようなものだと思いますが、オリフィスも一つのシークエンスであり、一点透視型のものが折り重なる織物の街のようになるのに対し、元町の街並みは、それとはどう違うのでしょうか？

平松：京都ではこの発想は出てこなかったと思います。闇市から始まっている神戸の三宮だからこそ、すごく密度があったし穴が掘られてできた空間性だと思っています。広さは関係なく、密度やそこに何があるのかを捉えたいと思ったので、一つひとつの穴、つまり店を一つひとつ捉え、それが集まって大きな穴になり1段階上がったものを2次オリフィスと捉えています。商店街のような店が集まった2次オリフィスがあり、それをまた繋いだのが3次オリフィスであると捉えると、街はそれほどきれいにできていないのがわかるということを私はやりたかったのです。

赤松：神戸の三宮で自然発生的に生まれてきたものを、あえてまちどうぐでつくることは、あなたの恣意性が含まれてディズニーランド的な（すべてコントロールされているような）ものに変換されてしまうと思いますが、それについてどう考えていますか？

平松：私自身としては、まちどうぐにそこまでのこだわりはありません。ただ、何もしなかったら、この場所は生まれないので、どんどん変わって欲しいと思っています。この黄色い布も、もっと違う布や布ではない物がかかると新たなことが発生していいなと思いますし、そのように受け継がれて変わっていきそうな形を意識しました。それと、敷地周辺で得られたエレメントを合体させてつくっています。

島田：逆に言うと、今の意匠がオリフィスの経験や体験にどう寄与しているのですか？

平松：神戸は海側と街側の連続性がないとよく言われるため、海側と街側の間を敷地とし、オリフィスがたくさん顔を出している街側から海側を見ると、もう一個また新しいオフィスができているというつくり方をしています。さらに、それぞれのエリアで一つひとつのオリフィスの密度感が高まっていくようなイメージです。

島田：このくびれた街路空間のようなところが重要なのでしょうか？

平松：最初は直線でやろうとしていました。でも、このあたりは長い通りが多いけれど、縦でこの距離で個性的につくりたいと思ったら、くびれが出てきました。くびれにすると、遠くから見てもパースがかかって引力が強い形になるため、採用しました。

赤松：既存街路ではなく、例えばショッピングモール的な広大な敷地を人工的に設計する時も、まちどうぐを入れると魅力的になるのでしょうか？

平松：いえ、前提として、元町だからこ

プレゼンをする平松那奈子さん

そやっているのです。元町でヒアリングする中で、店などを自分で変えられるのが現在の雰囲気をつくっているという話が聞かれたので、ショッピングモールのように一元管理されているものでは絶対発生しません。一人ひとりが自由に変えられ、それと相対を成した時に何かしらになることを目指しています。

赤松：その割に、管理されているように見えます。模型はつくられた空間になっているけれど、どの程度を狙っていたのかが見えてきません。

平松：屋根のようなものは、元町などの街で結構多用されているエレメントであり、このレンガも他の商店街のものを取り入れているため、元町では浮かないと思っています。

山田：オリフィスになるための条件はないのですか？

平松：オリフィスは、この場所をどう見るのかという視点の話です。設計とは一旦切り離し、世界をどう捉えるかという一つの道具としてオリフィスがあり、もしかすると、オリフィスに当てはまらないような入り口や穴もあるかもしれませんが、オリフィスと呼ぶ視点自体を提案しています。地下通路なども、急に穴が出現していると捉え、地図では捉えられないからオリフィスとして捉えるという提案です。そのため、この世のすべてがオリフィスだと言うのではなく、そのような見え方をすると面白いのではないかという視点を提案しています。

ID069　西本 敦哉　大阪芸術大学
地中を舞う種に習い、うたを繋ぐ

島田：非常にフィクショナルでよく組み込まれて設計されているため、西本さんの考えたことが、どこからなのかわからないのがすごい。まず、タヌキの話などの民話のようなものは実際に存在するものですか？

西本：この土地に伝承する昔話や、祭りの飾り幕などに繋がっており、土地固有のものを用いています。

島田：星座は君が挿入した物語ですか？

西本：祭りの太鼓台が、星座の東西南北の指針を用いて形づくられており、星座のメタファーとして杭が表現され、この土地でしかできない新居浜らしい建築として塩田装置も設計しました。

赤松：祭りが星と関わりがあるため、星座を用いているのですか？

西本：太鼓台は五穀豊穣を祈るもので、いろいろなものを意味付けして形をつくっており、一番上の天幕が宇宙を表し、4本の柱で星座の絵柄が描かれる形態をメタファーとし、塩田を設計していきました。

西本敦哉さん

満田：正直、どこまでが塩田で、どこまでが他の何か、よくわからなかったです。

西本：杭が塩を取る装置で、屋根からはみ出した部分も塩田装置として機能します。屋根を流れている間にも海水の蒸発を促します。

満田：生産施設を兼ねているということですよね？　そのあたりが面白いと思いました。杭は何からできているのですか？

西本：ここの工場地帯にはいろいろな工場があり、工場地帯を全否定するのではなく、その中の製材工場の木材を使って杭を打っていきます。

満田：杭は、地面と海のどちらに上から刺しているのですか？

西本：コンクリートで埋め立てられた場所の上に杭を刺しています。

満田：コンクリートで埋め立てるというのは？

西本：工場地帯として造成されています。

満田：護岸だけコンクリートでつくり、それ以外は土で埋めるのが一般的ですが？

西本：多喜浜は遠浅な海岸で昔はすべて海でしたが、現在はすべて埋め立てられて――。

満田：どこかから持ってきた土で埋められているのでは？　自然の土が見えていないだけで、普通は少しめくると土が出てきます。

西本：そこまでは調べきれていません。

満田：塩をつくっているのなら、そこが何かわからないとできないですよ。

西本：今敷き詰められているものは流下盤というもので、流下盤で取れた海水を集める場所へ流して

いく過程で、石のような地盤を用いることで、海水の流れを緩やかにして蒸発を促すという——。

満田：そのように置き換えているということですよね？また、柱と杭を兼ねた木についてですが、地上部だけで6.5mあり、それが杭にもなっているので10m以上のものになっているはずです。同じエリアの製材工場があるからといって、そんな材は簡単に手に入るものではありませんし、案の内容からは材を継ぎ足して済ませられる計画ではありません。そのような細長い木材を真っすぐ地面に挿す、というのも技術的に現実離れしています。地域のことを考え自然にも寄り添った『物語』としてとても素敵な計画なんですが、木材の扱い方という建築における『ものづくり』の根幹の部分でかなり乱暴な提案になってしまっているのが、建築の卒業設計として捉えた時に単純に足りてないと思いました。林業のことも塩田のことも、地球環境や地域再生の話に繋がるとても良い提案なので、木を地中に突き挿します、と乱暴に済ませるのではなく、木材をこう組み合わせてこういう風に拡張していきます、といった感じでその手法をきっちりと提示することができていれば、この計画は卒業設計として十分に誇れる素晴らしい案なのにな、と感じています。

武田：根本的な質問となりますが、西本さんの地元であり、衰退している場所にこれをつくることで、この場所は救われると思いますか？

西本：僕は信じています。

武田：わかりました。というのも、本当に救いたいなら、メタファーで処理するだろうかと疑問に感じました。

西本：可変性という代謝的な建築であることと同時に杭を秩序としており、これらが解体されてもいいけれど、建築の間にまた新しい物語を描いてほしいというのが8番目の物語となっています。環境や気候などによって形態が段々と変化し、用途も住宅でも店舗でもいいし、これらが新しい風景となる姿を思い描いて、今の手つかずの土地をどう救えるかを考えて設計しました。

武田：ケーススタディのようなものですか？

西本：最初はこの建築で始めるけれど、そこから物語が書き換えられてもいいという考えです。

ID086　池内 優奈　京都大学

着生建築

武田：この作品に出合えたので、京都まで来て良かったと思うくらい好きな作品です。とてもファンタジックで、今までになかったキャラクター性があります。既存の建築があるからこそ、ふわふわとしたシャボン玉のような生命体が存在できて、単独ではなく寄生し、上から各方向に効果的に存在できている。「着生建築」があることで、真横にある普通の生活もよくなるように思います。上も上で外との繋がりがあり、その下もオフィスにはなかった独特な空間体験、温度環境があるような気がします。寄生しているからこそできあがる、ふわふわとした存在感をファンタジックとして捉えると、キャラクターが建築の中に入り込み、異物感がありながらもすごくいいと思います。

島田：一方でよくわからないのが、パースを見ると上から雨が降っているけれど、これは建物の中なのですか？

池内：コの字型のビルとなっていて——。

島田：ここに口を出しているからということですか？

池内：そうです。ここは、もともと外部空間となっています。

島田：この中は温室のような空間になっているのですか？

池内：温室となっていて、中には熱帯植物が植えられています。

山田：これは既存ですか？

池内：一応、どちらも大阪の淀屋橋にある実際のビルを用いました。そのビルがどう使われているかというよりも、どのビルにもくっ付けられるものを考えています。

山田：見た目は自発的に、にゅるっと介入しているように見えますが、くっ付けようとすると、きっちり設計をすることになると思うので、人間がしっかり設計をしているということでしょうか？

池内：はい。

山田：では、どういうプログラムが入ってくる時にどういう動き方をする設計なのかなど、既存に対する動きのルールや性質はありますか？

池内：既存のビルの柱を宿主の骨と考えて、一番大事な骨の部分は避けながら内部に入っています。

この生き物だけでは生きていけないと思うので、中に人が入っていくように入り口がどんどん進んでいきながら入り口は——。

山田：どういう時にこのアイデアを効果的に使えるのか、そのバックグラウンドがよくわかりません。どこでもできるような簡単なものではないですよね。減築をするにしても、コンクリートスラブを削ってこれをつくるにしても、かなりの労力が必要です。植物に対してもかなりの無理をさせるので、この絵をつくるためには非常に強い何かがないと成立しないと思います。だから、どういう状況でこれが役立つというか、ありえるのでしょうか？

池内：ビル内の人たちの憩いの場が一番の目的で、連絡橋のようになるとも考えています。

赤松：外部の空間なら光が射すのがわかりますが、完全なインテリアだと太陽光が入ってきません。人工的に閉じ込められた環境に植物が置かれているように思いますが、今の山田さんの質問と連動させて、どう考えているかをもう少し聞かせてください。

池内：内部にチェリモヤとサガリバナという木を植えており、どちらも日陰でも生きられる植物なので、太陽光が射さなくても生きていけるだろうと考えています。

満田：土のように見えているのは、土ですよね？

池内：足の部分が土で、フレームがコンクリートとなります。上から降ってきた雨で植物を育てながら、徐々にもとの地面に水が還っていくようになっています。

島田：Googleなどの大企業に、既存建築をみんなが来たくなるいいオフィスにすると提案をするにはいいかもしれません。

赤松：新築ならすでにシンガポールなどにありそうですね。

島田：ビニール幕にして中から送風して膨らんでいるほうが、フレームなどがなくてよさそうです。

山田：それか、既存建築をあれほど削らなくても成立するようなシステムを謳うとよいかもしれません。

武田：構造体を削った分は立体的に補強しているのでしょうか？　既存建築とこの建築が互いになくてはならない存在になるといいですね。

池内優奈さん

ID093　千葉 祐希　京都大学

その鉄が映すもの

満田：端的に言うと、製鉄所が何に生まれ変わったのですか？

千葉：博物館的であり環境再生の場でもあり、人が歩ける場所でもあります。

満田：環境に貢献するような再処理施設に変わったわけではなく、啓蒙施設ということですか？

千葉：建屋を壊してここに運び粉々にして炉に溶かす、というようにつくり替えています。

満田：提案の中では、まだ機能しているのですか？

千葉：はい。鉄を生産しています。

満田：昔、検査でよくここに行っていました。

武田：既存から発掘した、この場所ならではの空間の魅力や個性は何でしょうか？

千葉：空間的な個性というと、製鉄所の中の施設一つひとつが大きくて、その配置が魅力的なのです。俯瞰で見た時の魅力もありますが、オーバースケール過ぎるものを、人の目でもわかるように手を加えています。

満田：この展望台などは、外部の人向けのスペースのような気がします。生産というと、働く社員のための施設になりますが、現状だと外部向けと内部向けが混在している印象です。

千葉：従業員が展望台で休憩することは想定していません。従業員は、展望台の下を通ります。

島田：観光も生産もするということですか？　観光を資源化しているのでしょうか？

千葉祐希さん

千葉：そうですね、観光資源であり、生産もします。

赤松：産業遺構をどう生かしていくかは卒業設計でよくあるテーマだと思います。もう一度ここで生産することはいいことですが、従来の組替えだけでなく、鉄という産業が未来に向かって、人と場所をどう繋いでいくかが今ひとつわかりません。そのあたりはどう考えていますか？

千葉：現場でヒアリングしたところ、鉄をつくることにプライドを持ちつつも非常に高い安全意識を持っていて、外部を受け入れづらい印象でした。そのため、まずは建築を通じて外部と視線で繋がれたらいいなと思いました。実際に東側には新しい施設が開発される予定なので、その場所も見えるようにしています。

島田：この黒いやつはなんですか？　その目的と、なぜ傾いているかを教えてください。

千葉：この軸が高炉へ延びていき、暴力的に刺さるコンベアーを公害の時代のメタファーとして挿入しており、そこを通りながらギャラリーに向かっていくための空間です。

山田：非常につくり込んでいますが、既存のものが多いですよね。コンベアーもそのままつくっています。既存のままではなく、再解釈するというのはありませんか？

千葉：新規のものはなるべく軽やかにしたいというか、既存に勝たないようにしたいし、ここを守っていきたいと考えました。

山田：新しくつくるものは、抽象的なものにしていくということですか？

千葉：既存のものは残し、既存のものと新しいものを対比させたいと思いました。

満田：ドイツの「ツォルフェアアイン炭鉱業遺産群」のようにするのかと思いましたが、違いましたね。でも、（動いているところと動いていないところが）混ざっているから、混ぜ具合をもう少し設計するとよかったのではないでしょうか。谷口吉生さんの広島のゴミ処理場「広島市環境局中工場」のように、人の動線の操作も全体的に計画できるとよかったと思います。

ID099　中野 宏道　近畿大学

都市ガ侵略サレタトセヨ.

島田：よくわかりませんが、要するに一人三役で設計論を設計したということですか？

中野：そうです、実際に3人います。私とあとの二人は、設計系以外の都市計画系の友人などです。

島田：プロセスモデルの後にコンセプトモデルが発生するのですか？

中野：プロセスとコンセプトが同時にあり、ドラフトマンに投げます。僕はスケッチを描いて投げ、数値を当ててもらったりディテールを考えてもらったりします。三者は、平・断・立の三面とテキストしか情報を共有しないので、三次元の空間をドラフトマンに想像してもらいました。

島田：dot architectsは超並列のように、三人で分担して同時並行していましたが、それにより他者性をつくり出しているということですか？

中野：そうですね。今回のように、全部一人で設計して完結することは今後ないかもしれません。もっと積極的に他者を入れるとどうなるのか。そこで生まれる苦悩をどうしたらいいのかという悩みと向き合うことが卒業設計で一番やりたかったことです。

島田：その一方で、できあがった意匠が一種のコラージュのようにも見えますが？

中野：ラフのスケッチとテキストを先にもらいましたが、僕がそれをモデル化をしたため、意匠が僕のリファレンスに寄ってしまったというのはあります。

赤松：他者性といっても、三人の人間関係における他者ですよね？　実際の建築は法規や自然など、いろいろな他者性があると思いますが？

中野：他者性は、法規や周辺環境まで広がっていくと考えています。最初は三人でやっていたつもりですが、フェーズ4にいたっては隣地のビルに侵略していくことで、当初の管理者三人とは別の管理者が入ってくるなど、三人で始まりつつも広がっていくように思いました。

赤松：途中から対象者は実際に増えたのですか？

中野：僕は赤い側を担当していたのですが、青い側の人が自発的に外部を侵略し出したので、「僕ではない人がそういうことをするんだ」と思い、次の人を指定してもよかったなと思いました。

山田：利益とリスクを設定して、積極的に融合というよりぶつけていく感じですか？　また、こちらの大きな模型は、他のものとは違うようですが？

中野：この模型は、2つの解釈が肥大化されていくとどうなるかを一人で試した習作です。これは一人

でやり過ぎて恣意性が強かったので、この習作をベースに他者を挿入してみましたが、一人での習作よりもできたものが大人しくなっているとは思いました。

山田：他者をぶつけたことで、建築はどうなりましたか？ 豊かになったのか、可能性が開けたのでしょうか？

中野：フェーズ6などは、空間の機能の書き換えが面白かったです。例えば無料の食堂があり、ビルの中の修道院以外の使用者も食堂を使い始め、修道院の人と一般の人が混ざり合うということが発生して面白かったです。

満田：私のような構造の専門家はどう参加できますか？

中野：他者の中に構造の専門者を入れると面白いのではないかなと思いました。

山田：最初の厳しい設定より模型が大人しくなっていった印象はありますね。三人はきちんと他者とぶつかったのでしょうか、結果的に何かが起こった感じがしませんが。

中野：対面で向かい合って線を引き合ったことがあるのですが、意外と、互いに遠慮してしまいました。往復書簡でやり取りするのなら、もっと線が暴れたかもしれません。

赤松：利害がなければ、予定調和になっていくと思います。

中野：回数を重ねていくと、より調停的になっていく感覚はありました。最初は自分たちがやりたいことをやっているだけですが、徐々に別の解釈でも同じ使い方ができるなどはあるように思います。

満田：客観的な指標は入れなかったのですか？

中野：第四者を最後に入れて──。

満田：最適設計にするという主旨ではなく、ケンカによってその結果どうなったのかを、別の指標で語れていたら説得力が増したと思います。

島田：他者にカードを引かせる程度の他者性でもよかったかもしれませんね。

武田：隣のビル内に入れないし会話ができない設計になっていますね。

島田：隣地で、二人で卒業設計すると意外と面白いかもしれませんね。

武田：敷地境界線を横断してつくるのは面白いですね。

山田：もっと三者の個性があるといいかもしれません。

赤松：現実とは別の立ち位置を仮想でつくるといいかもしれません。果たしてそれが習作になるのか。

ID114　川口 颯汰　京都精華大学

大地を育む

山田：砂丘の植林地に対する提案ですよね。植林地の樹木を間伐して減らし、砂丘の中にエレメントを挿入することで砂を制御しながら調整し、樹木以外も入れながら人間の活動の場を入れていくという。

川口：そうです。

島田：防風林を間伐しているけれど、実験を経て残っているものは防風林として残ったのでしょうか？ 何が指標で残っているのかよくわかりません。

川口：この砂丘には大きな重機が入れないことがわかったのが、大きな建築を建てない一番の理由になっています。だから、チェーンソーだけで間伐できるようにしているのと、エレメントを挿入する際も、間伐材を製材して砂丘に戻して人が簡単にハンマーなどで打ち付けられるようなものを目指し、現在の形態となりました。

満田：自然地形を人工的につくるというのはすごい試みですね。ただし、ほぼ土から上の絵しかなく、間伐材をどれだけ打ち込んだらどの程度の力に耐えられるかなど、根幹に関わる部分が見えていない気がします。例えば屋根が架かっているこの建物は、アーチに対してスラストが作用するけれど、基礎は何でできているのでしょうか？ 時間とともに屋根の位置は変わるのでしょうか？

川口：砂丘の砂は、掘っていくと湿った砂が出てきます。その湿った砂に柱を刺しているだけです。

満田：そこに刺すだけだと、構造的に駄目ですね。

川口颯汰さん

赤松：この作品の最初の取っ掛かりは何でしたか？

川口：一般的に砂丘で思い浮かべるイメージは、半人工的に保たれている風景であり観光資源としての砂丘なのです。それに対し、植林地として放置されている場所を人の手を加え、砂漠のような砂丘ではなく、人も水も植物も動物も加わった風景ができればと考えました。

武田：森林だった時と比べ、よくなっているのかという疑問があります。動物と人間がそれぞれ共存できる場所があり、かつ、人間がきちんと愛着の持てる環境が広がり、いい場所に変わっているといいのでしょう。

島田：徐々に砂丘が減っているという話は聞いたことがあるため、防風林ではなく、このような形で残されるのはいい話だと思います。時間経過が組み込まれているのも、よかったです。その後は、どうなっていくのですか？

川口：この場所も、おそらく防風林用に壁のエレメントを挿入するけれど、この地形のように、ここがいずれ埋まってしまう状態がくると思うので、この形態が既存の砂丘まで延びればと思っています。

満田：このあたりの小さく点在しているグリーンは何ですか？

川口：風下側にある、風の影響を受けないエリアに砂丘固有の植物を置きました。風上側は砂丘の地形ができています。

武田：砂丘は、どのくらいのスパンで移り変わるのですか？

川口：砂丘の成長は、地球規模の話となるので正直わからないです。

島田：今の学生は、自分があまり関わらずに自然と風景をつくっていくことに興味があるようですね。話を聞いていく中で、問題意識としては共感できました。

赤松：砂漠に詳しくないこともあり、彼が何に問題意識を持っており、何のために何をやろうとしているかがわかりませんでしたが、話を聞く中で理解したので、パネルなどで表現できると納得しやすいと思います。

ID132　池田 穂香　近畿大学

ついぎのすみか

武田：植物が生きようとすることと、その暮らしの中で人が生きようとすることが等価ということですよね？

池田：はい。

武田：これは建築・改築するということですか？

池田：はい。

島田：このあたりは、もう屋根がなくなっているのですか？

池田：はい。フェーズ2では、植物のために日光が必要なので屋根を取り払っています。

島田：その段階では、祖父母はまだ暮らしているのですか？

池田：はい。

赤松：どこを減築し、どこにどのように花を植えるかは、どうやって決めたのですか？

池田：減築する場所はダイアグラムにある7つの操作から選び取っています。場所に関しては、もともと祖父母が植木鉢を置いている場所が室内なので、植物がもっと大きく成長するように、置いてあった場所の床を取り払い、地面に植物を植え込みます。

赤松：植木鉢の場所を移動させず、その場を掘って植えるとは大胆ですね。

池田：その場所で植木鉢を見たいと思って持ち込んでいるので、その思いを尊重し、取り込みより同時に植物が育ちやすい環境にしています。

武田：ストーリーとしては、最後に腐って無くなる部分があってもいいんですよね。

池田：そうです。

山田：造園的な手間をかけることが前提となった植栽計画ですが、老人が手間暇をかけられなくなった時に、願っていない形で植物が繁茂していくのが容易に想像できます。本当にしたいことは最初の3年目く

池田穂香さん

らいの一番手間がかかっている状態に見えるけれど、話を聞いていると『終わらせていく』ことがテーマのようであり、この模型では見えづらいです。

池田：住人の生きがいが植物の手入れとなっているため、それは外せなかったです。今ある植物を無くすとか減らすよりも、本当は植えたいけれど植える場所がないという願いを優先しました。それらが生きがいにつながると考えました。

武田：家をつくる時は家族がいたけれど、老後は部屋が余るというリアリティがありますね。

池田：実際に空き部屋があるので、老夫婦には実際、植えたい植物があるので植えられる環境にしてあげたいと思いました。

武田：庭と建築空間というグラデーションが居場所になっており、高齢者住宅としては健やかだと思います。

池田：建物としては畳まれるイメージが前提としてありましたが、敷地としては豊かになっていくイメージです。

満田：少し壊し過ぎで、高齢者を住まわせるには心配です。構造面でも台風や地震の時は大丈夫かな。既存をどの程度きちんとリサーチして計画したのでしょうか？

池田：柱と梁は残し、それより上の束や垂木は減らしていますが、詳細な構造までは計算できていません。

島田：上の荷重が減っているから要素としては健全になっているのだろうか。でも、梁だけという操作を聞くと、屋根の架構が残っているが、瓦を外す状態もあり得たのではないでしょうか。

武田：日常生活は過ごせるのですか？

池田：生活に必要な機能は確保しています。

山田：老夫婦二人暮らしというより、平面図を見ても15人くらいが描かれているので、コミュニティ施設などのほうがリアリティを持ったような気がします。

赤松：最近の傾向として、地域に開いたりコミュニティにしたりするのが多い中、祖父母のためだけの計画というのが逆に新鮮でした。

山田：そうすると、祖父母が二人で生活を終わらせていくことのリアリティをもう少し入れていかないと、今の状態ではチグハグな印象があります。

島田：この作品のように、時間経過をデザインしている作品を私は今回選んでおり、ID054「わたしの家のわたし方」（▶P146）も、2090年くらいまでのタイムスパンで考えていて面白かったですね。

ID146　葛谷 寧鵬　滋賀県立大学

景ノ庭

島田：光の説明はとても面白いですが、模型の中を覗き込むと真っ暗ですね。これは意図しているのですか？

葛谷：例えば模型をやや上から見ると、この穴の中は暗くて見えませんが、アイレベルで見ると奥の中庭空間の光によって明るく見え、光量差が順々に立ち替わっていきます。暗闇というのは、暗いのではなく光量の差によって暗闇として現れてくるため、室内を巡っていく中で意外と明るい空間はあります。暗さというよりも、光量差の切り替えとしての建築です。

島田：日本家屋の内部空間のような暗がり空間なのか、あるいは暗順応などにより明るく感じるということなのか、レイリー効果の説明もありましたが、どういうことですか？

葛谷：場所によって切り替わり方は変わり、スリットがあるところはグラデーションというよりも、はっきりとした光量差で切り替わります。これが反射面になり中の黄上に間接光で反射し、廊下側とこちら側に拡散されていくため、このボリュームは光の反射が集まって淡く明るくなります。つまり、縁側に反射

Diploma × KYOTO '2
The Kyoto exhibition of graduation projects
by architecture students

Day 1 **Point**
Document of Critique

して天井に映る事象が生まれるような空間にしています。

山田：敷地を皇居にするなど、敷地選定がとても独特なうえ、用途も子どもの施設なので社会的な背景が強い。でも、今の話に出てきたのは光であり、模型のテクスチャーもまた違う物語を含んでいそうです。それぞれ独特な要素を持っているけれど、これらを貫く軸のようなものはあるのでしょうか？

葛谷：自分は、日木らしい何かを建築にしたいと考えました。そこから光の様相が思い浮かんだため、光のウェイトが重いです。土や草は、螺旋状のものが象徴として中央に立ち上がるより、石垣の文脈の中に埋没するようなボリュームとしたので、こういうデザインとボリューム感になっています。

山田：どうして、子どもの養護施設のようなプログラムにしたのですか？

葛谷：皇居は日本の中心ですが、ここに人が生きているように自分には感じられず、システムや形式がドライブしきった結果、生まれた中心だと思っています。そのため、人が拠り所とする場所にこそ、人の暮らしや振る舞いがあってほしいと考えました。大人向けにすると、富裕層の居住区になってしまいそうなため、見下ろす皇居ではなく、見守る箱庭というプログラムに行き着きました。平日の日中は子ども園で、普段はグループホームの児童養護施設で、都市公園としても開放しています。

山田：それだけ聞いても、かなり複雑なプログラムですね。要は、住んでいる子もいるし、遊びにくる子もいる。そのことを建築として考えていくだけでも結構な量の話だと思いますが、説明が光の話をメインとしているため、なんとなく結びつきません。

赤松：いろいろなものが拡散していますね。少し盛り込み過ぎのように思いました。

葛谷：自分は、風景や意識の背景を建築しようとしました。案としてわかりやすいことは必要だと思いつつ、風景という形を持たないものをどうしたら身体感覚の延長で建築化されていくかを模索しつつ矛盾の中でつくっています。

島田：私はいい作品だと思います。卒業設計らしい勢いがあります。整理されきっていないはちゃめちゃなところも含めて応援しています。

審査・投票

赤松：では、それぞれの推し作品についてコメントをお願いします。

島田：悩ましいですね。例えば「元町オリフィス」に好感を持っていますが、それは平松さんがつくっている80年代的な意匠にあります。街の可愛らしい意匠を採集し、それを付け加えてコラージュしたというのはよくありますが、その範疇に収まっていない。本当に設計されて実際に体験した場合に良いかどうかはともかく、好感が持てました。

山田：今あるものを真似たというより、新たに創作的に出てきたものですか？

平松：アーケードやトラスなどを結構使っていますが、周りに海がありトラスの柱のようなものが立っていて物が掛けてあるため、それらの要素を取り入れています。屋根は曲面になっていて、全体として相対を成しています。街に散らばった言語を集め、1個の強い個性をつくり直しています。感覚的にこ

ういうものはあるけれど、こういうものはないというようなラインに収めています。

島田：ノスタルジーの表明となっていないのがいいですね。

赤松：サーベイによって、サンプリングしてきたものを違和感ないように付け加え、ほんの細やかなことでもう一度活性化させるというパターンは非常に多いです。だから、都市の中からのサンプリングとは似ているようで違う。それで結局、オリフィスが何かよくわかっていませんが、自分なりのチャレンジというか、わからないものをいかに新しく自分なりの言葉に置き換えるかという葛藤がすごいと思いました。

満田：1次・2次・3次の付け方が逆ではないでしょうか？ 大通りを1次にして、そこから2次に

入り、奥に進んで3次、4次と上がっていくイメージより、逆のほうがよいと思います。どのように順序付けをしたのでしょうか？

平松：当初から、再開発で新しいものが一気にできあがるのはおかしいと考えていました。そこで、個が集合して全体に何か新しいものを成し、その個が少しずつ変わっていくと、連続的に全体が無意識的に変化していくという街のあり方がつくられていないと思ったので、敷地に対するイメージのようなものをつくりたかったのです。そのため、一つひとつをつくるのが重要でした。

武田：少し気になったのは、オフィスと関係なく立っているビルが新築だけれど、そこまで着手すべきかどうか。審査員のみなさんはどう思いますか？ 意外と、もともとの建築のビルの高さやスケールなど、体験性だけでなく時間がつくる環境というのはありますよね。そういうノイズのようなものがあるのがよかったと、本人も思っているのではないでしょうか。つくり替えられることに対して、どう考えています？

平松：まず、横側のビルは箱をとりあえず置いた状況までしか私は設計していません。でも図書館などを少しだけ設計しましたが、先に中央のまちどうぐの部分があると、外側の部分のつくり方も複雑になってくるというか。こことここの入り口を繋げ、どこから入ってもここへたどり着いてしまうというような、新築で一気につくることができない空間性になっています。そこをしっかり設計したわけではないですが、ここが面白いところだと思っています。

司会：残り30分しかないので、「地中を舞う種に習い、うたを繋ぐ」について先生方でご意見があればお願いします。

山田：今ある風景から、かなりの物量を提案していると思います。1個の柱のリアリティについて話が偏っていたので、線材の圧倒的な多さや、見え隠れするボリュームの立体的な配置など、そこから一体何を期待しているのか伝えたほうがいいと思います。

西本：初期段階からこれだけの規模で始まるのではなく、空いている土地や手つかずの土地から徐々に始めて、最終的にこれだけの規模に広がればいいなと思っています。未来へ進むに従って、ここに住む人たちやここで塩をつくる人たちが、積極的に手を取り合い、建築と建築の間に物語を描いてくれることを期待しています。それが新しい新居浜にしかない風景になっていくと思っています。

山田：模型がとても魅力的なのでみなさんも興味があると思いますが、説明は割とプログラムや地域の活性化に集中している一方、ドローイングや模型から目指したい風景が本人の中にあるように感じられました。これほどの密度を求める理由は何でしょうか？

質疑に応える平松さん

西本：自分がつくりたいのは、建築的な風景ではなく、自然と工場や塩田、文化が円循環のように巡っていく風景です。この場所の生業として、建築に限らず、人の働く姿が表に出ていき、人の動く姿が見えている風景を目指しました。自分の地元でもありますが、昨今は建物が均質化して風景が奪われているので、地元の祭りの形態などを用いて、新居浜らしさをつくれるのではないかと信じてこの作品をつくりました。

赤松：時間がないので、先に投票してから議論しましょう。

中野：投票の間、一人30秒くらいでコメントしてもいいですか？

司会：どうぞ。

中野：「都市ガ侵略サレタトセヨ.」の中野です。今回僕がやりたかったことは、共同体や都市のあり方、住まい方でいうと、『共生』よりも『共存』に近いです。共生というニュアンスには、互いの利益というかwin-winというか、わかりあう感じがあると思いますが、共存はある種、他者を受け入れることができない、理解できないことをわかりつつも、相手のことを受容していくことです。互いの個性や存在を否定せず、同時に存在していくことが僕は大事だと思っています。マイノリティや他者性など、建築と都市と生活のあり方として目指したかったのですが、プレゼンの時にそれをうまく伝えられませんでした。2つの主体のようなものが、同時に自分らのアイデンティティを主張しながら、建築が進んでいくことをやりたかったのだと思います。

千葉：「その鉄が映すもの」の千葉です。最後の質問で「ここに新しいものが来る余地はあるのか」と聞かれた時に「置きたくない」と答えたのは、製鉄所の人の話から、建屋の一つひとつの解像度が異なることがわかったからです。ただ、製鉄所という場所はスクラップアンドビルドが当たり前の世界であ

り、建屋が鉄でできているので何回もつくり直します。僕は既存の建物にこだわって制作しましたが、何十年、何百年と経ていくうちに、建物の鉄を用いて新しい建屋ができるかもしれないし、もしかしたらスプーンに再生されているかもしれない。都市にもっとはみ出して、最後は外側に広がっていくものになると考えています。

池内：「着生建築」の池内です。私は、生き物をつくることを一番やりたくて、生き物らしさというか、生き物の中にまた別の生き物が存在するところも生き物らしいと考えていました。そこから、人が中に入ってシーンがつくられていくことも考えました。さらにもう一つ直感的にやりたかったのが、膜のようなものに包まれる中で、ものがみっちり集まって中でうごめいているような、そういうものをつくりたいと思って計画しました。

川口：「大地を育む」の川口です。今回の卒業設計で大きな軸としてあったのは、自然との関わりをどうするかということでした。コンクリートがインフラとして自然を制御している風景がある中で、どうやって自然と向き合っていくかを考えていきました。自然任せに地形をつくっていき、自然に反応して人のアクティビティが変わっていくといいなとか、今ある自然の風景は造花のようなもので人間が恣意的につくっている風景であるのに対し、盆栽のように自然が成長していきながら、人間がある程度制御して美しいものをつくっていくというものです。

池田：「ついぎのすみか」の池田です。私はつくりたい風景というよりも、残したい風景というものが根底にありました。それが住宅の緑と建築です。緑と建築は同等に並べて考えていくべきであり、そこに住んでいる祖父母と、そこに住む生き物を同等に捉え、人にとっての居心地のいい場所をつくり出すと同時に、生き物の成長を促せる場所と考え、設計を進めていきました。

細部まで模型を見る山田紗子先生

葛谷：「景ノ庭」の葛谷です。皇居を敷地とする中で強い言葉を何度ももらうことがあり、発表の1カ月前も、この作品は99%失敗するとか、建築家の方から「君は建築家にはなって欲しくない」という言葉を言われ続けながら制作してきました。今は順応の時代だから建築家もそうすべきだと言ってもらえたこともあり、建築家は時代をつくるものだと思っているので、今の価値観とずれてしまうのは仕方ないと思います。しかし、そこで問われ続けて葛藤の中で最後までつくった作品であり、あまり共感された記憶がないにも関わらず、8選になったことを不思議に思いながらクリティークをもらいました。

司会：ありがとうございました。それでは、投票用紙を回収いたします。

赤松：巡回審査で8作品に絞る際は、票に相当バラツキがありました。審査員一人につき1票しか入れていない作品が多かったです。短時間の中で見ているので、二次審査で出展者から直接話を聞き、ポートフォリオを改めて見て理解することもありました。そのため、8選に残っていないけれど、実はものすごくいい作品もあったと思います。

島田：みなさんにとっては、今日選ばれなかったことは大きなことかもしれないけれど、たくさんいいものがあったので議論を経て選んでいます。今日はいろいろな才能を見た気がします。

山田：余談ですが、「これが建つと結構いい建築になるだろうな」というのはあります。でも票を入れづらかったのは、卒業設計に求められる考えの深さや新しさが足りなかっただけです。だから、今回の票数などで自分の将来を決めないでいいと思っています。

司会：ありがとうございます。集計が終わりましたので投票結果を発表します。

赤松：若干割れていますが、4票が「元町オリフィス」（赤松先生・島田先生・満田先生・山田先生が投票）、2票が「地中を舞う種に習い、うたを繋ぐ」（島田先生・山田先生が投票）と、「ついぎのすみか」（赤松先生・武田先生が投票）、1票が「着生建築」（武田先生が投票）と、「その鉄が映すもの」（満田先生が投票）。票数で考えると、1〜3位は上位の3作品となりますが、1票のみの2作品をそれぞれ選んだ、武田さんと満田さんから何か意見はありますか？

満田：2票目を、「地中を舞う種に習い、うたを繋ぐ」「その鉄が映すもの」「ついぎのすみか」の3作品でずっと迷っていたため、その中のどれかに割り振られるなら、異存はございません。

武田：結果は結果ですので、わかりました。

赤松：若干強引ではありますが、「元町オリフィス」が4票で過半を圧倒的に超えており、1位となります。2位と3位は挙手で決めます。「地中を舞う種に習い、うたを繋ぐ」（挙手：島田先生・満田先生・山

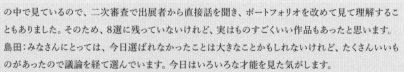

田先生の3票)が2位、「ついぎのすみか」(挙手：赤松先生・武田先生の2票)が3位となります。おめでとうございます。最後に、審査員賞の発表をお願いします。

審査員賞

満田：「その鉄が映すもの」に差し上げたいと思います。

山田：「都市ガ侵略サレタトセヨ.」です。手法に強く共感したのと、今の建築論とは違うことをやっていこうという意志が強く感じられ、とても頼もしかったです。同世代の建築論を引っ張って欲しいと思いました。ただ、少し考え過ぎているかもしれません。手法や理論に凝り過ぎると成果物が意外とジャンプできないため、今回はトライだったように感じられました。それでも、姿勢や挑戦に対して非常に共感したので、これからも頑張って欲しいです。

武田：「着生建築」ですね。

島田：8選外になりますがID005「徒らな天使の家」(▶P176)です。

赤松：会場にいらっしゃいますか？ いないようですね。それでは、島田賞は別の方になりますか？

司会：そうですね。

島田：「景ノ庭」にあげようかなとも思っていたのですが、たくさんの人が賞をもらうべきだと思ったので8選外の作品にしていました。葛谷くんの無謀さを非常に買っているので、島田賞は「景ノ庭」でお願いします。

赤松：説明を聞くまで、なぜ必要なのか、何をやっているのかが、正直わかっていませんでした。でも話を聞く中で、砂丘がどのような状態であり、何をしなくてはいけないのかという問題意識がよくわかったので「大地を育む」に決めました。1位の「元町オリフィス」は写真だけを見ると上手な模型ではないです。でも、そこに至るまでの圧倒的な思考と、まちの中のいろいろなものをどう見つけて表現するかという熱意が一番評価されたと思います。しっかりしたかっこいい模型をつくる人もいれば、自分の中にひたすら没入して不思議なプレゼンテーションをする人もいます。ほかの人のプレゼンテーションを見て新たな発見があれば、卒業設計展に参加した意味があったと思います。

Point

［座談会］

参加者（審査員）

赤松佳珠子

島田陽

武田清明

満田衛資

山田紗子

参加者（出展者）

平松那奈子（1位）

西本敦哉（2位）

池田穂香（3位）

川口颯汰（赤松賞／ファイナリスト）

葛谷寧鵬（島田賞／ファイナリスト）

池内優奈（武田賞／ファイナリスト）

千葉祐希（満田賞／ファイナリスト）

中野宏道（山田賞／ファイナリスト）

設計展を終えての感想

司会：まず、今年の本設計展を体感してどのように感じられましたか？

山田：私は昨年もDay3の審査に参加しました。Day1が建築家のベテラン勢でDay3は若手枠だったため、Day1で受賞した王道的な作品とは評価軸をずらして癖のある作品を選ぶこととなり、審査員それぞれが面白いと感じたものを選びました。今年はDay1の審査員となったうえ、評価基準に『確かな視点』という説明があり（笑）、困りながらも、今年も自分が面白いと思う作品に票を入れました。ただ、8選はすべて、自らの考えをしっかり形に落とし込んでいて非常に面白かったです。

武田：自分の地元を選んでいたり馴染みのある場所を考えていたりと、出発点がきちんとあり、そこから理想とするものを目指して建築をつくろうとしているのが伝わる、根底がしっかりある建築が多かった印象です。

赤松：いろいろなタイプの作品があったと思います。ただ、一次審査の時間が非常に短かったため、正直どのような作品かよくわかっていません。もっとじっくり見られたら発見があっただろうとは思います。一方で、それぞれがきちんと問題意識を持ちながら作品と向き合っている印象を受けました。卒業設計に向けたエネ

ルギーのようなものも感じられたし、すごく悩んだ結果うまくいかなかったのだろうという作品もありましたが、いろいろな幅のあるテーマが見られたのは、私自身も勇気をもらえたように思います。

島田：出展作品はすべて非常に面白かったため、一次審査の投票はバラバラに分かれました。一方でそれは、圧倒的に魅力的な作品がなかったという意味にもなり、両方の見方ができます。私としては、それなりに悩んで何をやっているかわからないような作品や、何かあるに違いないと思わせる作品を選びたいと思っています。さすがに1作品あたり30、40秒しか見られない中で、その可能性まで問い詰められるかはわかりませんが、作品を選んだ後にポートフォリオを見るとやはり面白い作品でした。すべてのポートフォリオに目を通せたら、また違った結果になったかもしれませんが、とはいえ、何か深く探ろうとしているものが受賞作品にはあったと思っています。

満田：島田さんの「圧倒的な作品がなかった」という話に繋がると思いますが、一昔前には設計者の個性が強く出た『作品』と呼ばれたようなものを、今の学生はつくろうとする気がないのかもしれないと寂しく感じています。現在は、『作品』よりも背景にある物

語や社会課題をうまく解決し、建築としては強い表情を見せないのがプロの世界でも多いため、そういうものに見慣れているのもあるのでしょうが、形にたどり着くまでにしっかり建築としての強度を確保してほしいというのが私の願いではあります。学生にはもっと力強く建築を描いてほしく、そういう意味で物足りなさはあります。それを学生のみなさんに求めるのは酷かもしれませんが、卒業設計だからこそやり切れるところがあると思うし、プロにも推されるような魅力があるのだから、『作品』をつくりきってドヤ顔くらいはしてほしいと思っています。

印象に残った作品

司会：8選以外も含め、個人的に気になった作品があれば教えてください。

山田：中野さんのスタディは、すごい形でしたね。今は設計者自身もいろいろな価値観を持ち、例えば設計事務所のボスとスタッフ、施主はそれぞれ別のイメージを持っていることから、複層性のようなものが建築に求められています。それを中野さんは感じ取っていたように思います。ただ、それぞれの価値観が拮抗した時に何ができるのか、複層性のみに適応していくと曖昧なものになっていくというか、つまり、みんなにとって良いものになるけれど、それこそ形がないものになりかねない。一方で中野さんはそうではなく、しっかり新しい形をつくっていきたかったのだと思いますが、敷地がビルの狭間のような場所のため、そういうものと共存しようとした結果、形にはならなかったのかなと思います。全体の話をすると、昨年と比べると、目指した風景をしっかり形として提案しているものが意外と多くて面白かったです。

武田：今の話を聞いて、現代は同調する時代だと思いました。ただ、今も昔も変わらず、批判されないように興味のない方向に進みがちだけれど、決勝に残る案の半分程度は批判されながらも議論が盛り上がります。そういうのが大切であり、それが作品の価値ではないでしょうか。審査員側も、批判することで逆に大切な部分を見つけたり、価値観の新しさと古さを再認識したり、何かが動かされるのです。みんなが良いと言うような、疑問を感じさせない作品は8選に入っていないと思うし、そういう意味で、審査に選ばれるに値する作品としての価値があったのではないでしょうか。

赤松：ある意味、卒業設計は何でもありなので、ものすごく小さなところに着目する人もいれば、都市などの大きなところにチャレンジする人もいます。1つの事柄に入り込むか、満遍なく正しいことをやるか、なかなか評価軸が定まりません。まったく異なるタイプのものが並ぶため、豚汁とコーンスープのどちらがおいしいか選べと言われて困るのと同じです。例えば土木、建築、都市に注目した作品がありましたが、それほど複雑なことをしているわけではなく、土木としてのあり方に1つずつ答えていきながら場をつくろうとしており、今の問題に真摯に向き合うことはとても重要です。ID033「雪の生きる場所」（▶P092）は、いまいちよくわからないけれど雪という問題に一生懸命取り組んだのが伝わってきました。優等生的な作品は総合力があるとも言えるし、一方で何か1つに打ち込んだ作品も評価に値します。そのような作品が揃う中で優劣をつけるのは難しい。ただ、議論から新しい発見が生まれるため、いろいろな人が集まって議論する意義に繋がると思います。それこそ私も、一次審査ではよくわかっていなかった作品が議論を通して理解できることもあり、みんなで議論していろいろな人の意見を聞きながら、いろいろなものを発見していくことの面白さや醍醐味のようなものはあります。

島田：先ほどの「圧倒的な作品がなかった」という話にも通じますが、デザインをきちんとやっているものもあったけれど、もっと高密度につくり込んでさえいれば、推さざるを得ないような作品になったと思います。ただ、そういう作品をあまり選ばなくなってい

る審査員側の事情に、学生が過剰に適応しているようにも思え、懸念としてあります。ずいぶん前に、Day2の審査員である藤村龍至先生が懇親会でフォルマリズムの話をされたと聞きました。そういう意味では、「徒らな天使の家」などは構造を完全に考えていないけれど、自分のやりたいことをやっていて面白かったです。ID027「山谷行」（▶P150）の模型は独特な迫力を持っていますが、ポートフォリオで描かれた作品の厚みをあまり模型に表現できていなかったです。ID110「空隙連鎖による都市の穿孔的更新」（▶P244）は地味といえば地味ですが、長い時間のスパンで考えており、そういう作品は割と目についたように思います。それは、現時点での恣意的な表現を避けるという学生の思いもあるのかもしれない。あとは、土木のような提案物も面白かったです。

満田：建築は『か・かた・かたち』で説明できると私は思っているため、どういうコンセプトでどういう手法を使って結果に辿り着いたかという流れを見ています。平松さんの作品は、今まで『かた』がなかったものをしっかり掴んでいた点で評価しました。エンジニアリングベースでものを語る時も『かた』は適用されますし、彼女は構造ベースで考えていたようにも感じました。唯一、ID147「Climate Plaza」（▶P263）は環境ベースで考えていたけれど、残念なことに模型がありませんでした。模型できちんと説明できていたら、8選に進めていたかもしれません。現在は地球規模で環境について話され、建築も環境貢献の尺度で語られているため、そのような出展作品が増えているだろうと思っていたら、そのようなことはありませんでした（笑）。どちらかというと地域活性化が多かったです。自分の関心事を攻めてくれるのはいいですが、現代の技術が設計に貢献されていないのは残念でもあります。そういう意味で、環境問題に果敢に挑んでいる案は印象に残りました。

住民に今後を託す案について

司会：学生側から質問がありましたらお願いします。

平松：最近はストーリーベースの卒業設計に票が入りやすいという話があります。自分で全部を決めきるか、それとも決めきらず誰かが続きをつくっていくような設定にするか、とても悩みました。自分で全部を決めるのは独りよがりに感じられ葛藤したのですが、とはいえ、続きをつくっていくような案は他にもたくさんあります。審査員の先生方は、続きを委ねる案をどう考えているか聞きたいです。

島田：設計ができているかどうかを重視します。誰かが続きをつくるとして、それが良いか悪いかという話ではなく、結果的に評価されるだけであり、評価されるかどうかが判断基準となるのは良くないかな。エンジニアリング的な発想の人はあまりいなかったように思うし、関西の傾向かわかりませんが、世界的に見ると問題意識というのは心象的な話ではなく、気候的な問題などをどう解決していくかという問題系になると思います。今日はそういう作品はほとんどなかったですね。

赤松：建築はできあがって終わりではなく、使われ始めてからが

本当のスタートです。けれど、多くの公共建築などでは設計が完了すると設計者との関係が切れてしまうという問題を抱えています。昔は有名建築家がつくったものには手を加えられないという極端なケースもありましたが、使われ始めてからも設計者が継続的に関わっていける関係性は重要だと思います。結局、時代とともに変わり続け長生きする建築でないと、スクラップアンドビルドになってしまうことにみんなも気付き始めているはずです。とはいえ、大部分を利用者が自由につくることが提案だと言われても、設計という行為は社会的なことも含めて責任を伴うことなのに、その責任を放棄しているようにも感じます。そこは逃げずに、全体を考え抜く覚悟をしっかり見せてほしい。その上で、提案の柔軟性を示すのであれば、完成後にどう変わっていく可能性があるのかを見せることが重要なのではないでしょうか。

山田：全然違う話になりますが、昨年は開催2日前に戦争が始まり、当日はロシアとウクライナ間の戦争で私の頭の中はいっぱいになっていたのに対し、出展者全員が戦争に対してドライな反応で驚きました。でも次年度は、戦争関連のテーマが増えるのではないかと審査員で話していたのですが、そのようなことはありませんでした。コロナや侵略などの社会的に大きなニュースが起きていても、全体的に、卒業設計で扱われる議論が毎年あまり変わらないのが少し気になっています。

武田：なぜそのようなテーマが出てこないかというと、それらが建築に結び付いていないからだと思います。でも、普段から思っていることはとても大事なことであり、社会に対する違和感や怒りなどから始めるとしたら、そこには嘘がないですよね。つまり、自分から出てきたものだから誰も文句を言えないし、否定できない強さがあるのです。そこから構築していくのは、『人の思い』には形がないのでハードルが高いとは思います。でも、自身の内からではなく外にあるものを集め、結果的に評価されたとしても、あまり価値はありません。卒業前の時期に、自分の内側に何があるのか、何に興味があるのか、なぜ今の社会に違和感を覚えるかを考えるのが大事であり、それはずっと自身の礎として残っていきます。最後に残るのは、そのようなことをどれだけできたかのみだと思います。

満田：思考の深さは自身の深みとして絶対出るので、そこは深く考えてほしいですね。

Question

卒業研究の思い出について教えてください。

卒業設計や卒業設計展というイベントに対する考えや

赤松 佳珠子

Answer　みなさんが膨大なエネルギーをかけて取り組む卒業設計は、自分と向き合うとても大切な時間です。取り組む内容は十人十色ですが、何を問い、何を成さんとしているのか、各々が多くの課題に直面し、もがき、苦しむことでしょう。それは今までの中で、最も濃密な思索の時間であり、そこで考えた多くのことがその先の自身の核となり、道標となるはずです。卒業設計展は、多くの作品と人が集まり、審査員も学生も巻き込んだ熱い議論が展開されることに意味があります。酷評されたり、または議論にすらならずに悔しい思いをした人も少なくないでしょう。しかしそれは、あくまでも、数名の審査員の、その時点での価値観による評価であり、長い人生の中の一つの通過点に過ぎません。もちろん、その評価や講評は非常に貴重なものであり、耳を傾けるべき多くの示唆に富んでいるはずです。逆に、みなさんの提案が審査員や社会にとって新しい視座を与えるものになるかもしれません。重要なのは、成された評価ではなく、そこで起こる議論や発見を、いかに自分自身の糧として今後に生かしていけるのか、なのです。それこそが最も問われていることであり、卒業設計が持つ意味なのではないでしょうか。

　10年後、20年後に、切磋琢磨したライバルたちや審査員だった建築家たちと同じ土俵の上で、この場所で得た大切なことを振り返って語り合える、そんな卒業設計・卒業設計展であって欲しいと願っています。

島田 陽

Answer　私の卒業設計は、提出直前の1月17日に起こった震災により、それまでの構想はリアリティを失ってしまいました。神戸の実家は無事だったのですが、被災した友人知人を助けてまわり、提出二週間前になって原付で（道路が寸断されていた被災地ではそれが最も有効な交通手段でした）京都まで帰りつき、急遽考え直した卒業設計では、当時誰も着手しておらず、必要と思われた緊急避難住宅をつくることにして、状況に即応できるレシピとすべく、一人でホームセンターに売っているものだけで50,000円以内でつくれることを条件にしました。

　卒業設計展で今の京セラ美術館前にセルフビルドで建設して展示する際に波板を黒に塗って、透明の波板との対比をつくり出そうとしたのですが、来客に「葬式の鯨幕みたい」と言われたのは、デザインが放つメッセージに対する教訓として刻まれています。この卒業設計のテーマとしたリアリティ、経済に対するリミット内で考えること、即物性のようなものは良きにつけ悪きにつけ、私のその後の設計の基本スタンスとなっています。当時はこのような卒業設計イベントは行われていませんでしたので、この卒業設計がどのような評価を得られるかは関心になく、ただ自分と向き合うのみでした。卒業設計イベントでの批評はみなさんの励みになったり、（私の鯨幕のように）学びを得たりもするでしょうが、評価を得ることを目標にせず、自らが考え続けるきっかけとしてくれれば幸いです。

武田 清明

Answer　自分の内側にある強い感情、素直な思い、独自の価値観を、外側に出してみる、発表を通して声に出してみる、建築を通して形にしてみる。すると、共感してくれる人が出てくる一方で、そうは思わない人の意見も出てくる。でも実は、この賛否両論を生み出すことにこそ価値があると思います。建築家の建築であっても、学生の卒業設計であっても、賛否両論の議論を生み出す作品、社会に共感されながらも、社会に摩擦を起こすことで、改めて人々に何かを考えさせるようなプロ

Question

卒業設計や卒業設計展というイベントに対する考えや
卒業研究の思い出について教えてください。

ジェクトに、やはり大きな希望があるのだと思います。ロンドンに留学していたころ、廃墟の研究をしていました。ヨーロッパ各地の廃墟をめぐり、建築物が『朽ちていく過程』や『植物に浸食されていく過程』を研究し続けました。自分は、海外に留学してまで何をやっているのだろう、こんなことが将来に生きるわけがない、そう思いながら、野良犬がいいにおいの方向に進んでいくように、自分の興味の赴くままに、無計画な廃墟の旅、廃墟の研究をしてきました。自分の内側の奥深くにある興味が何なのか、今もはっきりとはわかりません。それは、新しいものと出会うたびにだんだんわかっていく、それを見つけたいからこそ前に進んでいるような感覚があり、そのことは学生の頃も今も変わらないです。

満田 衛資

Answer 卒業設計展は、より多くの批評を受けられる場をつくることに意味があり、学びと成長の場だと考えています。とても大事な場であると考えているため、教員になる以前から広告協賛という形でDiploma×KYOTOを応援し続けています。学生に対しお金を出しても口は出さないのが学生を応援する大人のマナーなので、対価としてビジネスにつながる個人情報を求めるような場であってはならないと感じています。学生諸君も毅然とした態度で跳ね除ける倫理観を持って健全な学びの場を築いていってください。

私の卒業研究は、ケーブルネットの釣合形状を求める手法に関するものでした。はじめは既往研究を見ても内容が理解できなかったので、簡単な模型をつくりました。模型を触ってみることで、ケーブル同士が釣合って形をつくる原理や、張力や形態が剛性に及ぼす影響を理解することができ、最終的には釣合形状を求めるプログラムをつくることができました。今でも学生には、手を動かしてみなさい、とよく言うのですが、この時の体験に基づいています。

研究の基本は、物や現象を良く観察し、背後にある規則やルール（かた）を感じ取り、それを言語化することで真理に辿り着くことですが、設計はこの逆向きの行為です。計画の本質（コンセプト）を出発点に、それを体現する手法を考案し、具体的なモノとしなければなりません。プレゼンに目が行きがちですが、本質的には案における「かた」にオリジナリティや新規性があることが重要になります。

山田 紗子

Answer 建築は総合的な活動ですが、総合力だけで良い建築が生まれるわけでもありません。本来一人の人間でつくるものではないので、総合力を一個人に求めるのはどうなのかなあ、と思ったりします。だから、なにかに偏っていたり矛盾していたりしても、この考えはすごい、この在り方はすごい、と思えるものに出会いたいと思っています。

卒業設計はランドスケープデザインで提出したのですが、卒業設計展で１票も入らず、返却された模型を運送会社の社員の方に捨てていただけますか、と聞いたところ、驚かれて「もったいない」と言われたので、じゃあブライザーだけ抜きます、と言ったら一緒にブライザーを抜いてくれたという思い出があります。

修了設計ではアフリカのサバンナの景色から着想を得て住宅を２０個つくりました。自分では面白いと思ったのですが、「こんなものを修了させて良いのか」と教師陣の意見が真っ二つに割れて、間に立っている私は生きた心地がしませんでした。今ではそのような意見が出た理由もよく理解できるのですが、でも、あの時は無心にやって良かったなあ、と思います。

Line

—

Diploma × KYOTO '23

The Kyoto exhibition of graduation projects
by architecture students

Line

点である建築が結ばれて都市景観や建築史を線として繋ぐという考え方のもと、
各作品の持つ射程の広さを評価・議論する。

審査方法

① **巡回審査**
会場に並んだ模型とプレゼンボードから、
各審査員が予備審査で議論したい作品を
選出する。

② **予備審査**
ポートフォリオを用いて、
最終講評会に進む8選を選出する。

③ **最終講評会**
8選について、
パワーポイントと模型を用いた
プレゼンテーションと質疑応答を実施。
ディスカッションを経て、
1〜3位と審査員賞を決定する。

1位
ID099
中野 宏道 Hiromichi Nakano
（近畿大学）

都市ガ侵略サレタトセヨ.
偏執狂的＝習合的手法

2位
ID088
森 聖雅 Kiyomasa Mori
（大阪大学）

織り成す木々は、里を熾す。

3位
ID046
平松 那奈子 Nanako Hiramatsu
（京都大学）

元町オリフィス
〜分裂派の都市を解く・つくる〜

ファイナリスト／五十嵐太郎賞
ID033
北野 湧也 Yuya Kitano
（京都工芸繊維大学）

雪の生きる場所

ファイナリスト／忽那裕樹賞
ID146
葛谷 寧鵬 Neiho Kuzutani
（滋賀県立大学）

景ノ庭

ファイナリスト／倉方俊輔賞
ID072
古家 さくら Sakura Koge
（大阪工業大学）

慈悲の7つの行い

ファイナリスト／藤村龍至賞
ID083
村上 由希子 Yukiko Murakami
（立命館大学）

輪廻を知る
―人・モノ・自然と生きる循環型社会の序章―

都島有美賞
ID086
池内 優奈 Yuna Ikeuchi
（京都大学）

着生建築

ファイナリスト
ID038
小林 優希 Yuki Kobayashi
（滋賀県立大学）

建築のかけらを拾って継ぐ
―道具、家具、建築、土木という
　輪郭をとかした暮らしの計画―

審査員

五十嵐 太郎
Taro Igarashi

建築史・建築批評家
東北大学大学院教授

———

総評：Day1の審査結果と若干重複はあるそうで
すが、それなりに違う結果も出て良かったと思い
ます。今回見た感想として、ここ数年小さくなっ
ていた模型の大きさが少し戻ってきたというのが
あります。やはり昨年と一昨年はコロナ禍により
製図室が使えなかったことが原因としてあるかと
思いますが、一方でコンピューターのスキルは上
がっているように感じました。ID005「徒らな天
使の家」、ID027「山谷行」、ID155「つなぐ障
壁」と、ほぼ説明がなかったID125「わたしの
おもかげを」は興味を持ちました。

1967年フランス・パリ生まれ、1992年東京大学大学院修士課程修了。2000年東京大学大学院博士課程修了。
2004年中部大学助教授、2007年東北大学大学院准教授、2009年東北大学大学院教授。

審査員

忽那 裕樹
Hiroki Kutsuna

ランドスケープデザイナー・まちづくりプロデューサー
E-DESIGN
大阪公立大学客員教授

———

総評：卒業設計におけるいろいろな視点を共有
し、かつ、それらを学生たちで運営するという本
会に対し大きな敬意を抱いています。作品の感
想としては、ID034「東大阪詩的建築試論」は、
東大阪の住民に提案したら受け入れられるに違
いないと思いました。それから、ID098「大地と
植物と建築と」は内容としてはよくあるものです
が、植栽との関係や植物の性質をきちんと読み
解いており高く評価しています。

1966年大阪府生まれ。大阪府立大学（現、大阪公立大学）農学部緑地計画工学講座卒業。
2000年E-DESIGN設立。大阪公立大学客員教授。

審査員

倉方 俊輔
Shunsuke Kurakata

建築史家
大阪公立大学教授

———

総評：ID012「未来へ紡ぐトポフィリア」は作品の勢いと造形が印象的でした。それから、ID043「段階的な遊休不動産の活用法」はきっちりつくっており、8選に残っても良いと思える作品でした。ID045「地形に残されたひとの営み」はとてもスケールの大きい考え方に期待が持てましたし、ID069「地中を舞う種に習い、うたを繋ぐ」はとにかくパワーがあって完成度が高かったです。そのほかにもいい作品がたくさんありました。これからも自分の道を極めていただければと思います。

1971年東京都生まれ、1994年早稲田大学卒業、1996年早稲田大学大学院修士課程修了、1999年早稲田大学大学院博士課程単位取得満期退学。
2010年西日本工業大学准教授、2011年大阪市立大学(現、大阪公立大学)大学院准教授、2021年大阪市立大学大学院教授。

審査員

都島 有美
Yumi Tsushima

建築家
久保都島建築設計事務所

———

総評：今回、Midjourneyなど画像生成AIを用いた作品が1つくらい出てくるかもしれないと期待していましたが、そういうデジタルを駆使した作品は意外になく、自分が学生の頃の卒業設計とテーマがあまり変わらなかったため、とても意外に思いました。8選外で気になったのがID132「ついぎのすみか」です。2人の老夫婦の住まいの終わらせ方をテーマにした作品で、最近は終活に興味を持っている人が多いため、それに対する建築のアプローチが提案されているのが目新しかったです。模型もすごくきれいにつくられていたので「美しい建築で賞」に投票しました。また、砂丘の地形を用いたID114「大地を育む」は話を聞いてみたかったです。話を聞けていないので何とも言えませんが、時間をテーマにした作品で、100年や200年というロングスパンでどういう形になっていくのか、もしかしたら壮大なストーリーがあったのかもしれないと思いながら見ていました。

1982年愛知県生まれ、2006年九州大学卒業、2006-2007年Sint Lucas Architectuur（ベルギー）、2008年九州大学大学院修士課程修了。2008年中村拓志＆NAP建築設計事務所、2011年久保都島建築設計事務所設立。

審査員

藤村 龍至
Ryuji Fujimura

建築家
RFA
東京藝術大学准教授

———

総評：たくさん卒業設計を見ている中で、産業遺構や記憶の継承、植物、里山、廃棄物などは、よく見るテーマではあります。その中でも洗練度合によって光る作品はそれぞれありますが、私には卒業設計イベントブーム内での洗練のように見えてしまいます。ランゲージ系はとにかく設計手法が重要であり、意匠論の1番大切なところなので頑張って欲しいです。例えばID158「富嶽反転」にはランゲージとマテリアル、信仰などいろいろな要素が入っており、実は総合的な作品かもしれないし、ID147「Climate Plaza」は形が建築表現としてそれほど良くないですが、これからの気候に適した形に関するテーマで、今盛んに議論されている内容のため、このような将来性のあるテーマはもっと伸びてもいいと思います。それから、今後もっと発展しそうなテーマとしてマテリアルやアクターネットワークなどが挙げられます。特にデジタルに関しては、作品のテーマとしてもっと扱われてしかるべきなのに、2作品しかありませんでした。技術革新に対して距離を取る必要はありますが、いつまでも人の頭や手で考えた絵だけで建築をつくっているのは勿体ないと思います。一次審査で五十嵐さんが推していた、アクターネットワークセオリー系のID027「山谷行」は私も面白いと思いましたが、形らしき形がプレゼンされておらず、ほぼパースというかコラージュだけのため、建築設計というには少し物足りなかったです。また、砂のマテリアルという意味では砂丘のID114「大地を育む」があり、そしてID097「漂流漂着地」は地中の構造に対して言及しており、現代的なテーマに接続する萌芽が感じられたので今後の展開に期待したいです。

1976年東京都生まれ。2008年東京工業大学大学院博士課程単位取得退学。
2005年藤村龍至建築設計事務所（現、RFA）設立。2010年東洋大学専任講師、2016年東京藝術大学准教授。
2017年アーバンデザインセンター大宮（UDCO）副センター長／ディレクター、鳩山町コミュニティ・マルシェ総合ディレクター。

忽那 裕樹 先生

ID099

都市ガ侵略サレタトセヨ.

偏執狂的＝習合的手法

中野 宏道／Hiromichi Nakano　　　近畿大学 建築学部 建築学科 松本明研究室

設計期間▷ 7カ月　　製作中の苦労や思い出▷ 制作協力をしてくれた共同制作者（目片・堀口）先輩・後輩にとても助けてもらったこと。
お気に入りの本▷ 風の歌を聴け　　製作中に影響を受けた人物や思想▷ 朝井リョウ、村田沙耶香

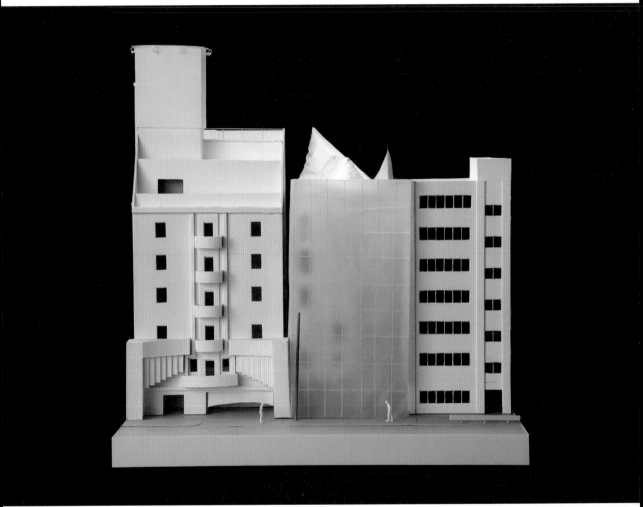

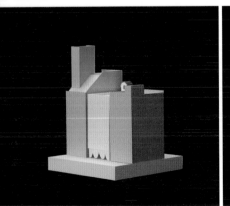
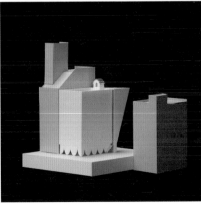
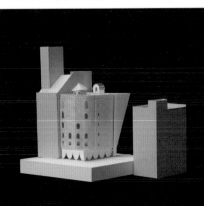

テロ・戦争・マイノリティこれらは私にとって今後の建築行為について再考するきっかけとなり、私個人の設計ではなく他者の解釈を通して変容していく様を設計行為を通して考察してみることで生まれる偏執狂的な解釈の肥大化と習合的な内在化。それらが生み出す空間の占有をめぐる闘争のプロセスに関する設計実験を行った。

そして、私自身の理解の限界点を突き付けるような状況と向き合い続けることが本卒業制作の目的である。

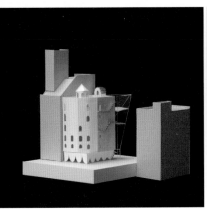
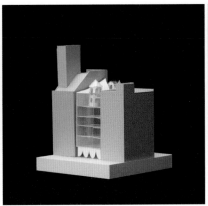
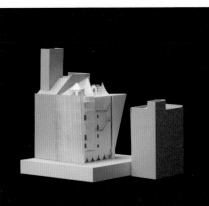

1、試論　争いと都市について

　ドゥールーズ＋ガタリ「千のプラトー」における、戦争機械と国家装置の関係から都市と争いの関係について物語を通して考察する。

　都市は争いを生み、都市の発展は侵略されることであり、都市は外部の存在により規定される。国家装置としての都市は外部の存在を内在化させる性質を持ち、その内在化・吸収によって都市は生成発展することができる。そしてその外部と内部の衝突により副作用的に「争い」が引き起こされる。

2、concept　複数の語り手による設計

　三者で三つのプロセスを通して共同設計を行う。Ⅰ.民意を集め都市を民主的に管理する「都市管理家」、Ⅱ.物事の解釈を肥大化させながら調停する「偏執狂的建築家」、Ⅲ.抽象的な物事を現実的な数値へ落とし込む「ドラフトマン」。

3、design process

●Process01

　都市管理家と偏執狂的建築家は、それぞれがAとBの役を演じ、設計行為（事実）のみを共有し、設計行為を「スケッチとテキスト」で記録する。それを3往復繰り返し、6つのphaseを観測する。「スケッチ」では、平面図・断面図・立面図を一面ずつ準備しメモとして記録する。「テキスト」では、行われた「設計行為」＝「事実」と「設計主旨」＝「意図」をテキストで記述して、両者は「事実」のみを共有する。「意図」はProcess3のディテールの計画時に共有する。

●Process02

　6つのphaseが完了したのち、偏執狂的建築家が描かれたスケッチをもとに、互いの意図を事実から解釈して、既存建築や周辺環境を考慮しながらプロセスモデルを制作し、建築に対してディテールを与えるために、同時にコンセプトモデルを制作する。

●Process03

　「プロセスモデル」と「コンセプトモデル」をドラフトマンへ共有し、実際の建築へと明確な数値や生活やマテリアルについてディテールを共同制作していく。

4、手法　偏執狂的＝習合的手法

【偏執狂▶解釈妄想】

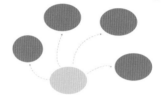

事実、出来事、強制、観察など過大妄想により、固定概念にとらわれない新たな解釈を生み出す。

【習合▶他者受容】

異なる背景を持つ文化、思想、信仰が接触し互いの相違点を捨てて歩み寄ることで混交し理解ではなく受容していく。

5、偏執狂的＝習合 を示すための習作

　私個人の設計ではなく、他者の解釈の介入を通して変容していく様を、設計行為を通して考察してみることで生まれる「偏執狂的な解釈の肥大化」と「習合的な内在化」していく過程を経て生まれる建築の様相について習作を通して考察した。

小屋のタイポロジー　　　　　　　　　他者の介入により変異した小屋

●phase01 奪還 ―司祭―

都市に大地が生まれ、近代建築の開放的なピロティの空間のように見えるが、ここは聖域であり、聖職者しか立ち入ることができない。まるで柵越しに見る社殿のような空気感が漂っている。

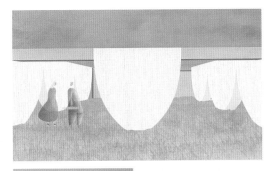

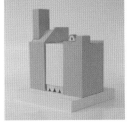

process model 01

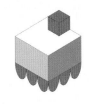

concept model 01

●phase02 回遊 ―管理者―

敷地境界線により二分化されていた土地は、ビルの隙間が使用されることで空間が結合し、一つの路地のようなアプローチを持ったエントランスとして、都市の隙間が機能を獲得した。

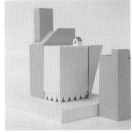

process model 02

concept model 02

●phase03 解放 ―司祭―

アーチ状の吹き抜けは3〜6階の空間を一つながりにし、現代オフィスビルのデザインのように一体感と開放感のあるオフィス空間となっている。円弧上の壁は部屋を分割すると同時に、吹き抜け空間により失われた構造体として機能している。

process model 03

concept model 03

●phase04 拡張 ―管理者―

侵略されていたはずだが、問題に合理的な解決のようにも見えるが、隣地ビルを侵略していることになり、被侵略者から立場が逆転している。一方の合理的解決は他方にきわめて不条理なできごとになりうる。

process model 04

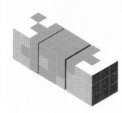
concept model 04

●phase05 転換 ―司祭―

屋上に3つの内部空間を計画、2階にキッチン等の設備計画、6階が会議室として席が確保される。建築行為による侵略というよりも、機能において転用がされ、書き換えられていった。

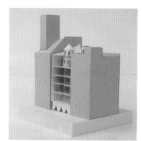
process model 05

concept model 05

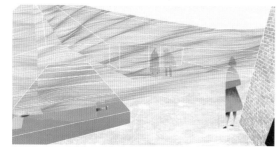

●phase06 隠蔽 ―管理者―

半永久的に更新されながら動線となり、サクラダファミリアのような終わらない現場のようなものになったのだが、ホテルや神社など場所と深く接点を持たない人の街であるため、それらの異常さに気づくことはないのであろう。

process model 06

concept model 06

設計プロセス

ID099 中野 宏道

予定調和的に個人の思惑のみで実行される卒業制作に違和感を持った。そこで設計プロセスの中に他者の意見や理解のズレや誤解を内包し、衝突しながら共存する多様性社会における建築の在り方を模索した。

【問題意識・興味の追及】
戦争、シュルレアリスム、宗教に関する文献や小説などをインプットし、自身の興味と社会に対する問題意識を明確にしていく。

2022年 8月

【物語の制作】
複数人で設計を行うために、共有される敷地や現状問題や人間関係などを一種の物語のようなテキストとして制作した。共同設計者にそれらの共有を行った。

2022年 11月

2022年 12月

【パラノイア的設計】
複数人で同時に設計と制作を行った。制作過程で生まれる齟齬や誤解や解釈を受け入れながら構築していく設計体系を目指した。

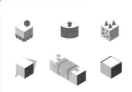

2023年 1月

【模型・図面の作成を最終提出に向けて制作】
三人で共同設計を行う設計手法のため、それぞれの担当ごとに制作を行い、学内の最終提出に向けて準備を行った。

2023年 2月

【ブラッシュアップ】
展示会ごとに展示ルールが異なるため、それぞれ展示構成を行い模型等を製作した。プレゼンは審査員ごとに伝えることを選び、議論を行った。

織り成す木々は、里を熾す。

森 聖雅／Kiyomasa Mori　　大阪大学 工学部 地球総合工学科 阿部浩和研究室

設計期間▷ 4カ月　　製作中の苦労や思い出▷ 部活のチームメイトと巨大なコンタ模型をつくったこと。
お気に入りの本▷ ズントーの本　　製作中に影響を受けた人物や思想▷ 中村拓志

観光と集落の接点における地域交流拠点「入舟（オオフネヤギ）」を提案する。兵庫県川西市黒川地区は、クヌギの木から茶炭をつくる炭焼きの生業によって里山を維持してきた。その美しい自然から日本一の里山と呼ばれており、多くのハイカーが訪れる。しかし、ハイカーが田んぼを汚したり民家を覗いたりしてしまうことで、住民はよそもん意識を抱いている。里山を支える炭焼き農家は集落に一軒を残すのみで、外の若い力が必要であるが集落は閉鎖的である。そこで民家を通らずに名所を巡る街道をつくり、観光動線を再編する。そして街道が立体交差する地域交流拠点を計画する。集落の心と活動を開く「里熾し（サトオコシ）」を描いていく。

ID088　織り成す木々は、里を熾す。・森 聖雅

1、背景

　里山とは、人が伐採し手を加えることで萌芽・再生という循環が続いている山のことである。しかしエネルギ　革命、農業の化学化によって里山の自然は次第に利活用されなくなり、土砂災害や獣害が拡大している。放棄森林や耕作放棄地も多い。自然と人間生活の循環は離れ、里山を蔑ろにした人間生活が拡大する一方なのだろうか。兵庫県川西市黒川地区は今なお生業として炭焼きを行い、原料となるクヌギ林を循環利用していることから日本一の里山と呼ばれている。しかし、それもいつまで続くだろうか。炭焼き農家は集落にわずか一軒しか残っておらず、里山維持に直接関わる人がほとんどいないのが現状である。日本一の里山ですら、今後10年で消滅の危機に瀕すると言われているのである。

菊炭。黒川地区の伝統産業である炭焼きによってつくられる高級茶炭。クヌギを原料とする

炭窯。毎年12～5月の間、炭焼きを行う。その間は窯の温度を下げないため、3日間燃やして4、5日間冷ますというサイクルを休むことなく続けていく

台場クヌギ。毎年約1.5haのクヌギ林を伐採する輪伐により、伐採齢の異なるクヌギ林群が隣接し合う、特徴的な里山のパッチワーク状景観を形成する

2、コンセプト　～里熾し〈サトオコシ〉～

　里山の本質とは自然の循環とともにある人の暮らしが営まれていること。黒川で消滅の危機にある循環と暮らしを、火を熾すようにじわじわと取り戻していく「里熾し」を描く。

●火を囲み境界を再構築する「街道」

　十数年前に黒川民総出で黒川一帯約4.5kmに鹿除け網を渡したが倒木等で壊れ、現在メンテナンスができず獣害が拡大している。鹿網跡地に木杭を打ち込み補強しつつ、山奥の森を伐採して萌芽・更新を進めることで人と自然の境界を再構築する。

　黒川は多くの人がハイキングに訪れるが、家の中をじろじろと覗いたり、田んぼにゴミを捨てたりする人がいる。黒川の名所をつなぎつつ、住民の生活を侵害しない街道を整備することで公と私の境界を再構築する。

●火に新鮮な風を送る生業拠点「大欅」

　数日間の里山体験宿泊によって、黒川の生業に触れる。移住の決め手になるほか、移住者の人となりを知りたい住人の思いに寄り添う。黒川の里山に移住する子育て世代を増やし人の循環を再生する。

　山道と大欅は、黒川の森林材、川西市内に群生する赤松、三重県で林業を営むブルーベリー農園園主の実家が伐った吉野杉を使用。大規模な木材利用は川西市の林業を支え、吉野杉産地との新たな関わりも生む。

3、全体ダイアグラム

黒川民

体験移住

よそもん

①鹿除け網跡地である斜面に木杭を打ち補強する。木杭の延長に街道を整備する

②炭焼き農家宅の裏山の土砂災害危険渓流上に、杭をグリッド配置で打ち補強する

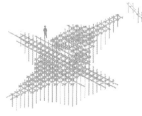

③杭の延長を柱として、グリッド状に空間を構成し大欅を建築する

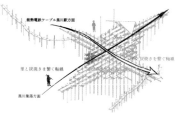

④建築大欅は、里と炭焼きをつなぐ軸線、外と炭焼きをつなぐ軸線街道が立体交差する

4、街道について

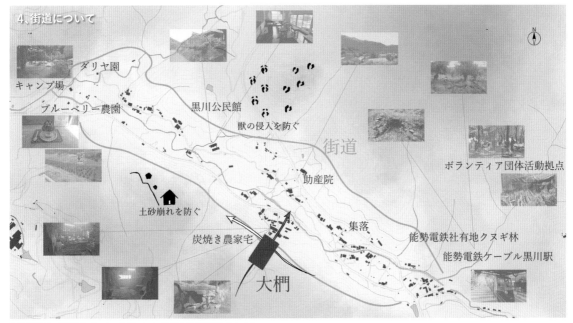

街道配置図。体験移住者は主に街道における生業や整備活動に参加する

5、大椚〈オオクヌギ〉について

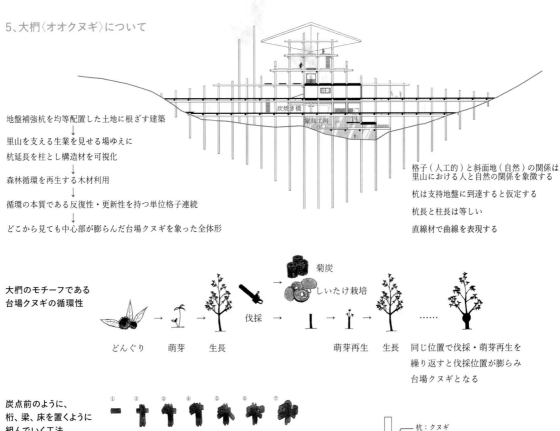

地盤補強杭を均等配置した土地に根ざす建築

里山を支える生業を見せる場ゆえに
杭延長を柱とし構造材を可視化

森林循環を再生する木材利用

循環の本質である反復性・更新性を持つ単位格子連続

どこから見ても中心部が膨らんだ台場クヌギを象った全体形

格子（人工的）と斜面地（自然）の関係は
里山における人と自然の関係を象徴する

杭は支持地盤に到達すると仮定する

杭長と柱長は等しい

直線材で曲線を表現する

**大椚のモチーフである
台場クヌギの循環性**

どんぐり　萌芽　生長　伐採　菊炭　しいたけ栽培　萌芽再生　生長　同じ位置で伐採・萌芽再生を
繰り返すと伐採位置が膨らみ
台場クヌギとなる

**炭点前のように、
桁、梁、床を置くように
組んでいく工法**

菊炭を使うとある茶道流派の作法。炭点前〈スミテマエ〉といい、
それぞれ役割の異なる炭を決まった順番で置いて組み、点火する。

桁を通す　梁を置く　桁に床を置く　梁に床を置く

杭：クヌギ
■Φ30mm×300mm

桁：吉野杉
■300×300mm

梁：吉野杉
■300×300mm

6、設計

木材桟橋　地内道　畜舎　風呂　炭肉加工所　街道
こども園　体験移住の家
断面パース

黒川の循環を再生するための街道と大槻。大槻は一見シンメトリーのように見えるが、斜面のカタチによってグリッドが切り取られるため対称性は崩される。また、正面から見た際、全ての桁が柱に対して左側にあるため、見る角度によって強調される線の方向が異なる。シンメトリーのようで実はそうでないというのは自然界ではよくあることである。人体も例外でなく、顔のパーツも微妙に左右で異なるし、心臓も左側にある。大槻はそういった意味での自然性を持つ建築である。むき出しのグリッドは大槻が萌芽再生するための余白であり、また街道上のどこかに二本目の大槻が生えてくるかもしれない。

▶ 山につながる鹿肉加工所（4階）。里山を支える新しい循環

大槻配置図
兼1階平面図 ▶

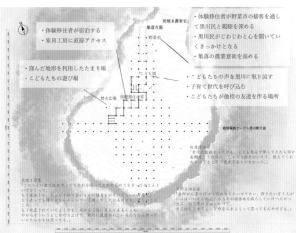

・体験移住者が宿泊する
・家具工房に直接アクセス

・体験移住者が野菜市の接客を通して黒川民と視座を深める
・黒川民がじわじわと心を開いていくきっかけとなる
・集落の農業意欲を高める

・窪んだ地形を利用したたまり場
・こどもたちの遊び場

・こどもたちの声を黒川に取り戻す
・子育て世代を呼び込む
・こどもたちが他校の友達を作る場所

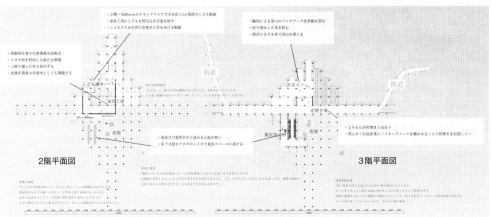

街道

街道

2階平面図

3階平面図

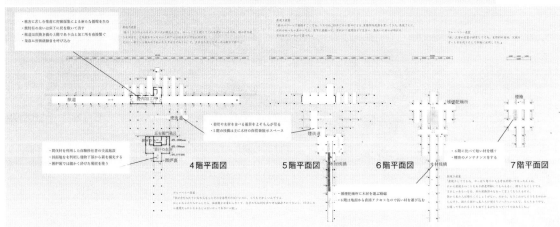

街道

4階平面図　5階平面図　6階平面図　7階平面図

設計プロセス

ID088 森 聖雅

敷地は卒業論文の研究対象地として調べていた里山。文献調査と現地でのインタビュー調査を経て里山に潜む問題点を抽出し、論文としてまとめていく中で、それらを建築でいかに改善できるかを考えた上で設計に移った。

里山の実情を把握した上で制作してみた初期案、「菊炭庵」。この案も気に入っている。

 2022年 11月

論文の執筆が終わり、最終案の方向性を決定する。インタビュー内容を反映させようとする中で初期案から大幅に変わり大規模化。

2022年 12月

カタチや機能配置、模型づくりのスタディをつくる。最終モデリングが完了する。

2023年 1月

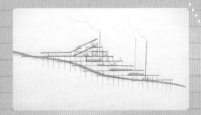

建築コースの先輩、建築ド素人の部活同期たちの活躍により、巨大コンタ模型との死闘に勝利。

2023年 2月中旬

学内講評会での反省を生かし、外部講評会に向けてブラッシュアップ。素材を増やし、色味を渋めにし、ボードレイアウトを変更。また模型のつくり込み、展示方法の考案をした。

2023年 2月下旬

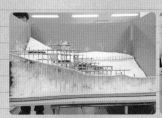

雪の生きる場所

北野 湧也 ／Yuya Kitano　京都工芸繊維大学 工芸科学部 デザイン・建築学課程 武井誠研究室

設計期間 ▷ 8ヵ月　　製作中の苦労や思い出 ▷ いつの間にかとてつもない規模の設計となってしまった。
お気に入りの本 ▷ 卒業設計で考えたこと。そしていま　　製作中に影響を受けた人物や思想 ▷ 雪国の先人たちの知恵

1、雪と火葬場、両者の境遇

　私の地元、新潟県上越市は国内でも有数の雪国である。雪は県民にとってのアイデンティティである一方で、交通障害、土地の占拠、除雪などの問題を起こすネガティブなイメージもある。本敷地は、市街地で抱えきれない雪の捨て場であり、アイデンティティである雪が邪魔者のように扱われている。

　他方、都市における遺体処理の需要を担ってきた火葬場は必要不可欠な存在であるが、都市を支えている肯定的側面と、世間が抱くイメージの否定的側面の二面性を併せ持ち、結果として、都市から追いやられている。火葬場の平面プランは葬儀の流れに沿った整然としたものが多く、殺伐とした印象は否めない。

2、雪が生き、人が還る場所

●提案　雪のユニット

　雪の器は、敷地内に分散配置され、雪の器の中心部には各ユニットが配置される。乱立するメッシュ群のつくりだす空間は、これまでの殺伐とした斎場とは全く異なる光景を生む。冬に雪が供給され始めると、雪はメッシュの器に沿いながら堆積し、かまくらのような親密な空間をつくりあげる。差し込む光は、雪で反射された柔らかい間接光として内部に降り注ぐ。冬は冷たい外気を遮断する断熱層として働き、夏季には雪の隙間から外気が入り込むことで、冷気となり内部を冷やす。また、霊安室の冷却、火葬時に排出される有害物質の急速冷却、火葬後の遺骨等の冷却などにも雪は活用される。

●提案　雪が生き、人が還る場所

　雪と火葬場、同じ境遇をもつ者同士を、あえて共生させる。居場所を失っていた雪は、自らの生きる場所を与えられ、殺伐とした火葬場は雪によって空間を得る。互いの不足を互いに補う、相利共生の関係によって、雪は捨てるもの、火葬場は厄介者というレッテルを取り払ってゆく。

国内でも有数の雪国である新潟県上越市において、雪はアイデンティティであるが、交通障害などの問題からネガティブイメージを持たれている。一方で火葬場は、都市における尽きない遺体処理の需要を満たす重要な存在であるが、「死」へのイメージから、都市から追いやられるように存在している。重要な存在ながらも、居場所を失っているという共通の境遇を抱える両者の共生によって、雪は捨てるもの、火葬場は厄介者というレッテルを取り払ってゆく。

3、雪と機能の集結、そして空間へ

●雪室の規模

　雪を保存する施設「雪室」。通常の規模は最大でも1,000〜1,500tであり、本地域の収容量には耐えられない。本提案での雪室は貯蔵を主たる目的とせず、地域を大雪から守る防災施設としての役目を担うため、2012年の高田地区一斉雪降ろしの除雪データより、収容可能体積200,000㎥、除雪可能面積3,110,000㎡とした。

●雪搬入システム

　これまでは雪捨て場への動線が確保されず無秩序な搬入であったため、新規の雪搬入システムを提案する。ダンプカーは前面道路より、分岐しながら敷地全体を覆うスロープへアプローチする。分散配置された雪室の脇のたまりに停車し、雪を落としてゆく。

　建材にはメッシュを使用する。メッシュは光、風、水、視線等は透過する一方で、固体としての雪は透過せずに留めておくため、壁のようにふるまうこともできる。冬には内部のような空間をつくりだしながらも、だんだんと雪が融けてゆくと内部から外部へとグラデーショナルに空間が変化してゆく。この時間と空間を操るツールこそが雪とメッシュである。

●画一的プランの解体・ユニットによる内輪葬儀

　これまでの火葬場の、機能でまとめられた室配置から、グループごとの単位でまとめる配置を提案する。告別、火葬、待機、収骨といった過程を一つのユニットで完結させ、内輪での親密な葬送を行う。

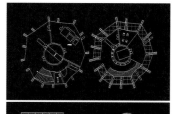

4、雪下、雪上の地形を築く

●地形をなぞる

　敷地周辺の砂浜は南側から北側へ下る緩やかな傾斜地となっている。雪捨て場に指定されている本敷地は、冬は雪が堆積しているが、雪が融けると草木が生い茂り、人は侵入できない場所である。近づくことができないゆえにその地形がどのようになっているか不明であった。そこで、等高線の情報などでリサーチをすると、各所に凹凸が目立つ特徴的な地形をしていた。この地形になぞらえたスラブを壇上に配置し、雪や草木で隠れていた地形を表出させることを試みた。

●排水計画

　時間が経って固く氷のようになった雪は締り雪と呼ばれ、締り雪の体積に対し、融け出る水の体積は約1/3である。すなわち、最大200,000㎥から66,666klの水が排出されることとなるため、排水計画は重要となる。通常、雪室の排水は排水溝で流されていくため、流れてゆく様子を目にすることはできない。しかし、この融けゆく姿こそ、雪が生きていた証であると考え、その流れを可視化させた。水勾配のついたスラブが雪室外周部のスリットへと水を流す。スリットも同様に水勾配がついており、敷地全体に張り巡らされている。ここは雪が生きる場所であると同時に還る場所でもある。

●施工　消える支保工「雪」

　コンクリートの打設において支保工の存在は必要不可欠だが、撤去作業や廃棄は大きな負担となる。対して、雪は造形の自由度が高く、自然由来であるため資源に負担をかけず、また勝手に消えるため撤去作業などもいらない。本提案では、雪を支保工に使用し、敷地を覆う屋根兼スロープを施工する。

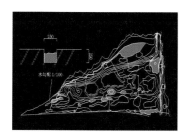

①フレームとメッシュを建てる

②スロープの型枠として雪山を造成する

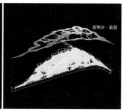

③雪山上に断熱材を打ち込み、配筋を行う

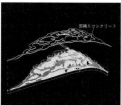

④固練りコンクリートを打設する

⑤やがて支保工としての雪が融け、スロープが現れる

⑥雪に支えられていた建築は、雪を支える器となる

平面図

断面パース

5、数十年後の未来へ

　火葬需要は2040年頃にピークを迎える。一方で、2040年以降にはその需要も減少してゆくため、火葬場は使われなくなってゆく運命にある。これまでの火葬場はそのイメージから、多用途への転用に難が生じ、取り壊される可能性が高い。よって、その壁を取り払っていくことは火葬場建築の長寿命化を図る上でも重要である。地域の雪を受け止める防災施設として、そして地域に開かれたオープンスペースとして、火葬場としての役割を終えたのちにも残り続ける建築となるのではないだろうか。この建築はこれで完成ではない。残された多くの余白は年月を経て、いかようにも変容する。

ランドスケープとしての側面を持ち、既存地形が表出した霊園として地域に開かれた雪と水の静寂な霊園

火葬場と同形態のユニットに納骨堂としての機能を挿入することで、故人は雪の中で安らかに眠る納骨堂となる

海、川、雪、山などの自然に囲まれた本敷地は、自然に還ることへのポテンシャルを秘めていると考え、既存の護岸をベースとした海洋散骨場を設けた。散骨の行われる先端までの100mにも及ぶアプローチは、弔いの道である

大空間パース

屋根スロープは、一つの空中ランドスケープをつくり出し、車だけでなく歩行用の動線としても使えるように1/10前後の勾配となっている

Day 2 | 藤村龍至賞
ファイナリスト

輪廻を知る
― 人・モノ・自然と生きる循環型社会の序章 ―

村上 由希子 ／Yukiko Murakami　　立命館大学 理工学部 建築都市デザイン学科 都市空間デザイン研究室

設計期間 ▷ 6カ月　　製作中の苦労や思い出 ▷ 敷地の情報収集
お気に入りの本 ▷ サーキュラーエコノミー実践　　製作中に影響を受けた人物や思想 ▷ 安居昭博

1、目的

　世界全体の環境問題の一つに廃棄物の存在があり、深刻な状況を引き起こしている。

　本計画では、将来の地球環境の改善を目的とした地球内における循環の再構築を行う。かつての自然界のサイクルに存在していた動植物に加え、人類とその進化によって生み出された人工物をも加え、単なる物質的な循環のみならず、人とのつながりによって生まれる体験や空間の行き来などを含む、人・モノ・自然が共生する新しい暮らしを創出する。

2、敷地情報

　対象敷地として長年の消費社会・環境負荷の象徴でもある最終埋立処分場を設定する。現在、大阪湾に位置する最終埋立処分場は第一期計画の尼崎・泉大津、第二期計画の大阪・神戸と4箇所ある中で今回は泉大津沖埋立処分場を対象とした。この泉大津沖埋立処分場は、4つの中で203haの最大の面積でありながらも数年で埋立てが完了することが見込まれている。

3、現状と課題

　泉大津沖埋立処分場は、廃棄物の分別により管理型区画と安全型区画に分けて管理されている。現在、管理型・安全型廃棄物の両方の受け入れが終了していることから数年で埋立てが完了することが見込まれている。現状の土地の利用方法としては、メガソーラーや音楽イベントなどの暫定利用や中古車のストックヤードとして活用されているが、廃掃法により一般開放をすることができず、人々の日常から閉ざされた存在になっている。また、埋立地を囲む護岸の形状にも特徴があり、海の生態系に影響を及ぼしている。

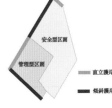

敷地詳細図

かつてこの自然界には「廃棄物」という概念が存在しなかった。なぜなら、あるものにとって「不必要」なものは、あるものにとっての「資源」としての役割を担っていたからである。しかし人口増加や科学技術の発展によって、自然界の循環に存在しない人工物から廃棄物が誕生した。今日、廃棄物は行き場を失い海に埋め立て続けられている。人類の利己的な行為によって自然領域を犯していることに対し、我々は疑問を持ち認識する必要があるのではないだろうか。本計画では対象敷地を長年の消費社会・環境負荷の象徴である最終埋立処分場に設定し、環境のシンボルの地として再生することで人・モノ・自然が共生する新しい暮らしを提案する。

4、サーキュラーエコノミーシステム

本計画ではサーキュラーエコノミーと呼ばれる、これまで廃棄されるだけだったもの、活用されていなかったものを「資源」と捉え、リサイクルによって繰り返し再生し続ける経済環境を取り入れる。

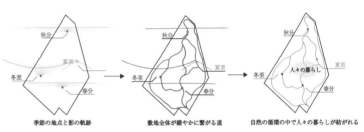

5、配置計画

全体の配置を季節の変化として8太陽の傾きをもとに決定する。季節の節目である「春分・夏至・秋分・冬至」の地点を設ける。さらに、自然界の生命活動の根源である「太陽」によって、日の出から日没までの影の軌跡を描写し四季の軸を定める。これらによって四季の情景を創出させ、敷地全体が緩やかにつながることで循環する自然界の表現を行う。その中心に人々の暮らしの塔を配置し自然の時間軸に寄り添って暮らすことを提案する。

季節の地点と影の軌跡　　敷地全体が緩やかに繋がる道　　自然の循環の中で人々の暮らしが紡がれる

6、サステナブルな部材

人々が暮らす生活拠点である塔は、柱・階段・箱・骨組みの部材のみを用いて必要最低限の構成を実現する。住民同士が自らの手で設計の過程に携わることで自ずとサステナビリティを意識するきっかけとなる。

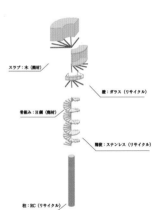

スラブ：木（廃材）
壁：ガラス（リサイクル）
骨組み：H鋼（廃材）
階段：ステンレス（リサイクル）
柱：RC（リサイクル）

7、塔の形状

各塔はさまざまな職住一体の役割を持っている。それらの役割によって生まれるほかの塔との関わりを、箱や階段が巻き上がる形状によって表現した。また、各塔に避難場所を設けることで災害に備える機能をも持ち合わせる。

8、塔同士の距離間

私たちが他者の言動や感情を把握するために必要な距離は垂直方向13.5m以下、水平方向25m以下とされている。この距離に基づき、ブリッジの距離を住民の親密度やアクティビティの関連性によって7m・16m・25mの三段階で構成する。例えば、農家の塔やマルシェの塔ではアクティビティの関連性が深いため7mに設定した。また、本敷地では津波浸水想定が1m～2mとされている。そのため塔同士をつなぐ高さの2.5～5mのブリッジを人々が利用することによって、日常的な交流を生むだけでなく、将来起こり得る津波への備えとなる。

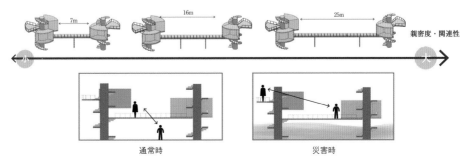

親密度・関連性

通常時　　　　　災害時

9、展開される人・モノ・自然の新たなサイクル

塔を介したアクティビティによって人・モノ・自然が循環し、住民やこの場所に訪れる人々に新たな体験をもたらす18の塔が設計され、その中にある防災の塔ではかつての自然災害からの教訓を子どもたちへ伝え、知識の循環を起こし将来の日本の安全を目指す。

また、服屋の塔では古着のリペアによりモノを大切に使う意識を高めたり、ビオトープや溜め池によるグリーンインフラの計画で雨水の循環をしたり、生活が紡がれていくにつれ、人々の需要とともに塔が増設されていくことが見込まれる。

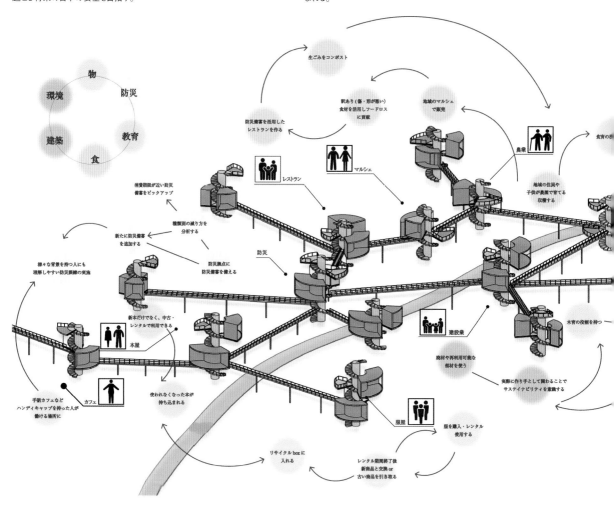

現在の平坦な埋立地に覆土をし、敷地全体に高低差を付ける。雨水がたまってため池ができ、水生植物の定着や水鳥たちの休息地となる。また、

豊かな生態系が育まれることで、人工の最終埋立処分場から自然の生き物たちの生息地となる。

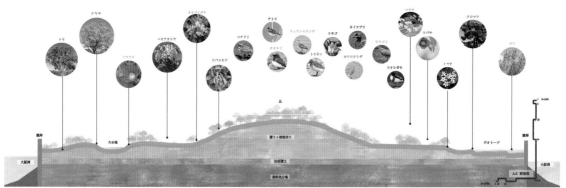

A-A'断面図

一つひとつの塔がそれぞれ違う要素を持つ他の塔とつながることで、初めて『循環型の暮らし』が成立する。さらに塔のつながりによって、人と人とのつながりを生み出し、それぞれが自分の持つ個性を再確認することができる。このように、それぞれの塔や人々が持つ「個性を価値」として生かす場の提案をする。

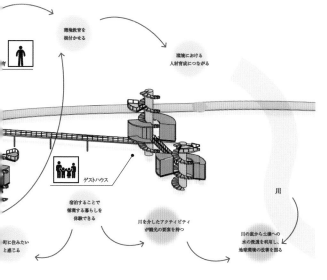

想定される職業間のつながり

食に関する塔が集まり、その中心に畑を設けることで暮らしのアクティビティがさらに豊かとなる

大工の塔では木育により日本の伝統文化が子どもたちへと継承され、知識の循環を生み出す

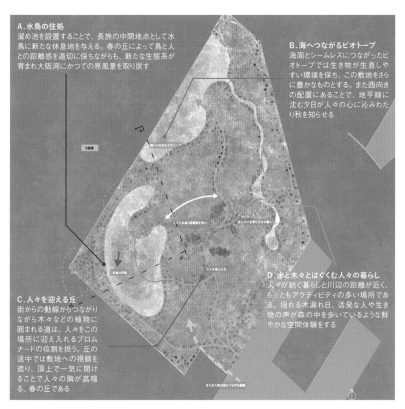

A.水鳥の住処
溜め池を設置することで、長旅の中間地点として水鳥に新たな休息地を与える。春の丘によって鳥と人との距離感を適切に保ちながらも、新たな生態系が育まれ大阪湾にかつての原風景を取り戻す

B.海へつながるビオトープ
海面とシームレスにつながったビオトープでは生き物が生息しやすい環境を保ち、この敷地をさらに豊かなものとする。また西向きの配置にあることで、地平線に沈む夕日が人々の心に沁みわたり秋を知らせる

C.人々を迎える丘
街からの動線からつながりながら木々などの植物に囲まれる道は、人々をこの場所に迎え入れるプロムナードの役割を担う。丘の途中では敷地への視線を遮り、頂上で一気に開けることで人々の胸が高鳴る、春の丘である

D.水と木々とはぐくむ人々の暮らし
人々が紡ぐ暮らしと川辺の距離が近く、もっともアクティビティの多い場所である。揺れる木漏れ日、活発な人や生き物の声が森の中を歩いているような鮮やかな空間体験をする

ID033　北野 湧也　京都工芸繊維大学

雪の生きる場所

五十嵐：火葬場と雪捨て場を美しいイメージで組み合わせている点を評価します。火葬場はシンボリックな場であるとともに、遺体を運搬して焼くという工場のように合理的な場でもありますが、動線はどうなっていますか？

北野：利用者は屋根スロープからアプローチして、各ユニットの上部からエレベーターで降ります。霊柩車などの棺については地上の別アプローチから入ってくるので、動線の区別はしています。

忽那：敷地を河川の河口部にした理由は？

北野：この土地は船見公園といって現在も雪捨て場として使われていて、冬はダンプカーが雪を運んでくるので、その既存のシステムを利用しました。

忽那：河口という場所と葬るという負のイメージを象徴化しながら現代とあの世を繋ぐ場をつくっている印象を受けました。一方、模型はきれいですが、実際はダンプカーが通るならスラブはもっと厚くしなくてはなりません。

北野：学内の講評会でも構造はもつのかという質問があり、自分も危惧している点ではあります。

藤村：翌年の雪はどのように捨てるのでしょうか？

北野：基本的には外部になっているので、一年をかけて積み重なった雪が次第に解けていき、次の年には搬入できるようになります。その繰り返しを考えています。

北野湧也さん

藤村：廃棄物や死を扱っている作品は他にも4作品ありましたが、マテリアルを流動的に扱っていることが、この作品の面白さだと思います。ただ、コンクリートを打ち過ぎていて、今の時代においては少し重い印象を受けました。

都島：雪は季節に応じて形を変えていきますが、この建築も季節に応じて変わる部分はあるのでしょうか？

北野：例えばユニット自体はメッシュで構成されているので完全な内部ではありません。そこに雪が搬入されれば壁になり、半屋内になり、そして雪が溶けると壁が次第に下がっていきます。雪が溶けることによって外部と内部の境界が少しずつ変化していきます。

倉方：屋根のスロープの部分はアップダウンがあって合理的には見えませんが、全体のフォルムはどのように決めたのですか？

北野：ダンプカーが上りやすいように全て10分の1以下の勾配にしています。うねうねとした形は、リサーチした既存地形の等高線が屋根スロープに表れています。結構起伏のある地形で、コンテクストとして残していきたいと思いました。

藤村：雪捨て場という機能自体は変わっていなくて、その機能がこの建築によって強調されたということでしょうか？

北野：そういう捉え方は自分としてはしたくなくて、雪がただ雪山として積み重なっているだけでなく、それが一つの空間をつくる建材として雪が生きているという感覚を持つことができたらと考えています。

藤村：やはりアートっぽさが強い。もう少し機能が入っていれば何をやっているのかわかりやすくなるでしょう。

ID038　小林 優希　滋賀県立大学

建築のかけらを拾って継ぐ

五十嵐：絵本や詩に何か新しい世界の見え方が含まれていることを期待しました。その絵本や150ほど集めたという詩とできあがった最終成果物との関係性をもう少し説明してください。

小林：絵本のほうは、コンセプトとなった三つの疑問を出すまでの考えを表現したものです。詩のほうは、例えば窓は開口部で光が差し込む場所と捉えがちですが、詩人から見ると暗闇に見えるとあったので、そのような反転を起こすきっかけに使いました。

倉方：「建築のかけらを拾って継ぐ」というタイトルですが、『建築』は割と強い言葉で、作品全体を通

してやろうとしていることからすると、『場』や『空間』などもう少しやわらかい言葉でもよいのでは。建築という言葉を使う理由は何でしょうか？

小林：建築とは床や柱、屋根など建築的要素で構成されていて、かつ可動性がないものと捉えています。そして、その建築が欠けた部分があるものを建築のかけらと提示しています。

倉方：建築は建物と変わらない意味で使っているのですね。

小林：意図せずできたものは建物には含まれず、建築は創作意欲のある人が生み出したものと捉えているので、建築という言葉を使いました。

忽那：都市における行為や所作が共有化され風景になるという物語は良いと思いました。一方で、土木と建築の輪郭が本当に解けているのかと疑問を持ちました。建築、土木、ランドスケープが持っている特徴をもう少し紐解く、例えば電柱に建築のかけらを付着するだけでなく、サンクン状になっている地形や土木に注目して、そこに建築のかけらを付着させると新しい場所が生まれる可能性があります。

藤村：最初はエレメント論かと思いましたが、模型を見るとすごく現代的です。今、スイスの建築家たちはいかにコンクリートを使わないかを考えていて、小林さんの作品のように小さい単位でつくっていくというのが現代の手法です。ただ、インパクトに欠けていて建築の作品に見えない。ささやかな模型に現代性を感じつつ、その行き詰まりも感じてしまう。もう少し作品に切り拓く感じが欲しい。

ID046　平松 那奈子　京都大学
元町オリフィス

都島：オリフィスという考え方の発見や、オリフィスを表現する紙のプレゼンテーションなどは面白いと思います。設計されている建築は複合商業施設のような一つの単体の建物でしょうか？

平松：設計は2段階あり、真ん中に通っている『まちどうぐ』と呼ぶ屋根や電柱などを私が設計して、外側にある四角いビル群の形にこだわりはなく、何の機能が入ってもいいようになっています。今は近くの再開発から参考にした図書館とホールが入っています。

藤村：ランゲージ系の作品は多かったのですが、その中でも完成度が高かったです。一方で、小さな

工作物を用いて、元町の古くから続く良さが取り戻せるというのは少し古い考えではないでしょうか？面白いものをつくったら人が来るというロジックですが、物理的な形だけで人が呼べるのでしょうか？

平松：個がたくさん集まり、それぞれが勝手に活動することで、全体的に変化していく総体のようなものをつくりたいと思っています。

藤村：建築家が何かボキャブラリーを街に与えると、それが自己組織的にいろいろな形をつくっていくというのは、建築家が勝手に抱いている夢という感じがします。

平松：ヒヤリングをした中で、元町の高架下の商店街は立ち退きが出てきていますが、高架下というしっかりとしたものがあったから、古い材を貼り付けるなどバラック的なものでいろいろできたということでした。その話がヒントになって壁に変えられるものを貼り付けて、そこからドライブするような場所にしました。

五十嵐：新しいものの見方と設計を繋いでいる点は評価できます。2次オリフィスの調査では割とアーケードの中から抽出して、まちどうぐという細かな部材をちりばめていますが、設計したものが曲線になっているのは意図したものですか？

平松：設計手法としては最初に見えない境界を引いて、穴をつくるためにヘビー級の壁を建てて、その周りにまちどうぐを点として置いていくという方法です。その中でまっすぐに繋ぐと距離が短くオリフィス度が低くなってしまうので、オリフィス度を高めるために曲線にしています。

忽那：模型の橋は何でしょうか？

平松：橋の前まではアーケード的なものをつくり、橋の向こうとはまったく違った形になっていて、その分断された感じが少し無責任に思えたので、広場や橋にもオリフィスを取り入れました。例えば、橋の入り口のところは引き込むような形に設計しています。

忽那：それがもっと街と繋がっていくまで、オリフィスの原理でしっかりつくられていたら、さらに良い提案になると思いました。

ID072　古家 さくら　大阪工業大学

慈悲の7つの行い

五十嵐：『今日的な修道院』と書いてあるので、修道院はあくまでモデルで、実際には修道院ではないという認識でしょうか？

古家：修道院ではないです。

五十嵐：修道院というモデルを使わないといけないのでしょうか。いろいろな形で地域に還元する施設ではあるのだけれど、そこには信者がいるわけでもないのに、モデルとしての修道院となっている。そこにすごく引っかかっています。

古家：現代の修道院となるとシスターなど信者しか入れない閉ざされたものになりますが、そうではなく地域に開いて貢献する機能が入った、誰もが使えるものにしようと思いました。もちろん信者は使えますが、地域の人などみんなが使える施設を考えています。

藤村：宗教が人の関係や動きをもとに建築をつくってきた中で、それを現代的に建築にどう落とし込むかという視点を感じました。実際のまちづくりでコミュニティに入ると、郊外都市などでは新興宗教も含めて宗教の関わりが大きい事例があります。宗教における心の働きかけに注目して、それを言語化して、建築に組み立て直すのは現代的です。空間装置としては可能性があると感じました。

忽那：主体が誰なのかが見えない。食文化などを教えるのは誰が担うのですか？

古家：地域住民だったりします。

五十嵐：修道院モデルと言うなら、そこら辺はしっかりして欲しい。『開かれた修道院』というなら腑に落ちるけれど、修道院ではないということであれば、納得できる説明が欲しい。

藤村：80年代に新興宗教が力をもっていた時に、それらが建築をどうつくっていたのか、あるいは共同体をどうつくろうとしていたのかという議論がなされていました。しかし、95年のオウム真理教の事件からそれがあまり語られなくなり、経済や事業など実態的なことが中心となっていきました。そのような流れの中、この作品は心の働きかけにリバイバルした共同体の絵のように見えたのです。

倉方：修道院はどこも高齢化していて、現代では社会に閉じた状態では生き延びられない状況だと思いますが、それをゼロからではなくて、古くから続く繋がりや自給自足の意義や機能を存続させて再編することには意味があると思います。

ID083　村上 由希子　立命館大学

輪廻を知る

都島：埋立処分場に住宅地をつくるということでしょうか?

村上：そうです。敷地の現状として廃棄物が埋められていて、あとは土を敷くという状態で、一部は暫定で音楽フェスの会場や中古車販売場のバックヤードとして使われています。普段は一般の人が入ることができず街と海を分断している状況に対して、循環型社会のシンボルとして計画しました。

都島：循環型社会と螺旋の塔の関係は?

村上：循環型社会は社会や人などある要素と要素の組み合わせが必要で、それらが繋がって巻き上がるというイメージの形状にしました。また、必要最低限の部材で設計し、南海トラフの津波が想定されているため、ブリッジで一段上げることで、そのような形態になっています。

藤村：廃棄物や人工島など現代的なテーマで、そのような高度成長期の遺産を今後どう解決していくかという批評性もあります。一方で提案の形が見えづらく、先ほどの「建築のかけらを拾って継ぐ」や「慈悲の7つの行い」と同様に現代的に感じます。唯一の形が螺旋ですが、形のボキャブラリーが率直に言うと弱く感じます。形に関してはどのように考えていますか?

村上：住民の中に大工さんがいて、その方と他の住民が一緒になって螺旋の塔をつくるので、簡単な形状とつくりにしています。大きな骨組みを用意して、中は住民たちでつくるという使い方を想定しています。

倉方：セルフビルドしやすい最小限の形と言い切っていますが、施工法など、ここが最小限と言える一番のポイントはどこにあるのでしょうか?

村上：他の高層マンションと異なり、高さをつくりやすい9〜10mに設定していることです。また、素材が廃材やリサイクルされたものを使っている点です。

倉方：サステナブルなどをテーマにした時は、具体的な工法などの話になってくるので、学生の段階では難しい部分があり、そこに対して自信を持って言い切るのは避けたほうが良いかもしれませんね。

忽那：ほったらかしになっている泉大津のこの場所に注目したのはすごい。ただ、建築的な形だけでなく、配管や配線などの設備、またゼロエミッションの仕組みなども含めた総合的な循環型社会の実験場にすることを目指して解いていくともっと合理的な形になるでしょう。

村上由希子さん

ID088　森 聖雅　大阪大学

織り成す木々は、里を熾す。

藤村：去年、アトリエ・ワンの貝島桃代さんと対談を行った際に聞きましたが、スイスでは平屋の住宅でコンクリートの基礎を打っているだけで、基礎が大きいと非難されるそうです。それだけ極端にコンクリートを嫌う価値観が広まっていて、そういう中で杭基礎が見直されてきているのです。杭基礎を扱っているのが2作品しかありませんでしたが、その一つが森さんの作品です。上と下を等価に扱っていて、形には少し疑問がありますが、「輪廻を知る」よりも可視化されている点が評価できます。そういう中でグリッドの形の根拠を教えていただきたい。

森：モジュールは3m×3m×3mのグリッドで構成していて、5階建ての建物において断面が30cmの木材になると3mスパン程度かなと導き出しました。

藤村：納得する説明ではありませんが、3mというと4畳半くらいで、使いやすい大きさかと思います。

忽那：建築単体の問題だけではなく、集落や街道を含めた全体からこの盛り上がった形態を導き出していることに好感を持っています。建築が土砂崩れなどに効くということですが、ハザードマップで敷地を見ると、それほど危険ではないところに建っています。

森：ここは炭焼き農家の裏山で、私が調べた限りでは、そこが土砂災害の危険渓流になっていて、設計した建築により土地を補強して街道に繋げることを意図しています。

都島：建物の用途に対して、ボリュームが大きい気がします。

森：全体の形は、この土地にある椚木をモチーフにしていますが、余白部分のグリッドがあることで半

森 聖雅さん

屋外の通気性の良い建築となっています。

倉方:サーキュラーエコノミーのことを言っていますが、隈研吾さんの椿原町のミュージアムが好きと書いてあるのを見ると、結局、この形にした決定打が好きな形と言っているように聞こえてしまいます。

藤村:形はそれほど評価しませんが、やろうとしていることの現代的な意味や2023年に取り組むべき課題と思われる点を評価しました。上物が清水寺の舞台に見えたりと、伝統的なものを想起させるものになっている。建築家としての形へのこだわりを聞かせて欲しいです。

森:グリッドは同じものを繰り返していくものですが、循環も同様に繰り返していくことです。異なる状況の中でも同じものを繰り返していくということを地形に反映させました。

藤村:オープンエンドなグリッドが平面と断面に繰り返されているのは個人的に良いと思いました。

ID099 中野 宏道 近畿大学

都市ガ侵略サレタトセヨ.

五十嵐:実験的な卒業設計で、個人的には好きですが、この設定は割と自作自演的になりがちです。複数人というのは2人入れているのでしょうか?

中野:私以外に知人を入れて3人でやっています。私が司祭と建築家を担当して、都市計画系の友人が管理者を、もう一人はドラフトマンを担当しています。

五十嵐:設計に他の人が関与していることをもう少し説明して欲しかった。同じ場所をめぐって司祭と管理者が対立していますが、これは本来ずっと続けるのか、3往復で一応の結論が付けられたのでしょうか?

中野:一旦3往復(6フェーズ)で区切り、今後も続いていくと思います。3往復でわかったことは、前半はお互いに主張し合うことで強い形を出していますが、後半に入ると、つくったものを別の機能で書き換えたりして理解をしていくなかで、書き換えが次第に調停的に行われて、内在化のプロセスが進んでいくということです。

五十嵐:ゲームの中では一気に丸ごと建て替えてはいけないわけで、部分的に手を加えるという制限は付いているのですか?

中野:基本的には無意味な設計行為は行えないようにしていて、大体2個ずつくらいの操作になります。

藤村:プロセスモデルとコンセプトモデルの統合のような組み立て方は面白いですし、精緻な提案だと思います。プロセスモデルには最適化設計というのがエンジニアリングにはあって、コンセプトモデルも画像生成のものも出てきているので、今年であればMidjourneyを使うなど今風にする方法はある。AIに置き換えても同じことはできると思いますか?

中野:実際、Midjourneyを使おうと思っていて、最初のアウトプットは2人でしたのですが、習作の段階では実際には1人でやりました。前段として、テキストを書いてそれをもとに僕が解釈する間にMidjourneyを挟んで画像化したものをアウトプットしたというプロセスはあります。

藤村:そちらのほうが、外連味があって良かったと思うし、それを聞いたら好感度が上がりました。今年はMidjourney元年だから、今後はAIと最適化設計に対してどう対抗するかということが建築の役割になってくる。その点も強調して良かったのではないでしょうか。

都島:タイトルが「都市ガ侵略サレタトセヨ.」と物々しいが、最後は平和な感じの建物になっているのは意図したのでしょうか?

中野:やりたかったのは、侵略に反抗してまた力を振るうのではなく、相手をもう一度受け入れていくというプロセスを踏むことです。そのプロセスでも実際私がいるのともう一人がその場で書き合っていったという経緯があったので、向かい合って書いたらそのような刺激的な操作が出

中野宏道さん

づらいという指摘については納得しました。

ID146　葛谷 寧鵬　滋賀県立大学

景ノ庭

忽那：第一の操作でランドスケープと建築の操作を等価に扱って、そこから光のグラデーション、見る・見られるのシルエットまで含めて操作しようとしています。人とその環境が共に評価される空間性のあり方をつくろうとしているのが、よくわかり、好感が持てます。40枚の写真により、模型全体を明快にしていて、わかりやすいプレゼンでした。質問ですが、身寄りのないこども園を皇居につくる理由が全くなかったのですが、それを教えてください。

葛谷：こども園に関するご質問に答える前に、写真を用いて説明できた理由について話させてください。写真では緑に見えますが、実は黄色で、開口部を遠くから撮っていただいてから、開口部近くで写真を撮っていただくと、人の目は順応してしまうので、近づいた時の写真が黄色になっている。しかし、私たちは緑色に見えてしまう。これは、トーラス状に光が充満していることの証明と理解しています。こども園についてですが、こども園である必要性はなく、都市の中心ということが重要で、現在、東京の中心は高層ビル群のようなシステムのほうが過剰にドライブしていて、人の居場所をつくるために都市のグリッドが引かれたのにも関わらず、人の居場所がシステムだけになっているような印象を受けて、どうしても、もう一度 0.0 の地点に人の居場所を考えてみたいと思いました。

五十嵐：ここの空間はとても良いのに、皇居のすぐ近くにある必要性がよくわからない。遠景などの話をしていたよね。

葛谷：日本らしさは、中景、近景、遠景など風景のシークエンス、シーンで切り取られると思っていて、その日本らしい建築を建てるのは日本の中心で、皇居にもちろん若干のプログラムとの対応性を考えるのですが、やはり国の中心とか 0.0 の地点になり得る場所に建てようという思いが強かったです。

五十嵐：外を見た時の遠景みたいな話はなかったのですか？

葛谷：遠景を外に得られないので、遠景で起きている光の様相を建築の近景、中景のスケールでつくっています。ただ、遠景は形や型がないものであり、かつ目が順応してしまうので、シーンとして決まったり、空間の質が感じられたりというより、無意識のうちに遠くの風景のシルエットになっている山々のように、いつの間にかあるのだけれど、そんなに価値を感じなくて、それが消えたらなにか物足りない気がするといった、背景に立ち回る空間性のような建築を目指しました。

藤村：全体的にボキャブラリーが独特過ぎますが、きっと何か知っているに違いない。もう少し厳密に設計したもののボキャブラリーについて伺うと、これはいわゆるコンティニュアスサーフェイスで、AAスクールなどがやっていた90年代型のフォルムのつくり方かなと思います。緑のパウダーを上に撒いたのは、自然と一体化したという表現でしょうか？

葛谷：一体化したというよりは、ここの石垣に樹木の根が植えられて、それで一つの環境になっていたので、その建築に対して等価になるように、その存在感に合わせていくように計画しました。

藤村：それであれば、もう少しディテールが関連付いているのですか？「慈悲の7つの行い」は石積みの断面があったりして、マテリアルが組み上げられていくつくり方が表現されている。それに対してこの作品はそのようなところがすっ飛ばされて、緑のパウダーを撒いてあるだけのように見られます。

葛谷：黄色のところが根と石垣が一緒になった構造体になっていて、囲まれたところはただの盛り土になっているので、土の底までが敷地と捉えて操作していきました。盛り土の浮き上がらせ方、寄せ方を操作し、それを周囲の樹木のラインと本丸の石垣が10.5mだったので、最大で8m～8.5mくらいの高さに抑えて、人の目線の高さなどと呼応するようにしました。

藤村：これは石垣、それとも擁壁ですか？

葛谷：黄色の部分は石垣で、石垣と樹木の根で囲まれた構造体になっているところで挟まれた盛り土の間の土を敷地対象にしたので、石積みはしませんでした。

忽那：石積みと樹木が一体となったところを一つの構造として保存すべき対象として見たことはわかりました。

藤村：それが建築の外殻になっているということですね。「雪の生きる場所」と似ているかと。アイデアのためのアイデアというところは少しあるかな。

忽那：構造としてのディテールはあるのかという話の中で、こちら側の土留めはどうなっているとか、そ

葛谷寧鵬さん

ういう建築化されているのかどうかが見えてこないです。

葛谷：ディテールは先に盛り土がされて、洞窟のように掘り込んで、そして掘り込んだ形に合わせてRCが打設されて左官仕上げされていきます。キャンチレバーによってスパンが飛んでいるところは、梁せいが厚くなっていて、この節のところがアンカーになっていて、若干杭は深く入っています。

藤村：打設をして、外殻を固めて、土を連続的に見せることの意味を知りたい、こんなにガチガチに固めた構造体にしないと、この施設はつくれないのでしょうか？

葛谷：回遊できるように、若干ひだ状の円環が立ち現れていますが、円環がそのまま現れてしまうこと自体に意味が宿ってしまうような気がして、それならば建築の形を消して、光の様相だけが現れるようにしたいと思ったので、建築を埋めました。

審査・投票

都島：今回の作品は建物の新しい形態を提案しているものがあまりなく、ストーリーや条件設定の妙で勝負している案が多かったと思います。私は最終的な成果物や建物のデザインで選ぼうと思っているので、そういう意味では「雪の生きる場所」を推します。雪の性質をデザインに落とし込みながら設計している点が評価できます。「建築のかけらを拾って継ぐ」は、言葉から建物のパーツが持つ私的な意味を重ね合わせることでストーリーをつくってデザインしていくアプローチが素敵だと思いましたが、できあがったものが断片的すぎて全体として見えづらい。そこが惜しかった。「景ノ庭」は、コンセプトやリサーチの話は興味が湧きましたが、そのリサーチが建物にどう反映されたのかがわかりづらかった。光の様相から遠景としての建築という考え方もすごく新しくて、どんな建物になるのだろうと期待させてくれたのですが、わかりづらいまま終わってしまいました。光のレイリー散乱とかミー散乱などの話もあったので、わかりづらくなってしまったように思います。

葛谷：遠景をどこまで抽象化して形として取ってくるかについて悩みました。遠景をインスタレーションのように現象的にやることも、もちろんレイリー散乱やミー散乱のように可能ですが、それよりレイリー散乱やミー散乱のようなものがあるということを調べたうえで、それが何で起きているかを抽象化して、近景・中景の中で立ち上がるように操作しています。それで、この遠景に型はどうしても見つからなくて、最後の形で遠景の抽象化したレイリー、ミー、光量差などが現れるように計画したので、そのリサーチに型が地続きでないところが、わかりづらさにも繋がっていると反省しております。

藤村：8作品選びましたが、結果としていろいろ補助線のようなものが見えてくるのは面白いと思います。例えば最初の案と最後の案はコンティニュアスサーフェイス対決のようになっていて90年代だったら新しく見えたけれど今だと少し古い感じがする。新しい古いだけではないけれど、卒業設計だから批評性などで議論する場であってもいいかなと思います。そういう視点で言うと、特に「雪の生きる場所」は、ボキャブラリーとして時代に鈍感な感じがしました。今、コンクリートは批判される時代になってきたから、杭基礎のほうが現代的に見えます。他方でエレメントに分解してつくる「建築のかけらを拾って継ぐ」や「元町オリフィス」、「都市ガ侵略サレタトセヨ.」もそうですが、小さくしてスケッチを重ねてランゲージにしてそれを組み立てるという手法はアレグザンダー以来の伝統芸かもしれないし、一番日本でとられている。だから、その手法を自覚的に更新していく態度がないと、今やるべきことに見えない。そういう意味では「建築のかけらを拾って継ぐ」と「元町オリフィス」はスケッチの仕方としては面白いし、新しいボキャブラリーをつくろうとしていることについて共感します。しかし、今年はMidjourneyなどが出てきているから、人工知能で絵を描く時代において、手描きに対して批評的にならないといけない。建築家が無自覚に建築を描いてしまうことに対して、少し一歩引かなくてはならなくて、その点ではランゲージ系の中では私は「都市ガ侵略サレタトセヨ.」が1歩抜けていたと思います。一方、そのような手法的な新しさとは別に、今考えるべきトピックを扱っているものは「輪廻を知る」と「慈悲の7つの行い」と「織り成す木々は、里を熾す。」。その3作品は、それぞれトピックが面白い。卒業設計を見ていると、例えばある災害があった場所に行って話を聞いたとか、記憶を継承するとか、産業遺構がどうとかと、すごく現代的なトピックが多いのですが、それは伊東豊雄さんが言うように、

やり過ぎるとジャーナリストのようになって建築の提案にならない。そうならない形に提示するために
は、コールハースがロシア構成主義を参照するように、参照元がいるだろうけれど、その時に「えいや」
と形をつくるほうがいいのかな。「織り成す木々は、里を熾す。」はギリギリのところで形があって、オー
プンエンドにつくられているのを面白いと思いましたし、「慈悲の7つの行い」の作品もまとまった空間
をつくっていると思います。プレゼンだと手法的な説明や位置付けに対して、こちらが入り込めるような
説明は少なかったですが、形のバランスが現代的だと思ったのは「慈悲の7つの行い」の作品でした。

五十嵐：「雪の生きる場所」は組み合わせが斬新で、火葬場は散々使われてきましたが、雪室は割とこ
の10年くらいで出てくるようになったので現代的だなと思いますが、その2つを組み合わせたのは初
めて見ました。できあがった造形と場所の説得力と、組み合わせにおいて評価しています。「建築の
かけらを拾って継ぐ」は、ストーリーボードは魅力的ですが、全部バラバラで統合されていない。ある
いはリサーチで得たものが設計にうまく転化されているかを読み取れなかった。それらが協力し合え
ば強い案になったと思います。「元町オリフィス」は、リサーチと設計がしっかり繋がれて、新しいもの
の見方を提示して、設計にもそれが生かされていることがわかりました。「慈悲の7つの行い」は、宗
教を切り離してしまうのがやはりもったいない。日本は公共のプロジェクトで宗教は入れられませんが、
イスラム圏であれば集合住宅をつくると必ずモスクがセットになるなど、いろいろな形で宗教が入って
いるので、宗教が離れているとすごく残念だし、修道院に関する解釈についても私は違うと思っている
ので、そういう意味で二重に惜しい。だから開かれた修道院をつくれば良いと私は思っています。
「都市ガ侵略サレタトセヨ．」は、勝手に問診的な人が入ってきて聖域であっても占拠しようとしている
のに対して管理者が抗っているという争いが面白い。自作自演的で時系列で変化するというのは最
近の修士設計でも出てくるけれども、2つの異なる主体が同じ場を巡って闘争するという点はユニーク
です。ただ、どっちがどっちを担当したのか、その闘争が一体どのように建築に落とし込まれているか
がわかるとさらに良いと思いました。

倉方：その作品に騙されたいと思うかどうかが私の基本的な決め手です。卒業設計は建たないです
し、現代もルネサンスも時代を切り開いてきた建築は、構造の原理からできているわけではなく虚構で
す。虚構の形が人々を安心させたり共同体をつくったりしてきたと思うので、基本的には新しいものの
根っこを持っているかどうかが評価基準になる。その意味で言うと「元町オリフィス」と「慈悲の7つの
行い」と「景ノ庭」が、騙されたいと思った。「元町オリフィス」は、ヘビー級、ミドル級と個性的なネーミ
ングがあったり、自分の領域に巻き込んで、新しい空間原理を提出しているという気にさせられます。
「慈悲の7つの行い」は、タイトルの「慈悲の7つの行い」など言葉が良い。古ければ古いほど形の美し
さや言葉の美しさが伝統的な宗教には残っていると思うのです。また別の面ですが、建て築く原点も
ある。地盤の中に石を建て築いて自分の場をつくるという、観念を超えた、建て築くことによる安心感
だったり交流だったり、建築のもともとつくってきた原点に触れている感じがして、感慨深いものがあり
ました。屋根の架け方など細かな点において考え抜かれていない点が見られますが、毅然と自分の
世界を築いていて、騙されたいと思ってしまいます。「景ノ庭」はプレゼンを聞いて評価が変わりました。
フォルムではない新しい体験を生み出そうと
真剣に考えていて、プレゼンを聞いていると、
次第にこちらが説得されてしまう。嘘かもしれ
ないけれど、騙されたいと思わせてくれまし
た。

忽那：まちづくりの視点から言うと、建築の形
やランドスケープの空間は形と仕組みが大切
だと思います。仕組みを変えることは、法律を
改正することから三軒両隣のルールの変更ま
でを含んでおり、それにより人と人の付き合い
方も変わります。また、子どもの管理の仕方や
死生観が変わることも仕組みだと思っていま
すが、設計を通して仕組みのデザインをしてい
くという考え方に立ちたい。次の新しい建築と
いう話が形だけの議論に終わってしまうともっ
たいないと思います。加えてアクティビティも

Diploma × KYOTO '23
an exhibition of graduation projects
by architecture students

Day 2 Line
Document of Critique

私たちはいろいろと生み出していて、それがまた仕組みを変えることに繋がったりする。動きや仕組みが変わって、その後に建築のデザインをすると自ずと新しくなるはずという視点で見ています。それで「織り成す木々は、里を熾す。」は、人や村全体の関わり方が変化してきているということからスタートして、防災の話も含めて総合的に提案する姿勢が成功しています。建築のボリュームやデザインのモチーフについて疑問に思う点もありますが、ここに観光も含めてどういう人が関わるかというそのアクティビティと仕組みが変わっていけば、リアリティが増したと思います。「雪の生きる場所」は春や夏はどのような風景になるか、家の概念や死生観が変わる中で墓のデザインをどうするかなど、デザインチャンスがいろいろあると思います。実際に私たちも墓地や火葬場のデザインを行いますが、旦那さんとは一緒に入りたくない、ペットと同じ墓に入りたいなどという要望があり、それに対応するといろいろな形態が生まれます。「建築のかけらを拾って継ぐ」は、道を設計の対象とすることは、昔はできなかったけれど、道路法が変わって今は普通にできるようになっています。そうすると誰が運営・管理するのかという問題が出てくる。「慈悲の7つの行い」も主体や仕組みという、社会や公共との関係から解いて欲しかった。「景ノ庭」については、身寄りのない子どもたちがその空間をどのように使い、どういう仕組みで子どもたちを見守っていくのか。そういった話とセットであると、今とは違う評価になるでしょう。

藤村：そうですね。でも葛谷さんは、そのような機能論を考えていたようには聞こえませんでした。内部機能はモチーフとして埋められていたし、たまたま皇居の近くに置いてあったけれど、そこの意味はそれほど語らず、その軽さが良かった。

忽那：そこで止まると90年代に見えてしまうということなのかな。

藤村：そこは諸刃で軽く語り過ぎたから、私のような者に「90年代ですね」と言われてしまう。倉方さんが先ほど騙されたいとおっしゃっていましたが、私はむしろ騙されまいと思う。「元町オリフィス」や「雪の生きる場所」を比べると、前者が厳密で、形をしっかりつくっています。後者は、線がランゲージでできていないから設計者としてはさほど共感できない。石上純也さんや妹島和世さんもそうですが、カーブ一つとっても、これはどういうカーブかを言語化できるまでスタディをしてから設計を終える。雰囲気で引かれた線とランゲージで引かれた線はやはり全然違う。今、実務的な設計の現場ではエンジニアリングのほうに進んでいる中で、手で線を引く設計はどのような意味があるのか。もう少し人間が引く線の役割を厳密にしていかないと機械に対抗できないというのが個人的な問題意識なのです。だから雪捨て場と火葬場の組み合わせは確かに意外だけれど、組み合わせはいくらでもあるから、そのあたりについて私は騙されまいと思ってしまう。「元町オリフィス」はそういう意味では厳密だったけれど、ただそれもまちづくりの現場からすると、近年は形をつくるだけでは、街は何も動いていないという方向に考えが変わってきている。そうするともう少し心の働きなりにフォーカスしないといけないと思うの

で、同様に騙されまいと思ってしまう。

都島：みんながそれぞれどういう思いで建物を設計してきたのというようなことを考えてみてあげたいと私は思っています。私も15年くらい前に卒業設計に取り組みましたが、今年の人はコロナ禍もあり、一人で悩んだりする時間も多かったと思います。その中で、卒業設計は将来の自分の進路を決めるのに大事な役割を果たすものだと思うので、この展覧会にこぎつけたということに関して自信を持っていただければと思います。

五十嵐：都島さんが学生のときに出展した九州の設計展で、私は審査員だったけれど、都島さんは確か狂気を秘めているみたいなこと言われたよね？

都島：そう、なんかマッドサイエンティストみたいなことを言われた。

五十嵐：15年前だけれど都島さんの作品に自分でコメントしたことを覚えているのです。今も同様に15年後も私が覚えているような案を推す。新しい古い、騙される・騙されないではなく、単純に昨日の自分と今日の自分が作品と出会って変わるのだったら、もうそれを推す。それだけなのですよね。

藤村：今日の作品の中で一番狂気というとどの作品ですか？

五十嵐：私は「都市ガ侵略サレタトセヨ．」に最も狂気を感じています。実験的にもっと暴れて欲しかったけど。

都島：やり取りをもっと重ねていけば、最後はすごく破滅的な姿になるかもしれないと期待していましたが、着地点がすごく平和な感じになったのが不思議だなと思いました。

中野：五十嵐先生の争いの話における関係性は面白いと思いますが、その中でも葛藤することが大事だと思っていて、その葛藤がメインであり、最後のアウトプットはどうなるかずっとわからずに進めていました。しかし、人間の性かもしれませんが、手を進めていくうちに調停化が進み、相手のやろうとしていることや思想を次第に共有できるようになっていく。その受容のプロセスが実際に設計の6回のフェーズの最後のほうで感じられて、続けていくと次の三者が入ってきたりしたら、また別の一手が入ってということが繰り返せると思いました。

藤村：狂気っぽいことを扱っているわりに、説明が物静かな感じが逆に共感します。私はよくこういう講評会で狂気が足らないというようなことをよく言われるのですが、衝動が足らないと言う五十嵐さん的な評価軸に乗らないタイプの建築家だと思うのですね。そういう立場からすると、そればかりで時代がつくられてしまうのは嫌だと思います。記憶に残るけれども本当に時代をつくる作品なのですかと言いたい。そうするともう少しロジカルに切り開いていると言ってくれたほうがこちらは納得します。

中野：物語のほうは欲望などがどどめいた設定をしていますが、それを構築する関係性やルールはロジカルにしないといけないと思っていて、今はそれを第4者の視点で、ある種のレポートのように解説していくスタンスが僕には合っているのかなと思って、そういうプレゼンをしていました。

司会：2人選んでいただきますが、1人に2点、もう1人に1点と重みを分けて投票してください。

司会：「都市ガ侵略サレタトセヨ．」が4点で1位（五十嵐先生2点・藤村先生2点を投票）。「雪の生きる場所」が3点（忽那先生1点・都島先生2点を投票）、「元町オリフィス」が3点（五十嵐先生1点・倉方先生が2点を投票）で揃っている状態です。2点が「織り成す木々は、里を熱す。」（忽那先生が2点）、1点が「建築のかけらを拾って継ぐ」（都島先生の投票）、「慈悲の7つの行い」（藤村先生の投票）、「景ノ庭」（倉方先生の投票）です。それでは、2票以上入っている4作品に一言ずつ話してもらって、もう一回投票します。

北野：これだけコンクリートを打って多くのエネルギーを投入していることに関する自覚はあります。そのような中で、施工方法が一つポイントで、雪自体が主工法になっているので今までコンクリートの打設に必要だった仮設材の投入とそれらの撤去に関するエネルギーが差し引かれると考え、このような形になっているのでそこは考慮していただきたいと思っています。

藤村：土が型枠でも雪が型枠でも、大きく有効な提案でしょうか。この場所に対する思いを語ったほうが良いかもしれません。

北野：この場所は僕の地元で、冬は雪が覆ってしまい、夏は草木が生い茂っていて全く入れない。地元のアイデンティティでもあり、観光資源でもある雪がネガティブな方向に捉えられてしまうことを悲しいとずっと思っていて、何か雪を活用できないか、別の見方ができないかと考える中、建材として使うという発想が出発点の一つではありました。

Diploma × KYOTO '23
Kyoto exhibition of graduation projects
by architecture students
Day 2 Line
Document of Critique

平松：私は闇市から続いてきたこの敷地の場所性に対して、最大限に誠実に設計しようと思い、そのためには空間や形だけの捉え方をすること自体がナンセンスで、パラダイムシフトすることが重要だと考えました。人間関係に関する点を誤読されているような気がしましたが、私は体験する人の視点ということで、ここで店を営んでいる人たちが、人を引き込むオリフィスをつくり、個が全体性をなしているところに最も賭けました。それは隣同士との関係性が生まれる形を目指すことでもあるし、そういう使い手の視点を意識して穴をたくさんつくることを選択したのをわかってもらいたい。エレメントではないと強調したいです。

藤村：エレメントの説明で、何のエレメントと言っていましたか？

平松：『階級のエレメント』と言いましたが、その階級の中にはルールなどのソフトなことも含まれています。屋根というハードなものから、ここになんとなくこういうものを置く、このあたりは何となく赤くするということが生まれそうなラインのようなものをつくるところまで含まれています。

藤村：今映っている模型の映像で、手前に橋が写っているのがわかりづらくしている。

忽那：今の説明はとても良いのだけれど、この橋は今の説明に入っている？

平松：橋が今、残念ながら大きく映ってしまっていますが、この設計の一番メインのところは、元町の商店街側から海に引くところなので、模型の奥に見えているオレンジ色と黄色い屋根のところです。このあたりの海は、ポートアイランドの広い海と違い、水先人の船が集まる繊細な海で地元感があるので、そこをもっと良くしたいという気持ちがあります。橋の部分は、その状況とオリフィス的要素を掛け合わせた、オリフィスの発展系のような位置づけです。そのため、主題となると、橋と反対側を見てもらいたいです。

五十嵐：オリフィスは、別に神戸に限らない普遍的な概念、場の認識法に展開できると思いました。さらに言うと、ショッピングモールをオリフィスの手法でつくることもあると思いますが、そのあたりはどう考えていますか？

平松：この考え方の出発点はもちろん神戸ですが、オリフィスという概念自体は一般性を持っていると思います。ただし、京都にいてオリフィスを思いついたかというとそうではないから、やはりオリフィス性を強く持っているのは神戸の特徴かと思います。おそらく闇市から発展しているような場所を見ると結構オリフィス性が神戸と同様にあると思っています。

藤村：だから、どちらかというと人間工学的に説明もできるような形なのですかね？

平松：私はそのように説得力をつけたくて前半のリサーチを厳密に積んでいきました。

藤村：追加の説明を聞いて印象が変わったところもありますし、もう少し違うプレゼンテーションがあったのではないかという気がしました。

森：まず木の表しになっている点についてですが、日本においては、大量の木材をどんどん使って森を循環させていくことが大前提としてあるので、全体を木で構成することから設計を始めました。システムの部分で言うと、よそ者と黒川民が程よい距離を保ちながら、その間を体験移住者や周辺の地域の人々が緩やかに繋いで里をだんだんと開いていきます。ここで自分がつくっている作物や炭などを存分に見せつける。そういった里起こし拠点を設計しました。

五十嵐：図面に獣道と書いてあるところは、鹿などが通る道ですか？

森：捕った鹿などを加工所に運ぶ道です。

五十嵐：鹿が歩いてきて、そこで捕まってそのまま加工されるということではないのでしょうか？

森：そうです。捕まえたものを運ぶ場所です。

五十嵐：その上に五右衛門風呂がありますが、どうしてあるの？

森：里山の資源を使った場所で体験移住の方が交流するための場所をつくったので、中で薪などをしっかり使うためです。

五十嵐：説明の仕方が優等生っぽいので、もう少し面白く説明できるのかなと。

藤村：大真面目で役所の人のように説明しているけれど、実はここは結構皮肉も込められているというように聞こえたほうが、建築家の時代に対する構え方としては共感を呼びやすいのかな。

中野：先ほど話に出たようにプロセス、エレメント、物語をベースにする案が卒業設計に多くあることは認識しています。その中でも現代の本質的な問題と建築の関係をそのままぶつけている人はあまりいないような気がしますし、ある種都合よく社会と地域の問題を設計のネタにしているような感じがして、そこに違和感がありました。自分にとって都合の悪い状況や関係性の中、建築と向き合いたいと強く思って設計をして、そこで生まれた葛藤が今回の価値です。この他者を受容する感覚を、この場

Diploma × KYOTO '2
The Kyoto exhibition of graduation
by architecture students
Day 2 Line
Document of Critique

で対話させていただいて、会場のみなさんにこの問いの必要性を提示できたと感じます。

五十嵐：まず1位を挙手で決めていこう。

司会：「雪の生きる場所」（挙手：都島先生の1票）、「元町オリフィス」（挙手：倉方先生の1票）、「織り成す木々は、里を熾す。」（挙手：忽那先生の1票）、「都市ガ侵略サレタトセヨ.」（挙手：五十嵐先生・藤村先生の2票）。それでは、「都市ガ侵略サレタトセヨ.」が1位となります。

五十嵐：次の2と3位は、私と藤村さんが誰に入れるかですね。

藤村：私は今ここで問うべきところをすごく重視していて、皮肉が少し足らないかと思っていますが、可能性や批評性に関して言うと「織り成す木々は、里を熾す。」かなと思いましたので本作品に入れます。

五十嵐：私は「元町オリフィス」に入れます。「雪の生きる場所」は一番美しい風景をつくっていると評価していますが、やはり「雪の生きる場所」の持つ普遍性をもっと掘り下げて欲しいという期待も込めて「元町オリフィス」に入れます。

司会：では、「雪の生きる場所」を選んだ都島先生がどちらに入れるかで決定にしますか？

都島：「織り成す木々は、里を熾す。」に入れます。消極的な理由ですが、「元町オリフィス」はできあがった建物がショッピングモールっぽい感じにどうしても見えてしまうというところで、「織り成す木々は、里を熾す。」を選びました。

司会：「織り成す木々は、里を熾す。」が2位（忽那先生・都島先生・藤村先生が投票）です。3位が「元町オリフィス」（五十嵐先生・倉方先生）です。続きまして審査員賞を決めていきます。

五十嵐：ギリギリで落ちてしまったけれど、五十嵐賞は「雪の生きる場所」です。

倉方：個性という意味で、この作品には審査員賞のほうがふさわしいと思っています。「慈悲の7つの行い」にしようと思います。

忽那：落ちかけていたものを拾ったこともあって、期待感も込めて「景ノ庭」を選びたいと思います。

藤村：1980年代の『ジャパン・アズ・ナンバーワン』の頃につくったいろいろなことが、今はお荷物のようになっています。今日そういうテーマに近かったのが村上さんの作品です。形はありませんが、テーマはすごく現代的だと思いますし、もう少しだけ建築家らしい提案が出てくるといいのかなと思って、そういう共感と期待も込めて私は村上さんに個人賞を贈りたいと思います。

都島：今日の8選には選ばれていなかったのですが、ID086「着生建築」（▶P046）にします。既存の建物に植物のように取り付くというアイデアが新しい姿を見せてくれています。図面やプレゼンテーションの美しさも目立っていたと思います。

Line

［座談会］

参加者（審査員）

五十嵐太郎
忽那裕樹
倉方俊輔
都島有美
藤村龍至

参加者（出展者）

中野宏道（1位）
森聖雅（2位）
平松那奈子（3位）
北野湧也（五十嵐賞／ファイナリスト）
葛谷寧鵬（忽那賞／ファイナリスト）
古家さくら（倉方賞／ファイナリスト）
村上由希子（藤村賞／ファイナリスト）
池内優奈（津島賞）
小林優希（ファイナリスト）

作品全体へのコメント

藤村：Diploma×KYOTOといえば、昔は高松伸先生を中心として『形をつくる京都大学とその他の大学』という構図になっていましたが、今年はむしろパタン・ランゲージ系が非常に増えていたように思います。

五十嵐：上位作品にランゲージ系が結構な割合で残っていたので、印象が強いのかもしれませんね。

藤村：実際に数えてみたところ、20作品はいかないくらいでしたので、8割くらいかもしれません。

倉方：逆に、他のジャンルの作品が若干縮小気味になっていました。この10年間は結構さまざまな作品が出てきていたのですが、今回はあまり面白くなかったです。

藤村：昔は、街並みを調査してタイポロジーを抽出して建築をつくったような作品、つまり、地方の何かしらの要素で構成する作品が多かったのですが、最近は、生業を基本ツールとして里山や漁村などの成り立ちのようなものを利用している作品が全体として多いです。ただ、今回はそれが少なかった。代わりに産業遺構、コミュニケーション、植物を題材とするものが多かったです。植物に関しては忽那さんがいらっしゃるので、評価付けはお任せして

我々は安心していました。

忽那：植物をテーマとした作品は、建築と環境で対話を求める、一緒に育っていくなど、そういう成長モデルの建築の話としてあるように思います。地方創生や再生の話として取り組んでいる人が多く、ネタとして1番多いです。ただ、形と仕組みを全体のネタにして活路を見出すような案があってもいいように思います。そうすると求められる建築は変わり、対話型によってデザインされていく時にそれが非常に大切になってきます。もちろん形も大切ですけれど、実社会では建築を1つ建てるのに、周りとの関係やまちづくりに寄与することに非常にこだわります。それをランドスケープアーキテクトや建築家などのチームで取り組みますが、まちづくりの仕組みをそのままデザインすると、結論もほぼ決まってしまう。歴史的なコンテクストやクリエイティビティなどからは、人間関係を新しく支える地方創生などできるわけがなく、今までの硬直した産業の形態のままだから再生できないわけであり、そこが変わっていくことに対し、どう支える場所を提供できるかという話に尽きます。そこまで提案できないと、今の社会では建築設計に関われるチャンスを失います。デザインと建築だけを考えるという案件も少なくなっているので、新しい国の動きや商業の話など、いろいろなことを総合的にまとめあげる能力が建築家に求められている。そこを卒業設計展で評価してもいいかもしれません。

設計手法のパターン化について

司会：学生から質問があればお願いします。

平松：卒計にはある程度パターンがあり、『○○系』といった枠のようなものがおそらく審査員の先生方にはあると思います。私たちもSNSの発達により先輩の作品を見て『○○系』というパターンがあることを知り、それらに対する先生方の評価とともにパターンの事例が年々積み重ねられていくわけですが、学生はそのような状況でどうしたらいいのでしょうか？ パターンの中に入りたくないけれど、入らざるを得ない状況が気になっています。

藤村：そういうのはレッテルを貼られてこそ価値があるというか、我々も含めて、建築をやっていく限りずっと言われます。いわゆる『ソーシャル系』『まちづくり系』などと言われるわけですが、それに対して適度に距離を取りつつも、批評性のようなものになった

時にそこをうまくずらす。ただ、「自分は違う」という主張が強過ぎて流れを全く読まなくなると、それはそれで不幸せです。昔は形が主流だったけれど、今は産業遺構など、テーマに力を入れている作品が多いですよね。今あるトピックからどれを選ぶかというくらい定型のジャンルになっている。形に対して、自分たちでどうつくるかという理論は、今はないのかもしれませんね。

五十嵐：一部の天才なら新しいジャンルをつくることができるけれど、基本的には音楽でもアートでも、いろいろなジャンルで細分化が起きている。歴史が長いほどそうなるので、ゼロからつくれるのならすごいけれど、基本的にはそうそうあることではないです。その上で、既存の掛け合わせで新しいものができていれば審査で選ばれやすいけれど、審査会でも言ったように、学生にとっては初めての卒計なので各自で卒計の傾向と対策は調べるとは思います。でも審査員側は、これまでにたくさんの作品をずっと見てきているので、正直、過去に似たような作品があったと思うと、その学生にとっては初めて考えたことかもしれないけれど、なかなか選びづらいのです。もちろん、完成度の高さや、＋αで何か新規的な要素が入っていると良いとは思います。

AIなどの先端技術を用いた提案

中野：学内の講評会でも話題になったのですが、SNSなどでAIを用いたビジュアル作成のツールが出てきたので、僕もやってみようと思い、テキストを建築化するAIを使い、そこで出てきたボキャブラリーと再構築することで一種の恣意性を消そうとしました。

でも実際にそれで卒業設計をつくらなかったのは、著作権の扱いがよくわからなかったからです。このようなものが今後たくさん出てきた時に、先生方はどう評価されるのでしょうか？

都島：今回はビジュアル的に惹きつけられる案があまりなかったので、AIでつくったすごい作品が出てきていたら、おそらく私は票を入れていたと思います。建築家は、人を惹きつけるようなメインビジュアルをつくることが求められる唯一の職業だと思うので、それがあると、みんながそれに向かって予算を組んで、みんなで取り組もうとなるので、もっときちんとビジュアルを最後につくって欲しかったと思います。

藤村：パースひとつで話が通る建築家ですね。最近うちの事務所に藝大生が多く、彼らのスキルの中でもすごいのが、メインビジュアルをパッとつくれることです。内観が得意とか、俯瞰が得意とか、それぞれ得意なところが少し違うけれど、メインビジュアルがつくれるのは大きな力だと思っています。

倉方：最近、自分が関わった現代芸術の審査でAIを使った作品がありました。物語を作者が先につくっておき、そのアウトプットとしてAIがビジュアルをつくっていたのだけれど、それがよくできており、手でつくった他の作家よりも良かったので1位になりました。

藤村：そういう点はアートのほうがどんどん進むので、建築家がきちんとやらないと負けてしまう。今日の出展者にはいませんでしたが、千葉大学にはいました。Midjourneyで形をつくり、最適化設計で構造を組み3Dプリンターで出力したと話していました。審査員側はAIを取り入れた点を面白がっているけれど、本

人もどちらかというと無自覚に技術を面白がっている。もしそこに皮肉が込められているなら、まるで磯崎新さんみたいで建築家の仕事として面白いんですけどね。

倉方：藤村さんが言われた、以前は『○○系』と言うと形態のパターンだったのに、現在は方法論のようになっているというのは示唆的で、建築は敷地の中だけではなく、生物や経済、生業のようなものの上にあると考えるようになったのは明らかに進歩しているということです。それまではモダニズムの時代であり、むしろ形ではなかったため、それに対するアンチテーゼとして形態の移り変わりがあった。建築以外は歴史的にどんどん変わっているけれど、建築の場合は形にならざるを得ない。そこがアートと異なり、形をつくる・つくらないの話となっても形でしかないため、現在の問題があるとしたら、形の話になると急に稚拙になってしまうこと。だから、いろいろな内外の関係などを話したとしても、形態の話になると、左右対称を崩すとか、渦巻きの形といった稚拙な話になる。やはり形に決めざるを得ないため、建築はそこを無くすことが絶対にできない。だから、その時に形の話を度外視し過ぎると、それまでのとてもいい仕組みの話などもガタガタと崩れてしまい、その程度の根拠をアウトプットのもとに決めているのが少し問題になるのかな。もともとの生業などの関係性で説得力を持たせていくことがもっとできたはずなのに、今回は少なかったように思います。説得力とは騙されたいということであり、「このような形態にしたいから、この形態ができている」というように、新境地を見せて欲しいということです。しかしその一方で、それが最終形を決めざるを得ないことも真剣に考えないと、その場の話が全部崩れる恐れがあると思います。

藤村：形の言語というか、大きいものと小さいもののバランスがより大事というのはわかるし、実際に丹下健三も大きいものと小さいものの間にキュッと道を通すことをずっとやっていました。理屈でつくっているけれど、手を動かした時は違う論理でつくっている場合があるので、手を動かしている時と、意味を説明している時の自分をうまく切り離している人のほうが、教えていると伸びるところがあります。

葛谷：稚拙さというのは2つあると思っています。1つはルイス・カーンの初期のスケッチのように三角形しかないもの。形遊びのようだけれど、手が止まるところまでスタディし、これ以上ないというところまで稚拙さを追求してその延長で形になるとしたら、最初から共有できる発展性を持った、才能が生み出した型のようなものがあるということになります。それはどれに当たるのか、それとも別のものなのかを聞きたいです。

倉方：要するに、どのような構造的原理、計画学的原理、生物学的原理、マテリアル的原理であれ、形が決まることはありえません。みなさんの話を聞いていると、いろいろな可能性があることを検討したうえで現状のものなのか、あるいは、その役割を果たさなければいけないからエイヤッと飛び越えて現状のものになったのか、無限にあるものの中からその1個に決めているという間の感覚というか、手掛かりに対し、あまりに無意識的ではないかというのが稚拙だということです。つまり、「このまちは柔らかい感じにしたいから、高層ビルの上の線を雲形にしましょう」や、「このまちにはギリシャ神殿を模した建築があるから、商店街はギリシャ建築風にしましょう」と言っているのと同義です。どう考えても稚拙ですが、社会の人たちは形をそのようなものとしか思っていないわけですよね。社会の稚拙さに対し、「そうではない」と伝えるのも建築家の役割ではないかと思います。

五十嵐：結局、建築は形になってしまうので、最終形に対する議論ができるといいと思っています。学生たちも、形が大事だと思っていながらテーマや方法論の話がメインとなり、最終的には形が適当になってしまう。すごく造形的にいい作品だと思っても議論が広がらない。だから、学生たちにはテーマと形の両輪を回して欲しいと思います。

倉方：今はまた潮目が少し変わっているように思います。造形に対して意味は1つではなく、多様な読み解きを可能にしたり、いろいろな思想を共有させたりと、形が持つ意味に新しいものが復活しつつあるのではないかというのが個人的な感想です。

藤村：でも、平田晃久さんなどに関しては、形をつくり過ぎだと思う時もあります。磯崎新さんにせよ、伊東豊雄さんにせよ、山本理顕さんにせよ、なぜその形になるのかの意味づけはそれなりにあったと思います。大阪万博などもそうですが、形のための形をつくり込み過ぎると社会的にやりづらくなるので慎重にしたほうがよいと思います。

五十嵐：もっとも、海外では形で評価されて受賞していますからね。

Question

卒業設計や卒業設計展というイベントに対する考えや
卒業研究の思い出について教えてください。

五十嵐 太郎

Answer 卒計展で審査を担当すると、評価のポイントは何か？を聞かれたりすることが増えました。なるほど、基準が明示されると、いまどきで公正な印象を受けます。だが、個人的にはなじめない。100m走をゼロコンマの差で比較する陸上競技と違い、建築の評価軸は驚くほどに多様だからです。またあらかじめ評価する方向性を決めてしまうと、逆にそうでないタイプの作品は最初から評価の対象から漏れてしまう。そもそも卒計展やコンペの審査で期待しているのは、自分の考え方を強化するような案を選ぶよりも、それまでは考えてもいなかった価値観を与えてくれる案と出会うことです。つまり、評価軸を刷新するような体験こそが、審査の醍醐味なのです。言い方を変えると、作品のほうが審査員を選び、見識を試しているのです。最初から評価軸が変わらなければ、上下の関係は維持されます。しかし、滅多にないことですが、審査する側と審査される側のヒエラルキーが崩れる瞬間も確かに存在します。

さて、卒業研究にも触れて欲しいというリクエストですが、18世紀フランスの建築家ジャン・ジャック・ルクーのモノグラフに取り組みました。おそらく完全な球体建築を構想したブレーやルドゥーは知られていると思いますが、少し遅れた世代のルクーの球体はもはやパロディであり、建築の夢の百科事典というべき妄想の作品集を残して行方不明になった人物です。その後、「インポッシブル・アーキテクチャー」展や「未来都市の考古学」展など、アンビルド建築の仕事にいろいろ関わりましたが、考えてみると、ここからそのつきあいが始まりました。

忽那 裕樹

Answer 卒業設計展は、社会への扉を開く機会となります。
情熱を傾けて取り組んできた卒業設計。そのプロセスにおけるリサーチやスタディで得られた知見は、今後どのように社会に貢献できるのかを考える礎の一つです。まだまだ視野が狭い中でまとめた提案だけれど、その過程での葛藤が、自分を見つめ、社会とのつながりを探り出す時間を生み出すのです。

今は、そう思っていますが、大学時代に気づいてはいませんでした。私は卒業研究で夜間景観をテーマにしました。きっかけは、プロ歌手のコンサートなどの舞台照明のアルバイトです。その照明技術の高さに触れたことで、パブリック空間の夜間照明の貧しさを感じたのです。研究からの提案は、今見れば、大したものではないけれど、その後、そこからの視点を軸にデザインを考えることができるようになりました。少なからず、公共の空間における夜間景観の豊かさを提供してきた自負もあります。

最初は、興味本位からでもいい、何か気になった小さなことを、徹底的に掘り下げる姿勢を持つことが大切です。そして、そこで得られた提案を、批評の場で共有すること。それが社会における価値を創造することになるのです。

学生自らが運営して、批評の場を形成する卒業設計展は、まさにその機会と言えるでしょう。

審査に関われることを誇りに思います。社会への扉を一緒に開けることを願います。

倉方 俊輔

Answer 五十嵐太郎さんが編集された『卒業設計で考えたこと。そしていま』（2005年）と『卒業設計で考えたこと。そしていま2』（2006年）という本が彰国社から出ています。面白いので、機会があればご覧いただきたい。建築家の卒業設計を見てみたい。そんな学生の声から生まれた書籍。この時、私は藤本壮

Question

卒業設計や卒業設計展というイベントに対する考えや卒業研究の思い出について教えてください。

介さんや乾久美子さんや石上純也さんらに初めてお会いしました。同世代にこんな建築家がいたんだと驚きました。歴史研究だけに取り組んでいた自分と話が合ったのも意外で、その後に批評などに臆せず手を出せた契機になったと思います。そして、私が取材した宮本佳明さんや手塚貴晴さんらも併せて、若き卒業設計でなぜか時間をかけてしまった芯は、久しぶりに対峙する各建築家も意外なほどに、その後に確立された作風とズレがなくて、だから臆せずに、全力を卒業設計に投じて欲しいと思います。卒業設計展などのイベントは、ちょっとした付け足し。それ以前の歴史研究の成果も思い出され、後者の書籍では博士論文で扱った19世紀末の伊東忠太の卒業設計に託して、今の社会などと無関係に、それぞれの学生で勝手にやって欲しいと書いた記憶が。私は建築が好きで、応援したいだけだったので、建築学科の卒業要件になっていた自分の卒業設計に何の思い出もなく、今もそうなので、その可能性だけを評価したいと思います。

都島 有美

Answer 卒業設計は、テーマ設定、敷地選択、何をつくるかまでを全て自分一人で考えるプロセスや自由さから、自分探しに例えられることがあります。自分は何に興味があるのだろう、自分のルーツは何だろうと、一人自分に向き合ってモラトリアムと格闘した人も多いと思います。

私の卒業設計では、石灰石の採掘が終了して山頂が削られ異様な姿になった福岡の鉱山に、既存の鉄道インフラを再利用してごみ焼却施設をつくり、焼却灰を山頂に埋め立て、何百年後かに冶金学が発達して希少金属などが分離採集できるようになったら人工鉱山として使うという提案をしました。モラトリアムの旅の行く末には思いがけない姿に帰着する可能性もありますが、ある種の超越的な世界観を描きたいという想いは今に通じているような気がしています。

社会問題を解決する提案から、記憶や心情を表現する詩的な作品まで、卒業設計は一つの評価軸では測れないために、学内ではほとんどスポットライトを当てられなかった作品もあるかもしれません。多方面で活躍する審査員の方々に多面的な評価を受ける機会をつくるという意味で、学生主催での卒業設計展の企画は、大変意義深いものです。今の学生さんたちにも、できるだけ箍を外して、想像力の翼を思い切り広げてみてもらいたいです。コロナ禍にありながらも、卒業設計を通して多くの学びがあることを願っています。

藤村 龍至

Answer 学部時代に建築学科ではなく社会工学科で学んだ私は卒業設計に取り組んでおらず、論文に取り組みました。手応えはあったものの評価も得られず悶々としていた春休み、建築学科の友人とアイデアコンペに取り組みました。その頃、直前に行われた青森県立美術館のコンペで藤本壮介さんという無名の新人が「弱い建築」というコンセプトで入賞したことが話題になっていました。私たちはその言葉の響きに大いにインスパイアされ、1カ月くらい議論して案を提出しました。結果は最優秀賞でした。それまで雲の上の出来事だと思っていた建築家の議論に初めて接続できたように感じました。

そのような経験を経て、私は常に学生の作品を同時代を生きる建築家の作品として、他の建築家の作品に対してと同様に時代の状況に照らして議論したい、と考えるようになりました。卒業設計に対しても、最優秀賞に選ばれる作品は、他の学生に比べて完成度が高いとかバランスが取れているという観点で選ばれるだけでなく、時代に対する批評性のような観点で検討されると良いと思います。

Surface

—

Diploma×KYOTO´23
The Kyoto exhibition of graduation projects
by architecture students

Surface

建築が点・線としてつくった都市構造の中にある私たちの生活。それを充実させるアート。
ミュージック・文芸の立場からの視線も加え、建築を見つめ直し評価・議論する。

審 査 方 法

① **巡回審査**

　会場に並んだ模型とプレゼンボードから、
　各審査員が予備審査で議論したい作品を選出する。

② **予備審査**

　ポートフォリオを用いて、
　最終講評会に進む5選を選出する。

③ **最終講評会**

　5選について、パワーポイントと模型を用いた
　プレゼンテーションと質疑応答を実施。
　ディスカッションを経て、
　1〜3位と審査員賞を決定する。

審 査 方 法
（美しい建築で賞／ぶっ飛んでるで賞）

来場者投票・オンライン投票を行い、各賞1
作品を選出。審査員だけでなく、全ての方が
Diploma×KYOTO'23に参加できる。

1位
ID038
小林 優希 Yuki Kobayashi
（滋賀県立大学）

建築のかけらを拾って継ぐ
―道具、家具、建築、土木という
　輪郭をとかした暮らしの計画―

2位／美しい建築で賞
ID132
池田 穂香 Honoka Ikeda
（近畿大学）

ついぎのすみか
終×次 動くみどりに伴う終築

3位
ID072
古家 さくら Sakura Koge
（大阪工業大学）

慈悲の7つの行い

ファイナリスト／泉山塁威賞
ID010
木村 愛美 Manami Kimura
（立命館大学）

粋人の宴
―現代における道頓堀文化を介した
　盛り場の提案―

木内俊克賞
ID034
潮田 龍諒 Ryuma Shiota
（立命館大学）

東大阪詩的建築試論

野口理沙子賞
ID054
竹田 季世 Kiyo Takeda
（大阪大学）

わたしの家のわたし方

ファイナリスト／原田祐馬賞
ID027
袋谷 拓央 Takuou Fukuroya
（大阪工業大学）

山谷行

松村淳賞／ぶっ飛んでるで賞
ID125
上田 瑛藍 Eran Ueda
（京都大学）

わたしのおもかげを

審査員

木内 俊克
Toshikatsu Kiuchi

建築家
木内建築計画事務所
京都工芸繊維大学特任准教授

─────

総評：本当に力作が多くて5つに絞ることが難しかったです。決勝で議論して1～3位になったみなさんの提案から見えてきたのは、例えば時間軸が入っていることや、今ある建築や都市をほぐして扱える単位として見出し、それをもう一度組み立てることに意識が及んでいるなど、コンテクストがしっかり見えていて、誰に対してコミットしたいかを把握できていた案が高く評価されたと思います。「東大阪詩的建築試論」は、この案か「建築のかけらを拾って継ぐ」のどちらかは議論の俎上に上げたいと思っていたことから個人賞に選びました。どうやって建築の価値を抽出可能な形に落とし込むか、「詩的言語論」を援用してものづくりの街を前景化させられたことにより、それが可能になっているように見受けられ、そこに可能性を感じました。そして、ID011「みんなの凸凹で□をつくる」の障がい者スポーツセンター、ID069「地中を舞う種に習い、うたを繋ぐ」の塩田、ID103「岩盤、日の目を浴びる。」の温浴施設といった、非常に特殊なケースを取り上げ、固有な状況に細やかに対応していくのも、現代における設計手法の1つとしてあり得るのかなと思います。何を議論の俎上に上げて賞を与えるかは非常に難しかったけれど、いろいろなアプローチがみなさんの力で提示され、社会に埋もれて見えづらかった問題への足がかりがいくつも感じられたのはとても良かったです。

1978年東京都生まれ、2000-2003年ワークショップMINOを共同主宰、2002年東京大学卒業、2004年東京大学大学院修士課程修了。
2005-2007年Diller Scofidio + Renfro（アメリカ）、2007-2011年R&Sie(n) Architects（フランス）、2011年コラボレーションkwwekを砂山太一と共同設立、
2012年木内俊克建築計画事務所（現、木内建築計画事務所）設立、2021年砂木を砂山太一と共同設立、2022年京都工芸繊維大学特任准教授。

審査員

泉山 塁威
Rui Izumiyama

都市戦術家
日本大学理工学部建築学科准教授
ソトノバ創設者・共同代表理事

総評：普段教えている日本大学では見ないような卒業設計がたくさんありました。今後の進路はみなさんそれぞれあると思いますが、今回やり遂げたことを今後にぜひ生かして欲しいです。社会情勢や社会的課題が複雑化しているため、それらを真摯に捉えたテーマが非常に多かった一方で、自身の身近な課題、あるいは住民へのインタビューなど、しっかりリサーチしてから設計するという非常に好感が持てる作品が多かったと思います。卒業設計に取り組んだ人が全員、建築家になるわけではないし、これからはそうではない人のほうが都市や建築を豊かにできると私は思っています。もちろん建築家になりたい人はぜひ建築を頑張ってもらいたいですが、選択肢も多様になってきているので、それぞれの個性を伸ばしてぜひ頑張ってください。建築は都市の中の一つで、そこに街や人が存在することから、その中で建築だけを考えるのではなく、都市の中の建築、あるいは人が使う建築を忘れずに設計して欲しいです。そのような点で「建築のかけらを拾って継ぐ」、「粋人の宴」、ID062「都市の中に生態系を」、ID110「空隙連鎖による都市の穿孔的更新」、ID043「段階的な遊休不動産の活用法」が気になりました。

1984年北海道生まれ、2007年日本大学卒業、2009年日本大学大学院博士前期課程修了、2015年明治大学大学院博士後期課程修了。
2009年アルキメディア設計研究所、2012年明治大学助手、2014年パブリック・プレイス・パートナーズ共同代表理事、
2016年明治大学助教、2017-2020年東京大学先端科学技術研究センター助教、2018年ソトノバ共同代表理事（法人名改称）、
2020年日本大学助教、2021年エリアマネジメント・ラボ共同代表理事、2023年日本大学准教授。

野口 理沙子
Risako Noguchi

ケンチクイラストレーター
イスナデザイン

総評：私のキャリアは建築から始まって現在はイラストを描いていますが、ぼんやりしたイメージを、いかに形に落とし込むかを普段の仕事で行っています。そのため、今回の審査では、どうやって形を与えようか葛藤している作品や、背景など変化していくものや手に取れる形ではないものをいかに見えるものにしていくかという作品など、いくつか気になった作品はありました。個人賞に選んだ「わたしの家のわたし方」はドローイングがとても素敵だったので興味を引かれましたが、特に良かったのは、手を加えることでネガティブな現象も出てきて、自分の気に入っていた場所がなくなったり家の中に雨が入ってきたりするけれど、ネガティブなことも全部フラットに捉え、できることもできなくなることもすべて等価に扱っているところです。住み手がとてもしなやかに建築を住みこなしていくのが読み取れて、とても良かったです。ID005「徒らな大使の家」と「東大阪詩的建築試論」は形にするのが難しいかもしれないと思って気になった作品です。建築というものが単に建物を建てるだけでは済まない時代になっており、建築以外からもヒントを得て、新しい仕事や新しい建築のあり方を考えなくてはいけませんが、みなさんの作品からはいろいろな可能性を感じられました。

1987年京都府生まれ、2010年神戸大学卒業、2012年神戸大学大学院修士課程修了。
2012年石本建築事務所、2015年永山祐子建築設計、2018年イスナデザイン主宰。

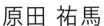

原田 祐馬
Yuma Harada

アートディレクター・デザイナー
UMA/design farm
京都芸術大学客員教授

———

総評：みなさんの提案を聞くと、「そこでしかできないこと」がそれぞれの提案の中に当たり前のように入っていたけれど、実はそれはとても難しいことであり、知恵を絞り出さないとできなかったと思います。でも、おそらく「そこでしかできないこと」が今後モデル化される時代になると思うので、独自性が必要になってくると思います。独自性というのはマネタイズが1番しづらいところであり、私自身も当事者として最も苦労しており、みなさんの世代も苦労するかもしれません。そのため、「こういう建築をつくりたい」という理想をしっかり持ち、今後も外に対して自身の提案を発信していくことが非常に大切となります。「そこを仕事にしていく」という、強い意志を持たなくてはいけないと改めて思いました。どのようなプログラムがいいか、各自がいろいろ考えていると思いますが、そのプログラムをどうプロジェクトに変え、さらにどう文化に変えていくかを次に考えないといけないため、そこまでフォーカスして今後は活動してもらえたら嬉しいです。

1979年大阪府生まれ、修成建設専門学校卒業、2000年京都精華大学芸術学部デザイン学科建築専攻に編入学、2002年京都精華大学卒業後、インターメディウム研究所（IMI）7期生として入学。2003年クリエイティブ・ユニット archventer を増井辰一郎と共同主宰、2005年京都造形芸術大学（現、京都芸術大学）非常勤講師、2007年UMA / design farm 設立、2015年京都造形芸術大学客員教授、Good Job! センターアドバイザー。

松村 淳
Jun Matsumura

建築社会学者
関西学院大学准教授

———

総評:個人賞に選んだ「わたしのおもかげを」に関しては一目惚れに近く、すぐ決まりました。何が良かったかというと、人とものとの関係です。最近はアクターネットワークセオリーが社会学でも人類学でも流行っており、建築学でもよく言及されていますが、まさに本作品こそアクターネットワークの真髄とは何かを体現したものだと私は読み取りました。人とものが分かち難く結び付き、命がないけれど人間の生に強く影響を与えていることを、迫力ある作品で示してくれました。全体を見回す中でいろいろな気付きはありましたが、現代社会を象徴していると思ったのが複合施設の多さです。単一の施設ではなくいろいろなアクティビティが一つの施設の中に詰め込まれたり分散されたりしており、建築家と称される人が多様な社会的コンテクストやニーズを総合的に汲み取って空間化しなければならず、より高度な職能に変わりつつあるのが、みなさんの作品から読み取れました。一方で研究者としては、そうなった場合の建築家の職能がどうなるかが非常に気になりました。例えば「建築のかけらを拾って継ぐ」はもちろんファシリテーションすると思いますが、フィーをどこからもらうのかという問題があります。文化財としてなら、長崎県などがクライアントになるかもしれませんが、修道院がそれだけのお金を持っているかどうかは怪しい。10年後や15年後には、みなさんが建築家としてこれらの作品を実際に街に建てていく存在になっていると思うので、その時にどうしたらみなさんの職能が成り立つのかも念頭に置きながら考えていくと、提案にリアリティがさらに出てくるのではないでしょうか。

1973年香川県生まれ、1998年関西学院大学社会学部社会学科卒業、2004年京都造形芸術大学(現、京都芸術大学)通信教育部デザイン科建築デザインコース卒業、2014年関西学院大学大学院博士後期課程修了。2021年関西学院大学准教授。

Day 2　ファイナリスト

Day 3　**1位**

建築のかけらを拾って継ぐ
― 道具、家具、建築、土木という輪郭をとかした暮らしの計画 ―

小林 優希／Yuki Kobayashi　　滋賀県立大学 環境科学部 環境建築デザイン学科 芦澤竜一研究室

設計期間 ▷ 5カ月　　製作中の苦労や思い出 ▷ 寝る暇や家に帰る時間も惜しんで卒業制作活動に勤しんだこと。
お気に入りの本 ▷ 空間の詩学　　製作中に影響を受けた人物や思想 ▷ 世の中のものや人すべて!(笑)

道具、家具、建築、土木。今日、これらの間には境界が存在し、それぞれが分断して考えられる。

しかし、これらの境界を横断して、包括的に建築として捉えることはできないだろうか。

そこで、建築のかけらから、道具以上建築未満、家具以上建築未満、土木以上建築未満のものをつくる。

1、疑問

●設計手法「建築のかけらから建築をつくることはできないだろうか」

本提案では、建築の周辺環境である、家具や建具、工作物、土木構造物、ランドスケープなどを建築のかけらと定義する。普段、建築をつくる時には、建築をつくってから、建築のかけらがしつらえられる。つまり、建築が主のもの（図）となり、建築のかけらが付属のもの（地）となる。しかし、私にとって建築は人の居場所であると考え、建築は「地」となり得るようなささやかな

ものであってもよいと考えた。そこから、建築のかけらを建築の素材や材料として再資源化し、建築のかけらから建築をつくる。そして、建築と建築のかけらを明確に分離するのではなく、建築と建築のかけらを包括的に建築として扱う。

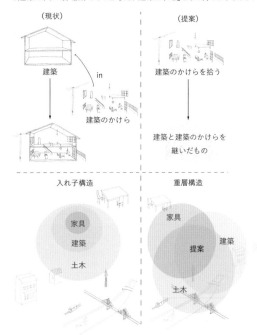

建築のかけらの観察。写真は植え込み

使い方の発見による、要素の再資源化の観察。写真ではドラム缶を机として使用

建具を展示棚の天板、箱せいろを展示棚の引き出しにするなど道具が家具、家具が建築、建築が土木になる過程を展示

『かもしれないを描く。』という絵本を制作し、建築のかけらが建築をつくる意義や背景を提示

●形・操作「数値による機能性ではなく、言葉による情緒性から設計できないだろうか」

世の中のすべてのもの、たとえばドア枠の厚さや高さ、階段の蹴上や踏面の寸法など、ものには完璧な規格（数値）が与えられ、人間はその数値に従って生活し、一つのものには一つの機能しかないと錯覚してしまっている。しかし、ものが人に要求や制約をしてきているように感じることがある。たとえば、ドアノブを見た時に、握手の手を差し伸べているように感じることもあれば、ドアノブに回覧板がかかっていると荷物を持つと手を差し伸べているように感じることもある。また、『空間の詩学』にてガストン・バシュラールは、引き出しは何か中に入っているかもしれないという、内密性をはらんでいるとも述べている。

そこで、ものの背後に隠された意味性をものの性格として定義し、詩から読み取った性格をもとに設計し、人がもののふるまいに応じて暮らすことを提案する。本提案により、建築に限らず、世の中のすべてのものをつくったり見たりする際に、ものの価値やものへの視点が変化することを期待する。

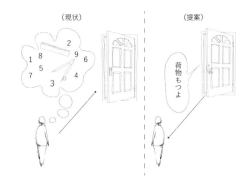

●敷地「道を建築の設計対象地として設定できないだろうか」

今のまちを見ていると、「道」と「建築が建つ敷地」で完全に分断されているように感じる。建築する時には、道路と敷地との間には法規が無数に存在し、敷地として設定されるのは道で囲まれた場所である。しかし、私は、店先や軒先、縁側のように、建築の先的空間、つまり、道にこそ魅力があるものだと考えている。建築の先的空間では、おすそわけや、久しぶりの再会など、偶発的な行為が見られるからだ。

普段は設計の対象敷地として見られない建物の隙間である、（グーグルマップや国土地理院地図では表示されない）歩道や、公開空地を敷地として設定する。犬の散歩中に、人間なら入っていかないが、犬がリードしたから仕方なく足を踏み入れた場所や、人間は発見できないような動物しか気づかない居心地のよい場所である。

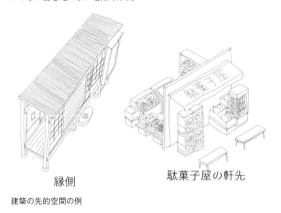
縁側　　　　　駄菓子屋の軒先

建築の先的空間の例

2、まちの将来像

　現在の都市は、一つの建築（包）につき一つのプログラムが与えられ、その包にものや機能を詰め込み、一つの包というウチですべてが完結するようになっている。包のスケールや形式は違うが、たいていの包は私有のものであり、その包で都市が形成されている。たとえば、ショッピングモールに行けば、衣食住すべての買い物をでき、さらには飲食、排泄、入浴まででき、一日中ウチで生活することができる。しかし、昔の商店街のように、ある店の中に入って豆腐を買い、道を歩き、また別の店の中に入って果物を買うという、包になる前の私的公共空間であるソトでの動線での行為（たとえば、店の人との会話や道中での井戸端会議、天気の変化の察知、花や鳥の観賞などに）にこそ価値があると考えている。

　そこで、今や、家にいても欲しいものや料理がいつでも手に入り、一日中ウチで生活することができる世の中であるからこそ、家の延長にある機能をまちに点在させ、家の一部である部屋レベルの、私的な公共空間を都市に拡張することを提案する。一つの包は、一つの建築の部分として成立し、プログラムのカテゴリーの横断による、思いがけない事物の隣接性をつくり出す。また、包の「ウチが私有のもの／ソトが公共のもの」という、ものを所有し場を占拠する構図から、包の「ソトが私有のもの／ウチが公共のもの」という、ものと場を共有する構図も期待できる。

（現状）
一つの包にものや機能を詰め込んで形成される都市

（提案）
複数の包にものや機能が点在して形成される都市

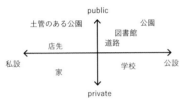

私設と公設の関係、publicとprivateの関係

【買う：建築主（注文者、購入者）】
　作る人と使う人が自主的に作り出すため、存在せず

【作る：設計者・施工者】
設計者…わたし
施工者…わたしと、住まう人と、商いをする人と、通勤する人と、通学する人

【使う：利用者・運営者】
利用者…住まう人と、商いをする人と、通勤する人と、通学する人
運営者…住まう人（高齢者や未就学児など時間にゆとりがある人）、商いをする人

Phase 0

【空間】
マンション内＝private
マンションの狭間＝public

私設と公設の関係、publicとprivateの関係

Phase 1

【空間】
マンション内＝private
マンションの狭間＝public

利用者計画

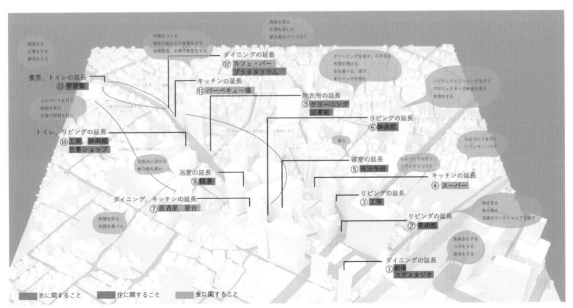

利用計画

衣に関すること　　住に関すること　　食に関すること

3、設計

●床の間的な小さなギャラリー

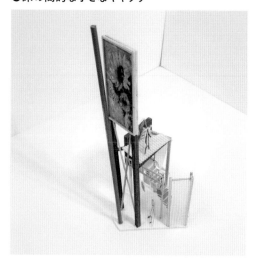

（上左）のびた手すりに絵画や吊り棚ならぬ吊り机が吊り下がる　（上中）床スラブが家具の動きをする屋上テラスへ。交差点のてっぺんは見晴らしが良い　（下左）のれんからのぞく階段をトコトコ。交差点を渡るつもりがなぜか絵画観賞に　（下中）電柱の工事のついでに巨大絵画も交換

`program` 美術館（リビングの延長）　`site` 5差路の交差点　`target` 駅を利用する、通勤する会社員や通学する学生　`comment` 日々の生活で忙しい社会人や学生、交差点の赤信号待ちの短い時間に芸術鑑賞

●マンションをつなぐDIY工房

（右上）犬と子どもだけがくぐれるトンネル。隠れ家の天井は大人のサイドテーブル
（右下）公開空地の広場を横断する巨大な棚。今日は作品がいっぱいで見通しが悪い

`program` 工房（リビングの延長）　`site` マンション前　`target` 近くのマンションに住むファミリー層　`comment` 騒音を気にして中々できないDIY、休日に家族そろってこの場所でものづくり

●都市における田舎の無人販売所

（右上）ひょっこりあらわれる裏庭階段。のぼっていくとマンションの隙間の広場
（右下）アーチの屋根かと思いきや、はしごをかけてのぼることができる

`program` スーパー（キッチンの延長）　`site` 公開空地　`target` 近所のマンションに住む主婦　`comment` いっぱいもらったからどうぞ、そんな声が響いておすそわけ文化が広がる

●避難階段オンシアター

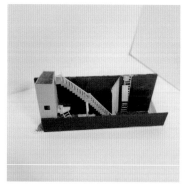

（右上）既存の避難階段に座って映画を観賞。見下げて見る映画も悪くはない
（右下）階段下はひっそりとしたバー的空間。昼はポップコーン、夜はワインを提供

`program` 映画館（リビングの延長）　`site` マンション横　`target` 近くの学校に通う小学生から高校生（日中）、近くのマンションに住む若年層（夜）　`comment` 日中は学生が駄菓子屋感覚で立ち寄り、ポップコーン片手に映画観賞、夜はバーに

●路地奥の立体銭湯

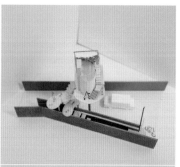

（右上）厚みのあるドア枠は、2階のサイドテーブルに
（右下）階段下では、お風呂上がりにコーヒー牛乳を1杯

`program` 銭湯（浴室の延長）　`site` 立体駐車場前の道　`target` 近所のマンションに住む高齢者　`comment` 裸の付き合いで新しい近所のともだちができるかも。体も心も温まる場所

設 計 プ ロ セ ス

ID038 小林 優希

家具と建築、ランドスケープの間に乖離があることに疑問を抱き続けていたため、卒業制作のテーマにすることに決定。敷地については、犬の散歩の中で見つけ出す。大学での家具の設計施工によるスケール感から設計。

10月まではサークル活動や、研究室プロジェクトにて、家具の設計や施工を行い、部材の取り合いや加工方法についての考えを深める。また、沖縄にて道具の転用を探し出す。

2022年 10月

家の建材や、家具、道具をスケッチし、測った寸法を書き込み、もののスケール感をつかむ。また、コンセプトを深めるため、diploma等でエスキスを重ねる。

2022年 11月

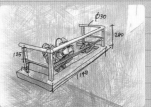

2022年 12月

家具と建築の関係性に関する本や論文を読み、コンセプトを俯瞰する。また雑誌を閲覧し、納まりや仕上げについて学ぶ。さらに、この頃から1/50のスタディ模型をひたすらつくる。

2023年 1月

各敷地のつながりを考えながら、1/50のスタディ模型をブラッシュアップして設計をつめる。また、展示棚や絵本をつくるなど、伝え方についても考える。

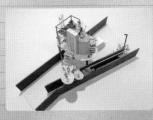

2023年 2月

大学の講評会でのアドバイスを受け、外部の卒業設計展に向けて、マテリアルを考えながら、詳細図を描く。また、模型の中の人の視点でのパースを増やす。

慈悲の7つの行い

古家 さくら /**Sakura Koge** 　大阪工業大学 工学部 建築学科 藤井伸介研究室

設計期間▷ 6カ月　　製作中の苦労や思い出▷ スピーカーで音楽流しながらみんなで模型づくり
お気に入りの本▷ FREEING ARCHITECTURE　　製作中に影響を受けた人物や思想▷ 東京サレジオ学園

無宗教が多いと言われる日本人もかつては宗教とともに暮らしてきたが、次第に宗教は生活からかり離されていってしまった。今ではイメージの悪さや抵抗までついてしまい、距離を取られるものとなってしまったように感じる。そこで、再び宗教と生活が一体となった生活をすることで宗教を身近に感じ、暮らし方が変わることで地域の在り方も変わり、人々の暮らしや考えがより豊かになる、これこそが本来の宗教と人との関係ではないかと考えた。この場所を使っていくことで助け合いの輪が広がり、宗教のあたたかみを感じる。決して宗教は怪しいものではなく、日常に溶け込み考えや暮らしを豊かにしてくれる温かいものだと感じてほしい。

1、problem
かつての宗教の在り方から現在まで

　無宗教が多いと言われる日本人も、かつては宗教とともに暮らしてきた。神に豊作や豊漁を祈り、収穫に感謝していた。宗教は生活の一部となり、その地域ごとに続いてきたのだ。

　しかし、中世で仏教が民衆に浸透し始めたことによって神仏習合が一段と深まり、それまでの信仰と祭祀は大きく変化していった。また、技術の発達などに伴い自然に左右されることが減り、雨乞いなどの必要性が失われていき、次第に宗教は生活から切り離されていった。今では距離をとられるものとなり、近寄りがたい、こわい、怪しいなどといったイメージの悪さや抵抗が生まれた。特に日本でのキリスト教信者は全体の1％とかなり少ない。キリスト教が大事にしてきた隣人への奉仕の結果として伝道や宣教があるが、日本では伝道のみを求めてしまったため、キリスト教への不信感や無理解が生まれている。

　再び宗教と生活が一体となった暮らし方をすることで、宗教を身近に感じ、また、暮らし方が変わることで地域の在り方も変わり、人の暮らしや考えがより豊かになる。これこそが本来の宗教と人との関係ではないだろうか。

2、concept
助け合いを通じて広がるキリストの教え

　キリスト教において修道士がイエス・キリストの精神に倣って祈りと労働のうちに共同生活をするための場所である修道院。今ではなくなってしまったが、かつては共同生活する場でありながら生産する場として地域に貢献しており、修道院で生産された農作物や葡萄酒、医薬品などが古くから外部に広く出回り、生活を潤してきた。

　キリスト教としての修道院ではなく地域に共有される共同生活や生産の場としての今日的な修道院をつくる。宗教と生活が密接したまちづくりを通して助け合いの輪が広がり、地域を活性化するとともにキリスト教の教えにキリスト教徒であってもなくても必然性が生まれることで宗教を身近に感じられる。

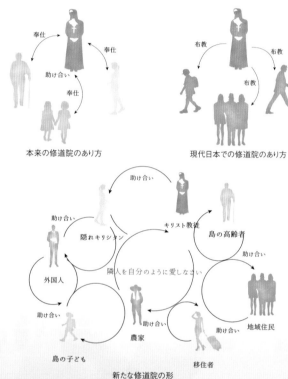

本来の修道院のあり方　　　　　現代日本での修道院のあり方

隣人を自分のように愛しなさい

助け合い
隠れキリシタン　　キリスト教徒　　島の高齢者
外国人　　　　　　　　　　　　　地域住民
島の子ども　　　農家　　移住者

新たな修道院の形

3、site 神父様を中心に共同体を築いた 外海

長崎県外海地区。地殻変動と火山による起伏の激しい地形で、平地が少なく陸の孤島とも呼ばれる。ポルトガル貿易が盛んだった頃、長崎は布教の中心となり、多くの潜伏キリシタンが移り住み、たくさんの小さな集落を築いていった。外海でも貧しい自然環境の中で共同体を築いていき、最初は空き家などの民家が教会として集まる中心地となっていった。

1878年に禁教がとけると、カトリックに復帰した信者や隠れキリシタンが多く住んでいたこの地に、フランス人宣教師のド・ロ神父が司牧の任にあたった。貧しい環境のもと、独自で考案したド・ロ壁で作業場をつくり、そ

こで織布、パンや農業などフランスで学んだ技術を教えたり、診療所を開設したりと教会を中心に村づくりをした。現在ではかなり高齢化が進み、生活が厳しくキリスト教徒の数も激減しているが、世界遺産に登録されたこともあり、観光が重要な産業となっている。しかし、観光客や移住者など新しい人の介入によって共同体が崩れていくことに違和感を覚える地域住民もいる。キリスト教の考えをもとに、地域住民と移住者の新たな共同体を構築し、自らの手で地域の景色、空間をつくっていく。

4、program1 キリスト教徒を軸とした修道院による関係性の構築

慈悲の7つの行いとはカラヴァッジョによって描かれた祭壇画である。彼はマタイによる福音書に描かれた6つの慈悲に死者の埋葬という7番目の慈悲を足し、同一画面上に描いた。修道院を7つの慈悲の行いの実践の場とし、世話をするための施設として建てたのが病院の始まりとされるなど、

7つの慈悲の行いを神への奉仕として重要視していた。7つの行いをこの地域なりに読み替え、それぞれがつながり合い地域へと開かれ、地域住民と介入者を修道院のように温かく囲む。また、修道院の所要室とリンクさせる。

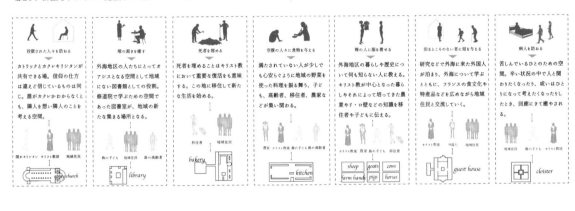

5、program2 ド・ロ壁による新しい空間

溶岩が固まってできた山からは多くの加工しやすい結晶片岩がとれる。古くから外海では生活するために山を切り開き、出土した岩から石垣や石築地、石塀などを築いた。それらを、ド・ロ神父は赤土に石灰を混ぜて漆喰状態にしてつくることにより、積んだ石に過度な土圧が生じることなく石垣が自然の一部として溶け込み、半永久的に安定していく独自のド・ロ壁を考案した。ド・ロ壁でできた作業は、今もなお自然と共生しながら100年以上も外海を見守り続けている。

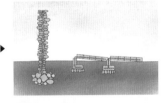

6、diagram　空間ダイアグラム

海に面しているため風が強い。そのため屋根を低く、また壁を二重に建てる必要があった

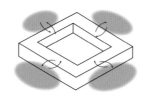

修道院の重要な特徴の一つである回廊。回廊によってさまざまな空間がつながる

掘って建てることにより地形と馴染む建物に。東シナ海に面した起伏の激しい豊かな美しい自然を壊すことなく建てる

掘ったときに出てきた石で新たに石積ができる

風を防ぎ、腰掛けに

誰でも施工しやすく自らの手で
まちの風景をつくる

垂木をかけて居場所が生まれる

布をかけてマーケットに

回廊のようにつながり
集う場所に

空間を緩やかにつなぐ

掘ったところにド・ロ壁を建てることによってできる空間を利用する。空間を仕切るだけでなく、風を防ぐ役割になったり、野菜を置くスペースになったり、通路になったり、腰掛けられるベンチになったり、集まる場所になったりする。昔から外海の思い出と愛着を積んできた石積みにより、新たな居場所がつくられる。

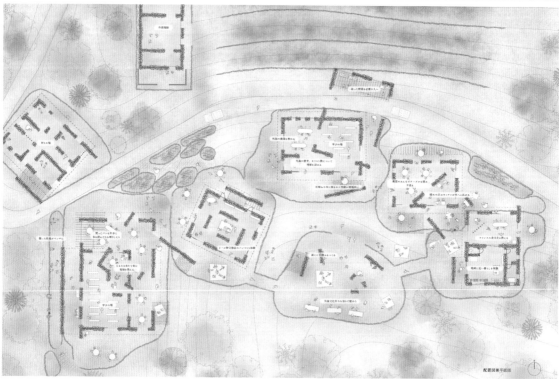

配置図兼平面図

設計プロセス

ID072 古家 さくら

宗教をテーマにした問題が建築に起因したものではないため、どこを敷地にするのか、どのように建築で解決していくのかをずっと悩んでいた。敷地を決め、プログラムを考え設計していくという流れを何度も繰り返し行った。

2022年 10月

キリスト教にあまりゆかりのない敷地で考えていくも、良いプログラムが思いつかず行き詰まっていた。

2022年 11月

背景からコンセプトまでは決定し、敷地を長崎に絞って考え始めた。

2022年 12月

ようやくテーマに合った敷地を見つけ急いで敷地調査に行き、プログラムを考え設計を行った。

2023年 1月

大学の最終提出に向けて案を練り直し完成に持っていった。

2023年 2月

優秀な後輩たちに手伝ってもらい無事模型をつくり終えた。

ID010

粋人の宴
― 現代における道頓堀文化を介した盛り場の提案 ―

木村 愛美／Manami Kimura　　立命館大学 理工学部 建築都市デザイン学科 建築設計デザイン（建築意匠）研究室

設計期間▷1年　　製作中の苦労や思い出▷雪の日に学校で寝泊まり
お気に入りの本▷―　　製作中に影響を受けた人物や思想▷―

1、「浪花の粋な都市空間」道頓堀

　赤い灯、青い灯を水面に映す道頓堀川は浪花大阪を代表する景観である。かつては劇場や料亭が立ち並び、仕事終わりの旦那衆が集まり賑わう所謂「粋な都市空間」であった。現在でも夏に盛大に行われる歌舞伎の船乗り込みはその伝統の一例であり、道頓堀は人々のコミュニケーションの場所、表現を楽しむ場所であった。

　しかしそのような道頓堀の姿は刻一刻と失われつつあると感じる。浪花文化の記憶装置としての機能と現代人たちが集まり表現を行う場として、道頓堀盛り場の再興を行う。

　敷地は大阪のビジネスメインストリートである御堂筋と、水都大阪の盛り場の核である道頓堀川の結節点に位置する。まるで都市に埋め込まれたように見える立ち姿の建築が人々を道頓堀へといざなう。

2、浪花を代表する風景、八百八橋の原風景

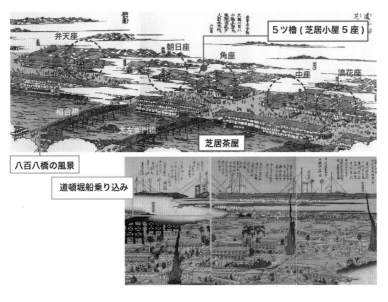

弁天座
朝日座
角座
5ツ櫓（芝居小屋5座）
中座
浪花座
相合橋
太左衛門橋
芝居茶屋
八百八橋の風景
道頓堀船乗り込み

3、浪花を代表する都市、道頓堀

道頓堀川
法善寺
対象敷地
10m　50m
ビジネスストリート
戎橋
松竹座
御堂筋
なんば駅

　かつて道頓堀には5座と呼ばれる櫓があがっていた。道頓堀の中に埋め込むように正方形に敷地を決定し、浪花座が位置していた場所に、新たに舞台空間を設計する。提案は3つである。
①現在水辺に立ちはだかる高層ビルの既存改修
②浪花文化にまつわる舞台の新築
③都市の祝祭性を高める2つの門を掛ける。一つは道頓堀に唯一現存する芝居小屋である松竹座に、もう一つは新たに設計する舞台の空間で、それぞれ既存改修を行った水辺の高層ビルへと繋がる。

大阪は絶妙な粋な美がたくさん詰まった都市である。幼いころから大阪で生まれ育ってきて、現在この「粋」が感じられるもの、場所、空間が急速に減っている危機を感じる。大阪らしさの代表である道頓堀ですら、今や観光客をターゲットに安売り免税店に建て替えられている。かつて都市の動脈であった川には船が行き交い、船から茶屋へ、茶屋から舞台へと奥性を持つ都市が広がっていた。この提案はかつての「大阪らしさ」を現代に読み替え、大阪に「大阪らしい風景」を取り戻すきっかけとなる建築の提案である。

4、人々を盛り場へと誘う建築

い　通りと水辺を縫う
　　ポーラスな立体路地
　　【既存改修】

ろ　現代人を吸い上げる
　　浪花の舞台装置　【新築】

は　道頓堀の活きた記憶を
　　呼び起こす追憶の門【新築】

に　祝祭性を高める浪花の門
　　【新築】

5、道頓堀の粋を伝えるプログラム

"まれびと"を迎え入れる
祭礼座
夏の風物詩
船乗り込みの
祝祭空間

芝居発信・アーカイブ
舞台伝承座
粋な浪花
情緒を繋
ぐ記憶装
置

芝居と共に発展した
食倒れ座
多彩で新奇な
浪花の食文化

共に舞台を創る
製作座
大道具製作・製作体験の場

現代のまれ人の集いの場
社交座
現代人の
表現の場

6、提案「都市へ誘う建築」

■都市に残る盛り場のスケール

道沿いに並ぶ店舗の間口の広さの違いは、今も道頓堀に残るサカリバの名残であり、広い間口は芝居小屋、狭い間口は芝居茶屋の痕跡である。

■今昔の結節点を結ぶ建築群

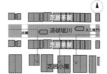

| 1612～1937年 |
活発な舟運により都市の動脈として機能していた。

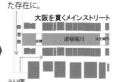

| 1937年　御堂筋完成～現在 |
川辺を圧迫するビル群。道頓堀川は賑わいを失いまちと隔てられた存在に。

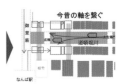

| 提案 |
今昔の軸の結節点を繋ぐゲートとしての建築を計画。

い　水辺と通りを結ぶことで拡張されるサカリバの賑わい

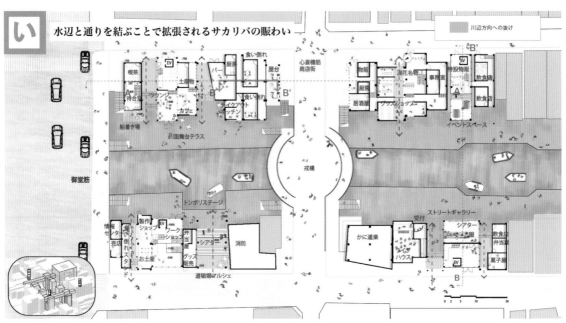

1階平面図

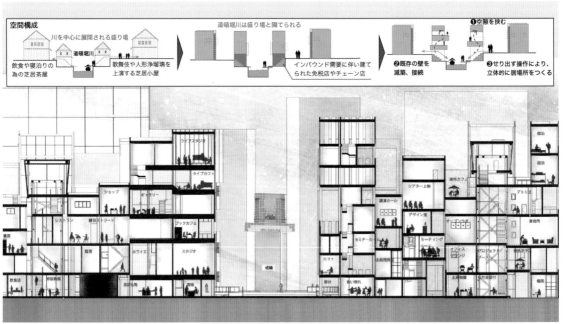

A-A'断面図

A【アート作品が並ぶアートの道】

B【音が入り混じる積層のステージ】

垣根を超えた芝居小屋のコミュニケーションを生む浪花のステージ

積層しながら上昇する舞台空間は芝居小屋で
行われていた
垣根のないコミュニティを形成する。
道頓堀文化の記憶装置でありながら、
リアルな場で表現を行うことが無くなってし
まった社会人の表現の場として機能する。

C【法善寺横丁へと導くガレリア】

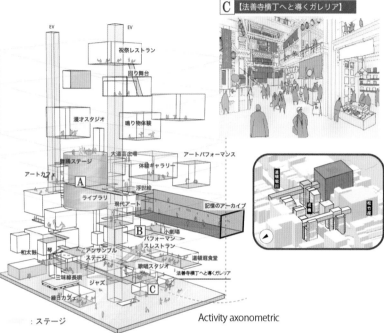

【計画する舞台】
・スケルトンなファサードが行燈のように活動を映し出す
・道頓堀にまつわるアクテビティが絡み合い偶発性を持つ舞台空間
・芝居小屋の仮設性とスケールを継承

【松竹座】
・マッシブなファサード
・目的性の高い一つの大きな舞台空間

■現代人を吸い上げる装置
ヒューマンスケールのヴォリュームから
大スケールのヴォリュームへ
違うジャンルのアクテビティに導かれるように上がっていく

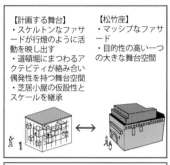

スケール

大

小

EV　EV

祝祭レストラン

回り舞台

漫才スタジオ　鳴り物体験

大道芸広場　アートパフォーマンス

舞踊ステージ　体験ギャラリー

アートカフェ　浮世絵

ライブラリ　現代アート　記憶のアーカイブ

B　小劇場

パフォーマンスレストラン

和太鼓　琴　アンサンブルステージ　歌唱スタジオ　道頓堀食堂

三味線長唄　法善寺横丁へと導くガレリア

ジャズ　C

縁日カフェ

: ステージ

Activity axonometric

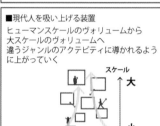

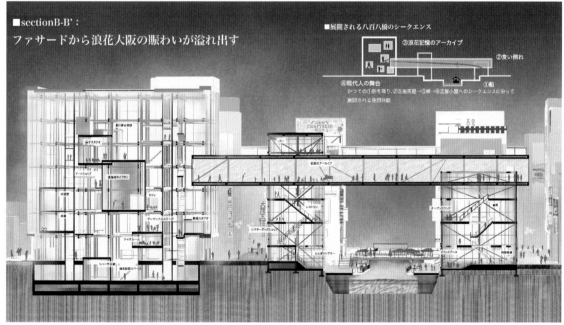

■sectionB-B':
ファサードから浪花大阪の賑わいが溢れ出す

■展開される八百八橋のシークエンス

③浪花記憶のアーカイブ

②食い倒れ

④現代人の舞台　①船

かつての①船を降り、②芝居茶屋→③帳→④芝居小屋へのシークエンスに沿って
展開される空間体験

B-B'断面図

東大阪詩的建築試論

Day 3 木内俊克賞

潮田 龍諒 ／Ryuma Shiota　　立命館大学 理工学部 建築都市デザイン学科 建築設計デザイン（建築意匠）研究室

設計期間▷ 12カ月　　製作中の苦労や思い出▷ 東大阪に2カ月間実際に住んだこと
お気に入りの本▷ 建築と触覚：空間と五感をめぐる哲学　　製作中に影響を受けた人物や思想▷ カルロ・スカルパ

1、詩的建築　当たり前の日常を前景化し、モノをモノとして見るきっかけになる建築

●詩的言語論の翻訳

　機能的都市で過ごす私たちの目は、複雑なコードで構成された建築やモノから、わかりやすい記号のみを読み取り認識している。モノにモノとして向き合う観察する刺激を受ける機会が極端に減少している。都市は記号として背景化し、日常が自動化していく。

　馴染んだ事物を再び意識させる方法が、文学批評では異化と呼ばれる。『散文の理論』ヴィクトル・シクロフスキによると、日常的に見慣れた事物を奇異なものとして表現する《非日常化》の方法……知覚の困難さと、時間的な長さを増大する難解な形式。

●文学での異化タイポロジー

　文学批評においての異化を分析しコードの操作という観点で分類した。

ex.「この味がいいね」と君が言ったから
　　　　　　七月六日はサラダ記念日
　　　　　　　　　『サラダ記念日』俵万智

短歌コード	歪曲
タイトルにカタカナを、文中に口語を用いるなど伝統のルールに違反する	慣習化したコードを崩す

イメージ・コード	積層
君への恋心の初々しさと七月の夏の爽やかさ、サラダの新鮮さのイメージが重なり合う	コードを併存し相互参照する

統辞的コード	摩擦
サラダと記念日という共通点を持たない記号を組み合わせた造語を用いる	コードを対立し緊張を表現

●空間コード操作手法の抽出

スケールアウトした大きな窓を強調して空間の広がりを大きくする

壁・床・屋根が同じオブジェクトで連続することで連続性をつくる

内部の内在するコードをカーテンに使い内外部境界に新鮮さをつくる

歪曲積層摩擦	W-1	透明化	W-2	欠損	W-3	分離	W-4	拡大
	W-5	切断	W-6	変形	W-7	縮小	W-8	転置
	S-1	並置	S-2	混在	S-3	連続	S-4	共有
	S-5	近似	S-6	比喩	S-7	合同	S-8	多義化
	M-1	反転	M-2	貫入	M-3	対置	M-4	転用
	M-5	干渉	M-6	ずれ	M-7	内部化	M-8	外部化

人情とものづくりのまち東大阪。ここでは、担い手・発信力不足から産業集積が崩壊し、同時に町工場のひしめき合う原風景が失われつつある。そこで、本提案では、町工場とひととが織りなす、「ものづくり」に目を向けるきっかけとなる建築を提案する。設計手法は、見慣れた事物を再認するための【異化】という文学の技法を翻訳した【空間コード操作】をもちいた、既存の工場のコンバージョンである。東大阪の新しい拠点施設を設計することで、ものづくりを再認し、施設内に収まらない新しいつながりやモノが生まれることを目指した。

2、ものづくりのまち

● 日本の技術を支える
　ものづくりのまち "東大阪"

　事業者数: 全国第1位

　製造業数: 全国第5位

　人工衛星 まいど一号

● 背景化するものづくりに
　目を向ける「フィルター」としての建築

3、都市を前景化するランドマーク建築

東大阪へと拡散する コミュニティバス

主要な観光地を繋ぐ アクアライナー

経済の中心地を引き込む 大阪メトロ中央線 高井田駅 JR おおさか東線 高井田駅

新大阪・梅田 方面

夢島・中之島・道頓堀 方面

伸線歴史展示。減築によってできた路地に光が差し込む展示室で歴史を知る

技術×アート展示。斜めに挿入された壁やブレースが干渉し合う空間でアートに触れる

ものづくりカフェ。大開口の引き戸によって壁ごとまちに開くことのできるカフェ

4、東大阪バナキュラーの欠片の採集

①内部化された外階段 / ②隣棟間の屋根 / ③スロープ屋根 / ④大避難階段 / ⑤入れ子空間 / ⑥円筒ボリューム / ⑦荷積み基壇 / ⑧住空間の拡張 / ⑨不整形なヤネ / ⑩コンクリブロック / ⑪後背地のヤネ / ⑫壁面と屋根 / ⑬大開口防音壁 / ⑭製品による補強 / ⑮鉛直ブレース / ⑯ビニールカーテン / ⑰クレーンレール / ⑱間仕切り空間 / ⑲既存塀の室内化 / ⑳門型間仕切り / ㉑小上がりデッキ / ㉒垂直屋根 / ㉓工場間谷樋 / ㉔鉄骨螺旋階段 / ㉕基壇ドア / ㉖石垣斜め壁 / ㉗隅切り開口 / ㉘フェンスと屋根 / ㉙飛び出しレール / ㉚鉄引き戸 / ㉛鉄引き戸部屋 / ㉜鉄製両開き扉

5、町工場を前景化する建築構成

円筒ジャンクション ⑥×M-2
もたれかかり屋根 ㉒×M-7
斜め間仕切り ⑳×M-6
断熱材入れ子 ⑤×M-1
内部中庭 ⑱×M-8
集水谷樋ブレース ㉓×S-3
鋳物フレーム ⑭×W-6
空中アトリエ ⑧×S-6
ロータリーヤネ ㉘×M-4
待合積み込み庫 ⑦×M-4
フレームブレース ⑮×M-5
テーブルデッキ棚 ㉑×S-4
引込三角 ⑨×M-2
変移フレーム ㉕×W-3
ソウダン階段 ④×S-1

㉛×S-5 引き戸拡張小屋
⑰×S-5 手すりレール
②×S-5 隣棟間似ヤネブリッジ
⑬×W-8 境界大壁
㉚×W-1 障子鉄製引き戸
②×W-6 ねじれ屋根
⑩×M-7コンクリート内壁
①×W-4 ギャラリー踊り場
㉘×W-6 ワイヤー網戸
⑩×M-4コンクリの腰掛
㉔×M-3ロケットらせん階段
⑯×M-8ビニールガーデン
㉖×M-7 石垣間仕切り
③×W-5 投射スロープ
㉙×S-8引き戸クレーンレール
㉜×W-3 蝶番引き戸

東大阪バナキュラー
空間コード操作

ID054

わたしの家のわたし方

竹田 季世 ／Kiyo Takeda　　大阪大学 工学部 地球総合工学科 木多道宏研究室

設計期間▷ 2カ月　　製作中の苦労や思い出▷ 研究室で、お箸とお皿を持ったまま寝ていたこと。
お気に入りの本▷ 原っぱと遊園地　　製作中に影響を受けた人物や思想▷ RIKAKO IKEGAMI

1、過疎化が進むまちで

　兵庫県三田市高平。わたしが10歳の頃から暮らす自然豊かな地域だ。過疎化が進む地域で、この家はこれからも誰かの家としてあり続けるのか。家の終わりを人生と重ね、住人がいなくなっても愛され続ける場所のあり方を考える。

敷地周辺図

2、わたしと家

　わたしにとって家は、わたしだけの大切な経験、家族やまちの人との思い出に溢れたかけがえのない場所だった。書斎の下で昼寝をした。怒られトイレで泣いた。いろいろな瞬間のわたしに寄り添うこの家は、さまざまな形の居場所が詰まっている。

既存平面図

3、関わり方を残す設計

　年齢に合わせ居住空間を移行し空間の障害を減らす。わたしの思い出の中の空間との関わり方を守り生かすよう、少しずつ手を加える。積み重ねた大小の設計が、まちの人と家の関わりの起点となり、人々に愛される場所になることを願う。

2010年立面図

2060s ──60歳
「私だけの場所」をわたすために。

生活から一番遠い2階の壁とスラブをなくした。わたしだけの大切だった場所に行けなくなった。
だから、上にあがれるように1,500mmの塀の高さに合わせて、螺旋階段を付けた。

孫の遊び場が階段とその上に変わった

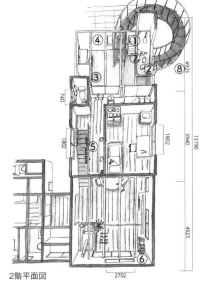

2階平面図

① 風通しがいいから、花瓶を置いた。

② 眺めがいいから晴れの日に、お茶をするようになった。

③ 1階にも日の光がさすから、クローゼットの扉を外した。

④ 本棚に直接光が当たるので、本棚を1つ無くした。

⑤ 本棚がなくなったから、新しい本は階段に置いた。

⑥ 本棚にも、本を置くようになった。

⑦ 私が本を読んでいると、孫も階段の上までついてくるようになった。

⑧ 私の大事な場所が孫の秘密基地になった。孫の遊び場が、リビングから階段とその上に変わった。

私にとって、私の家は、私にしかない大切な経験、家族やまちの人との関わりに溢れた大切な場所。過疎化が進むこの地域で、この家はこれからも「誰かの家」としてあり続けるのか。

2060年、築100年が経った実家で最期まで過ごせるように、居住空間を移行しつつ空間の障害を減らしていく。と同時に、私にとって大切な「意味」を持つこの場所が、まちにとっても、大切な場所になるように、場所の意味を保持しつつ、訪れる人とこの家の接点を設計する。

接点から、まちの人にとっての新しい意味が紡がれ、この建築は生き続ける。私の中に織り込まれるその場所の「意義」を残すための設計。わたしのわたし方。

2070s ——70歳

「私に寄り添ってくれた場所」をわたすために。

1階の天井とスラブを減らす。そしたら、わたしに寄り添ってくれた場所に雨が降った。
だから、たとえ振る舞いが変わっても誰かに寄り添える場所になるように、3枚の屋根を付けた。

雨の日にも集える場所になった

机の下にもぐって昼寝をした父の書斎

2階平面図

① 屋根の下に本棚が移動した。
② 日当たりがいいから、螺旋階段に植木鉢を集めてきた。
③ ずっと日当たりがいいので、小さな苗木を植えた。
④ 書斎は一番大切だった。そのままの形で残した。
⑤ 書斎では私は本を読み、孫はお絵かきをした。
⑥ 押入の床だけ残したら、孫とその友達が遊びを広げ、わたしが休むベンチになった。
⑦ 苗木の世話をする私に、友達が北側まで会いに来た。裏玄関みたいになった。
⑧ 夫婦の寝室が2階の子どもの時の部屋に移った。

2080s ——80歳

「家族とわたしをつないだ場所」をわたすために。

足腰が弱くなったので、階段を減らした。2階のスラブを減らした。家族との関わりを築いた場所が減ってしまった。
だから、今度はまちの人との関わりを築けるように、1/12勾配のスロープと、見晴らし台を付けた。

スロープを起点に、この場所を好きな人が集まり関わる場所に移り変わった

1階平面図

① 小さい階段で上にあがった。階段にも本を置いた。
② スロープが棚になり、モノを飾るようになった。
③ スロープが庇になり、お隣さんとのデッキでの話が弾んだ。
④ 日当たりがいいからスロープにも植木鉢を置いた。
⑤ 寝室が1階の和室に移動した。
⑥ 小さな段差に座って話した。玄関の段差も小さくした。
⑦ スロープをのぼり、滑り降りる。見晴らし台が子どもだけの基地になった。
玄関が縁側のような場所になった。

2090s ——90歳

「一番賑やかであり続ける空間」をわたすために。

旦那さんをなくした。好きな人のために料理をつくらなくなったから、キッチンを減らした。
大切なものに手が届くように、子どもたちが駆け回るように、キッチンを中心に土を盛った。

盛った土を丘に見立てて、家を子どもたちが駆け回るようになった

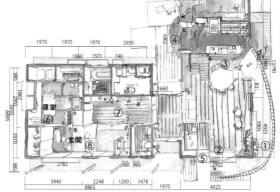

1階平面図

① スロープの植物が大きくなり、近所の人が手入れを手伝ってくれた。

② 梁に洗濯物を干せなくなりハンガーだけが残った。

③ 土にも植物が生えた。

④ 庭と一続きになったキッチンに、子どもたちが入ってくるようになった。

⑤ わたしがストーブのところにいると誰かが来てくれた。

⑥ わたしは寝室から出られなくなった。

⑦ 子どもたちが様子を見に来て廊下でボール遊びを始めた。

⑧ 友達が玄関の周りに来て、縁側がずっと賑やかになった。

廊下でサッカーをした
（2090s）

寝そべって本を読んだ
（2100s）

階段で背比べをした
（2080s）

プリントを落として遊んだ
（2080s）

寒い日はずっとここにいた
（2100s）

夕日を見ながら宿題をした
（2080s）

2100s ——100歳

「生き続けた空間を生き続ける空間として」わたすために。

わたしが子どものころにたくさん泣いた場所、わたしが強くなった場所に木を植える。
過去のわたしと同じように木が育っていくように、屋根や壁を減らし光を入れるように伝える。

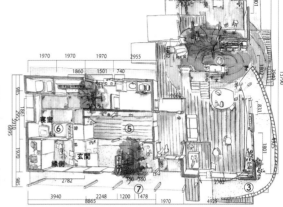

この場所のあちこちに遊びや振る舞いの跡が残り、移り変わっていく

1階平面図

① 螺旋階段のてっぺんに子どもたちの宝物が集まり、中腹で大人は景色を眺め、本を読む。

② 書斎では子どもは昼寝をし、大人は自分と向き合う。

③ スロープは花で彩られ、誰かに寄り添う場所になる。

④ 木陰で土遊びをしたり、拾ってきた種を植えてみる。
その間を子どもたちが滑り、走り、降りる。

⑤ 唯一、直線の平面が担保される廊下では、子どものボールが飛び交う。

⑥ わたしが最期にいた寝室は、大人たちが語り合う、ゆったりとした場所になる。

⑦ 3本の木は、誰かに気遣われ成長する。人々のふるまいを見守る。

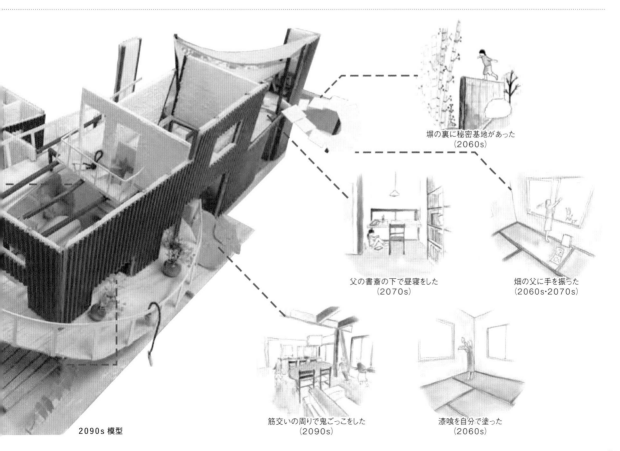

塀の裏に秘密基地があった
（2060s）

父の書斎の下で昼寝をした
（2070s）

畑の父に手を振った
（2060s・2070s）

筋交いの周りで鬼ごっこをした
（2090s）

漆喰を自分で塗った
（2060s）

2090s 模型

山谷行

Day 3 原田祐馬賞
ファイナリスト

袋谷 拓央 ／Takuou Fukuroya　　大阪工業大学 工学部 建築学科 本田昌昭研究室

設計期間 ▷ 4カ月　　製作中の苦労や思い出 ▷ スタイロの上で寝てた
お気に入りの本 ▷ トレイルズ「道」と歩くことの哲学　　製作中に影響を受けた人物や思想 ▷ ナン・シェパード

1、BACKGROUND　道を歩く

●「道」とは

道とは、二つの地点を結ぶ「過程」である。道は、獣や人が繰り返し行き来することによって、その軌跡として立ち現れるものである。「過程」には、往来にとどまらない、振る舞いや営みが生み出される。また道は、道のコチラとムコウの関係を構築する。起点と終点、コチラとムコウの間には、人の時間と行為が存在する。

●「歩く」とは

人は、歩く生き物である。人は、人の速さで歩くことで、身体を通じて環境を認識し、発見する。人が移動することで、二つの地点はつながる。物理的に通じているのではなく、人が場をつなげるのである。

2、SITE　鯖街道：文化の道

●交易路としての道

かつて、日本海でとれた海産物の入った籠を背負い、福井県小浜市から奈良や京都の朝廷に届ける人たちがいた。それは、単なる「モノ」の運搬だけでなく、若狭に入ってきた大陸文化を都へと届ける役割も果たしていた。やがて鯖街道と呼ばれるこの古道は、同時に、「コト」としての京都や奈良の文化を北陸に伝える役割も果たしていた。

●集落と生業

鯖街道には、いくつかのルートがあった。今回の敷地である針畑越えはその最短ルートである。約70kmの街道沿いには、昔ながらの茅葺屋

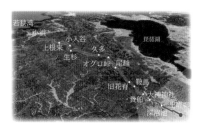

根の住居群、さらには京都や奈良とのつながりを残す寺社などが残っている。かつてそこには、その土地と結びついた人々の暮らしや、農業や林業と

この物語は私が道を歩いたことから始まる。人は速さばかりを求め、身体の延長を獲得する代わりに自身の置かれている環境を認識することができていない。鯖街道では、かつて人が歩くことでモノの流通とともに文化や風景といったことの流通が存在した。しかし車での移動が主になり、人々が歩くことが薄れてしまうことで、集落部には土砂災害などの危険が潜んでいる。

本提案では、プリミティブな行為に価値を見出し、山に文化体験機能と宿泊機能を付与する「人の駅」の計画、自身の足で道を切り拓く山を歩く観光の提案を通して、あるがままの自然を生かした山の中の文化と風景を育むことで鯖街道を「歩く文化観光の道」として再編する。

いった生業が存在した。そして、この点在した集落に暮らす人々がリレー形式で若狭からの海産物を京都へと運んでいた。「モノ」と「コト」の流通が地域を結び、人々の生活は成り立っていたのである。ただし、今や山間部の暮らしは、周辺との関係を絶たれている。

3、PROBLEM　道と観光

●人の道／車の道

　近代化の過程において、人の道は車の道に取って代わられた。しかし、今やモータリゼーションの時代ではない。道を介した人の振る舞いや営みを取り戻す好機に私たちは立ち会っているのかもしれない。道を歩く。季節の変化や、懐かしい街並みに気づく。歩くことで、人としての当たり前の感覚を取り戻すことができないだろうか。「速さ」によっては得られない感覚。

●点としての観光地

　京都には数多くの観光客が訪れる。観光地には人が溢れ、それは「公害」とすら呼ばれる。観光客は「点」としての観光地を目指し、点と点の間の「過程」はさほど重要ではなく、それは移動時間に過ぎない。消費される「コンテンツ」としての観光。そこには、自らの気づきや人としての当たり前の感覚は不要なのか。

4、CONCEPT　人の道の再生

●人の道

　本提案において、1500年の時間が堆積する鯖街道針畑越えをその場にある地形や素材を用いてつくる「人の駅」の計画を通して、「人の道」として再生する。旅人は自らの足で歩き、時間や季節によって移ろう自然の中に身を置く。自らの身体を通して、自然と自分自身を発見し、変わらない太古からの時間に想いを馳せる。

●人と自然の「振る舞い」

　人の道に「振る舞い」を育てる。ただしそれは、人だけによるものではなく、人と自然の「振る舞い」である。その場所の地形や気候、木々や生き物との応答が指し示す「振る舞い」。山に分け入り、茶を点て、土をひねり、布を晒すそんな「新たな観光」を提案する。

●建築と文化の「解体／再構築」

　この京都から若狭へと向かう人の道において、形式化された建築と文化の「解体と再構築」を試みる。文化は形式性を有する。建築もまた同様である。かつて自然と共にあった生活から生まれた文化を、自然に返す。たとえば、茶道や陶芸といった伝統文化。建築は、果たして如何なる状態をもって建築たり得るのか。床や屋根は、建築の形式性を担保し得るものなのか。また、建築は朽ちることで自然へと融解していく。改めて、自然と文化、建築との関係を問う。

5、PROGRAM　人の道における「振る舞い」

●道程

旅人は、この約72kmの「人の道」を3泊4日で歩く。

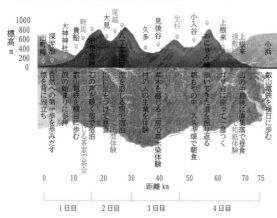

（標高 m：1000 / 800 / 600 / 400 / 200 / 0）

距離 km：0　10　20　30　40　50　60　70　75

1日目　2日目　3日目　4日目

●縦糸と横糸

かつて街道沿いの集落の住人が「鯖」をリレー形式で運んだように、この「人の道」では、山間地に暮らす地域を熟知した住人が「旅人」をアテンドする。人の道におけるモノとコトの流通を縦糸として、集落やそこに暮らす人々との交わりを横糸として、人の道の「振る舞い」は、紡がれていく。

●連鎖する「振る舞い」

自然の事物や現象が連鎖的関係にあるように、人の道の「振る舞い」は連鎖する。茶会の器、炭、草木染めされた布、和紙。かつて鯖街道では、その名にあるように、塩を塗った鯖が若狭から京都へと運ばれていた。その「時間」が、京都で鯖寿司をつくる上で程よい塩加減をつくり出していた。人の道におけるモノとコトの流通、そしてその時間が人の道を「発酵」させる。

6、PROGRAM1　茶を点てる

敷地は京都府鞍馬山の道の途中、林立する竹と広葉樹の木々。人が歩くことで地が削られてできた深道が存在する場。竹を編み込み、落ち葉や砂漆喰を重ね合わせることでできる茶室で、移り変わる自然を見ながら茶会を行う。

素材

竹

石灰岩

石灰石を砕いて木炭で熱し、砂と落ち葉を混ぜ合わせて砂漆喰をつくり出す

施工プロセス

竹

1、地面に竹を差し込み、石を詰め込むことで固定する

2、太い材の間に太い材と同様に細い材を差し込み組む

3、太い材と細い材を編むように横材を組み込む

砂漆喰

4、落ち葉や砂漆喰を重ね合わせることで、移り変わる季節によって変化する

7、PROGRAM2　土を捻る

敷地は京都府尾越。台風21号の風雨によって取り残された杉の木が折れた痕跡の残る「森」のなか。粘土質の地の凹凸に焼杉の杭を挿し、土を掘り、盛ることでできる工房で、地質を生かして器をつくる。

素材

折れた杉

折れた杉を焼いて建材として、防腐加工を行う

粘土質の土

施工プロセス

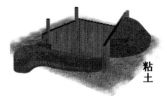

焼杉

粘土

1、木が根から折れてできた穴に土留めとして焼杉杭を挿す

2、地をさらに掘り、出てきた土を盛り固めることで作業場をつくる

8、PROGRAM3　木に宿る

敷地は、滋賀県高島。V字谷にブナの木々が生い茂る地域があり、谷を降りた場所には折れた広葉樹の木々が落ちている。夜の静かな「闇」のなか。間伐材を挟みこみ、丸太をひいた宿で木々にとまる野鳥の目線になって一晩を明かす。

素材

間伐材

樹皮

施工プロセス

間伐材

1、山の保全として間伐材を地面に差し込む

2、間伐材を木材で挟み込み木の枝を詰め込んで固定する

樹皮

3、木材の上に丸太を乗せ、麻紐で結んで固定し、木の皮を米糊で貼る

9、PROGRAM4　紙を晒す

敷地は福井県遠敷川の上流にある「岩」の渓谷。上根来の廃集落の廃材を地に挿し、屋根に草木染をした麻布をかけた工房で、遠敷川の水流と岩場を生かし和紙をつくる。

素材

建築廃材

麻布

久多集落でつくられる麻布を見後谷で草木染し、できた布を用いる

施工プロセス

建築廃材

1、廃集落の廃材を谷地形に合わせて差し込み、床を張る

麻布

2、躯体に梁をかけ、その上に草木染した麻布をかける

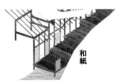

和紙

3、躯体に草木染した麻布をかけ、紙を晒すことで作業空間をつくり出す

ID125

わたしのおもかげを

Day 3 松村淳賞

学生賞 ぶっ飛んでるで賞

上田 瑛藍 ／Eran Ueda　　京都大学 工学部 建築学科 小見山陽介研究室

設計期間▷ 5カ月　　製作中の苦労や思い出▷ 共有される設計をすべきか無数に葛藤した
お気に入りの本▷ ソウルイーター　　製作中に影響を受けた人物や思想▷ 過去の自分自身やご近所さん

1、体験図による設計プロセス

　0歳〜高校卒業まで暮らし、「私」を形成した実家での無意識の身体操作を「体験図ベース」で実験し、「体験図」1〜4として記述した。かつての実家での、玄関〜階段〜廊下〜自室のシークエンスに対応し、その1本の道を芯として、それに肉付けするように新実家をデザインしている。つまり、一般的に建築が出来上がる過程である「図面を描く」→「物質が立ち上がる」→「人がその場所を体験する」とは異なり、手放した実家に染み付いた感覚を開始地点として、「人（自身）が体験する」→「その体験を記述する」→「物質が立ち上がる」という手順で設計した。

　家族全員の実家ではあるが、個人の体験は本当の意味で100％は共有されない。あくまでも実家を失った喪失感や不安感を原動力に、「私」自身の体験を強固に独占するための設計である。

体験図1

▶

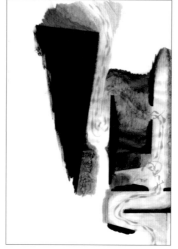

体験図2

▶

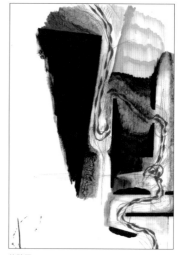

体験図3

▶

2、体験図に対応した模型

　白い線が集中しているところがある瞬間の「私」の視点。白い線は視線や音への反応など、感覚一般を表現している。

玄関ホールの模型

階段の模型

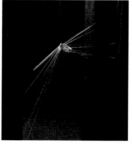

廊下の模型

自室の模型

実家を手放した。自分の原点が定まらず、わたしの輪郭を定義できない。その心細さは、子どもじみた独占欲はどこに向かえばいい。「わたしの場所」は確かにここに存在した。たとえ形が消えても、わたし自身に刻まれ身体化された記憶こそがわたしの場所である。わたしがいちばんのぼった階段だ。わたしがいちばんのぞいた窓だ。

体験図4

立面1

立面2

平面(H1,500)

平面(H3,000)

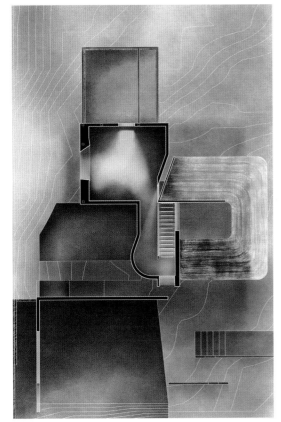

平面(H6,500)

屋根伏せ

ID027　袋谷 拓央　大阪工業大学

山谷行

木内：時間切れでプレゼンが途中で終了したので、プログラムや敷地、つくり方などについて補足してください。

袋谷：最初の京都の部分では陶芸体験をしますが、実際に人が歩くことで生まれる道の上に竹細工のような建築を立ち上げ、茶室として体験できる空間をつくっています。ここでは、木々が台風の影響などで折れている場所がありますが、そこが粘土質の地盤になっていて、掘って盛るという操作だけで空間をつくり出して、作業場として工芸体験をする施設となっています。ブナの木々が植えられている次の場所は、メインとしては周辺に折れている間伐材を置きますが、支えとしてブナの木々を挟み込み固定することで、寝泊りだけをする場所をつくり出しています。最後の場所では、岩場の崖地に焼き杉の杭などを差し込むことで、前の体験のプログラムの草木染めの布をかけることで空間を生み出しています。ここの空間は和紙体験のプログラムでつくり出したものを乾燥させることによって、空間をつくっていこうと考えています。

木内：その場所に行ったことによって立ち上がる形式を考えていることは良いと思いますが、やはり街道という長さの中でその地点がどういう位置付けの場所で、歩いたことにより、どのように陶芸に繋がるかということの説明があると、前振りの部分に入りやすいと思います。

袋谷：建築として道をつくっていこうと考えていて、体験していく中で集っていくように設計していこうと考えています。

木内：歩くという経験が入ることによって、場がどう変容していくかに興味を持ちましたし、実際に必要に駆られて起こすアクションを建築という形式が何か最小限にサポートしてあげられるのかとか、それによって立ち上がっている形がその場所の文化になるとか、そういう一連の繋がりがこの提案においては大事だと思います。そこが道になるというよりも、必然的な要請で場が立ち上がって欲しいという思いがあります。

原田：宮本常一がフィールドワークで大事にしていたような、歩く、見る、聞くということが中心にあると感じられますが、その一方で、人間が中心にあることをしようとしていると思うので、体験する人たちの視点がここに入っているのかなと疑問に思いました。ボロ屋のようなものを立ち上げようとしているので、あえて設計し過ぎていないという意図があると思ったのですが、どうですか？

袋谷：山を傷つけていくのではなく、大自然の中に建築がいかに溶け込めるかということに挑戦したいと思っています。模型も、あえてボリュームが小さいものをつくり、いかに自然との応答が見られるかという点を特に考えました。

野口：プレゼンの前半に『遅さ』というキーワードが出ていたかと思いますが、私は遅いということに何かネガティブだったり、制限をかけたりするようなことを思い浮かべました。ここで言う、『遅さ』は、ただ歩くだけを指しているのか、それとも建築的な操作で時間を遅くするような工夫などがあるのでしょうか？

袋谷：一つひとつ手作業でつくられていく建築ではありますが、建築だけの操作ではなく、現代のように何においても速さばかりが求められる中で、廃れていく様を取り戻すうえでも、建築を建てる時に人間が実際に行為として建てたり、『遅さ』を負ではなくプラスにしたりするような提案になれば良いと考えています。

野口：この建築は誰かによって徐々につくられていくのか、その場のものを集めたり、ワークショップで制作した布をみんなでかけてつくったりするものなのか、それとも最初からあるものなのですか？

袋谷：私と地域住民によってつくり上げられていくものですが、そこの間にあえて弱い素材を使ったり、廃れやすいつくり方をしているので、潰れた時に地域住民、集落の人が関わり合ったり、観光客がそこに修繕として入っていくというのが、そもそものプログラムになっています。

野口：周りの素材や地形を集めてつくったり、みんなで修繕し

袋谷拓央さん

たりしながら少しずつ変容していくようなストーリーがすごく素敵に思いました。

ID038　小林 優希　滋賀県立大学

建築のかけらを拾って継ぐ

野口：素敵な模型で意外な組み合わせがあって、ワクワクして見ていました。小さいものを集めて、いろいろな空間をつくっていくと、さまざまな組み合わせが出てくると思いますが、組み合わせ方に何か制限をつけたりしていますか。また、疑問2と疑問3はどのようにこの敷地に関わってきているのかもう少し、補足をお願いします。

小林：組み合わせに関しては制限をかけないようにしています。初めは高さなど制限をかけていた部分がありましたが、そうしてしまうと、人間が物に合わせていくことになり、数値化に近寄ってしまうと感じたので、規制をかけずにつくっていきました。疑問2の情緒性に関しては、詩から拾ったことによって、空間の体験性などを設計する際に持ってきています。疑問3に関しては、敷地周りが高層マンションに囲まれているからこそ、2階以上が部屋の高さになっているので、なるべく高さは出さないようにすることや、マンションの形状に合わせて細長い形状にしているなどがあります。

泉山：対象を都市的なスケールで見ていますが、アプローチは建築的、思考実験的のような印象が見られます。全部で10個ほど設計しているものが、最終的に組み合わさった時に、どのような街になって欲しいのかということがあまり伝わってこなかった。街としてのゴールはありますか？

小林：現在、この計画の近くのマンションに住んでいる人々は、生活を豊かにするために、家にテレビの延長としてプロジェクターを設けています。しかし、それが映画館になったりと、生活が豊かになるようなものを延長させて、この街全体が家の延長になることで生活が豊かになることを考えています。

泉山：その時に建築のかけらを集めて設計したからこそ、それが実現できているということは何かありますか？

小林：建築のかけらという小さいものには大きいものより愛着を持つので、かけらを集めることで、愛着を持つ街になっていくのではないかと思っています。

松村：廃材を使って建築をつくっていく動きは、結構広がってきているので、そのあたりの社会情勢を上手に捉えられていると感じました。この建築の廃材をある程度ストックしておく場所や仕組みが必要だとは思いますが、そのような計画は想定されていますか？

小林優希さん

小林：特にストックに関しては考えていません。廃材を一旦置いておくと、それが少しずつ使われていくという想定で、街の隙間や敷地自体がストックと捉えています。

松村：それは誰がつくっていくのですか？

小林：街の住民を想定しています。

原田：このつくり方だからこそできることは何かありますか？

小林：建築をつくる際には、勝ち負けや取り合いなどを考え、設計していきますが、この手法であれば、つくり手自体がつくりながら考えることで新たな工法が生まれるのではないのかと考えています。

ID072　古家 さくら　大阪工業大学

慈悲の7つの行い

松村：古来の修道院の共同生活が、脱消費、脱成長の現代社会にマッチしているというモデルを提案していると捉え、高得点を入れましたが、ポートフォリオをじっくり読み込むと想定していた以上にキリスト教色が色濃く出ていました。宗教色を全面に出していくという提案なのか、それよりも修道院のモデルを提示したいのか、どちらでしょうか？

古家：宗教色は出していきたいと思っていますが、異なる宗教や無宗教の人も自由に出入りできる施設を提案しています。

木内：作品を見て、宗教というテーマの中に今の時代にフィットするものがありそうだと直感的に感じました。宗教色を出したいという中で、同じプログラムでも宗教色がある場合、ない場合で、建物の建ち方で何か変わる点はどこでしょうか？

古家：形において修道院の特徴的な部分は利用しましたが、基本的には宗教の考え方がすべての人に必要なものということを感じられるよう設計しています。泥壁は皆で施工して広げていくものなので、形は変わっていくことを前提としています。

木内：つまり、泥壁も含めて、このプログラムの形になっていること自体がキリスト教的な施設の在り方、運用の仕方で、この形で他の宗教の施設はあり得ないということですね。よくわかりました。

原田：『宗教』という言葉を使っているがゆえに、それについていろいろな質問が出ていますが、伝えたいことは、『教え』のようなものがその中にあって、それを感じられる場所にしたいという認識でよろしいですか？

古家：そうです。

原田：設計した施設で現代の生活を見直すことを試みていますが、建築様式はその目的にも場所にも合っていると思います。そこで一点質問ですが、これは新築でしょうか、それとも既存のものを移築したり改修したりするものなのでしょうか？ また、誰でも建てられるということですが、実際はこの建築を建てられる職人の方も限られていると思います。そういった中で一気に建てるのか、順々に建てるのか、どちらを想定していますか？

古家：新築で、つくり方は掘って出てきた岩をもとに順々につくっていく方法を想定しています。

野口：キリスト教の施設は祭場や神様の位置などが決まっていますが、平面図ではそれが反映されておらず、いろいろな方向性が見えます。あえてこの形にした意味を聞きたいです。

古家：修道院の平面をそのまま使うことはしていません。修道院で重要となる学びの場や図書館を祈りの場の近くに置いたりと、修道院の特徴を部分的に取り入れています。

古家さくらさん

ついぎのすみか

野口:ドローイングが素敵で巡回審査の際、立ち止まって見てしまいました。植物が家の中に入り込んでいるパースがありますが、境界はどのように考えていますか?

池田:植物が成長して家へ浸食してくる動きを許容する建築の有り方を終築と呼んでいますが、植物の成長によって家の内と外が曖昧になっていくと同時に、植物と人の居場所が曖昧になっていくような建築を考えています。

木内:草花は手入れが必要で、その手入れという仕事があることが、その場所で生きることと密接に関わっており、『終』ということを考えた際、それが作品のポイントでもあり、現代的だと感じました。手入れをすることも一方向的なものではなくて、元気な時はたくさんできるし、年をとるとできる量が減っていく、そのように膨らんだり減ったりしながらなんとかやっていくイメージがリアルに感じられ、好感を覚えました。手入れと関連して、道具をどうやって出したり片付けたりするのか、そういった運用の話が出てきたのも良いと感じました。そこで質問ですが、植物の手入れはどれくらいのペースを想定しているのでしょうか?

池田:今は老夫婦で時間があるので半日くらいをかけて植物の手入れをしています。一年に一回しか咲かない花や夜中にしか咲かない花などもあり、そういった植物が手入れのきっかけになり、同時に生きがいにもなったりしているので、人と植物を同等に考えて設計をしました。手入れが毎日必要な植物は生活の身近に置いたり、苔のようにあまり必要のない植物は少し離れたところに置いたりすることが、この建築の特徴になっているかと思います。

原田:施主の老夫婦は家にいる時間が長くなっていく世代ですが、ささやかな楽しみと空間の境界線が溶けていくような点に楽しみを感じました。一つ質問ですが、20年間くらいをかけて終築していく一方、それが次に繋がるという発言もあったかと思います。その点についてもう少し詳しく教えていただけますか?

池田:家を引き渡す方法は、空き家のまま渡す方法と、更地にして渡す方法の2通りがありますが、空き家の場合、ものの集積がある状態では手をつけづらいというのが家を引き継いだ人が抱える悩みでもあります。更地ではない渡し方として、家は取り壊すけれど愛着のある植物を残した、植物の溢れ

た状態で次の人に引き継いでいくやり方があるかと思いました。

ID010　木村 愛美　立命館大学
粋人の宴

泉山：道頓堀の河川というよりも、そこに面している建築がもっと変わらないといけないのではないかという提案だったと思いますが、面している建築と道頓堀との関係において、表と裏との関係が重要になってくると思います。また垂直方向のデザインにおいて、低層部は割と自由度が高いのに対し、商業が厳しい時代において上層部のプログラムや設計が大事になってくると思います。その辺りの補足はございますか？

木村：かつての水都・大阪では道頓堀川を中心に空間が構成されていたと思いますが、今は道頓堀商店街だけ人が行き交っていて、川沿いは高層ビルが林立している状況です。その状況に対して、道頓堀川から広がっていくそこにしかない盛り場の空間を表現したいと思いました。そこで、現代都市を完全に変えてしまうことなく、今も昔のまま残っている小屋のスケールの穴を高層ビル群に挟み込むというシンプルな操作を行うことで、道頓堀川から通りまで広がっていく雰囲気を伝える新しい空間ができるのではないかと考えました。

木内：5〜7階になると商業のボリュームが減っていきますが、そこはオフィスが入ると考えてよろしいで

木村愛美さん

しょうか？

木村：高層ビルは高さも階層も既存のものを使っていて、そこに今回提案したプログラムを挟み込むという操作を行っています。なので、住宅はないですが、既存のオフィスなどが入っています。

原田：道頓堀についてはあきらめモードでしたが、あきらめていない人がいて良かったと思っています。これまで大阪の商人が多くの橋を架けてきたと思いますが、門というモチーフを引用しているのはどのような意図があるのでしょうか？

木村：御堂筋の大きな通りを行き交うビジネスマンを中心とした人たちが、ぱっと顔を上げると八百八橋と呼ばれる大阪にとって重要な橋が架かっていて、そこに誘導していくような門となれば良いと思い、門のような形にしています。

原田：どちらかというと門は権威的な印象が強いですが、あくまで橋の延長としてあるという理解でよろしいでしょうか？

木村：そうです。

木内：一見ガラスで覆われているようなところが多く見えますが、半屋外空間がところどころあったりするのでしょうか？

木村：舞台空間と呼んでいる大きな空間はガラスで覆われていますが、空隙を挟み込んだ場所は基本的に屋外空間としています。例えばカフェの横が空いていたら、空隙を挟み込んで屋外のカフェのたまり場空間にしています。

審査・投票

木内：今日は、今の時代に何を対象にすべきか、それに対してどれくらい切実な回答を提示しているかということに焦点を当てて議論できたらと思っていました。その意味で、選ばれた作品はどれもコンテクストと関わるべき主体をきちんと捉えられていたと思います。「山谷行」であれば『鯖街道』というコンテクストであり、使う人たちにとってそこを手入れしていくことが、利益につながっていくはずなので、それをコーディネーターのような人がヒアリングしてはつくっていく。「建築のかけらを拾って継ぐ」も、家の延長が街の中にできていくという言い方がすごく良いと思っています。ただし、パッと何かをつくることが実際にできる人はほとんどいないと思うので、その時に建築家のサポートが非常にポイントだろうし、論点になってくると思います。そのことについて、どのように考えているのか、誰が提案した方法を回していけるのかについて聞いてみたいです。「慈悲の7つの行い」は非常にリアリティがあって、

Diploma × KYOTO '23
Kyoto exhibition of graduation projects
by architecture students

Day 3 Surface
Document of Critique

障害者施設ですが、私も長崎県でキリスト教系の仕事をやっていたこともあり、たしかにキリスト教でなければこういった施設の運営はなされないだろう、と感じられました。「ついぎのすみか」に関しても、誰がその建物にコミットするのかが非常に明確で素晴らしいなと。かつメンテナンスの話は非常に現代的だなと思って聞いていました。「粋人の宴」も地域の商工会的なところが中心になるのかなと思って聞いていたので想像がしやすかったです。そこで質問ですが、「建築のかけらを拾って継ぐ」の小林さんに、家の延長を街の中に実際につくっていくために建築家がどのように振舞えそうなのかコメントをいただきたいです。

小林：最近、プロポーザルなどを見ても建築家は設計するのではなくワークショップなどの仕組みを考える立ち位置で入ることも多くなってきているので、自分の中で建築家は設計するだけではないと思っています。運営面に関しては、設計者は私と書いていますが、建築家と定義するような人が設計図を書きながらも、現場や運営を回して、週末に近隣住民が施工者としてつくるという仕組みを考えています。

野口：みなさん割と現代的なアプローチで建築を考えられていると感じました。おそらく建築家がしっかり一つの建物をつくる作品は道頓堀の作品だけで、それ以外は建築家が方向性は決めるけれども、いろいろな人の手が入って少しずつ変わっていく可能性があるという建築かと思います。似たようなテーマで議論するのであれば、残りの4作品で議論してもいいかと思っています。その中でも特に場所性が強く出ているのは「山谷行」と「慈悲の7つの行い」になるかと思います。それ以外では、一般的なところが対象なのが「建築のかけらを拾って継ぐ」と「ついぎのすみか」かと思います。場所性によるのか、割と一般的な個人の家のあり方やマンションが立ち並ぶ街並みを考えるのか、どちらによるかで議論が変わるかと思いました。その中で、私が気になっているのは「建築のかけらを拾って継ぐ」で、この案はいろいろなところで展開できそうだということと、居場所でありながら道の機能が残っていく、道という多くの人が絶対に通ったり過ごしたりするところが提案のような場所になると、新しい過ごし方や、そこに立ち寄って何かするというようなことが起こり、生活が変わりそうだなと可能性を感じています。

原田：例えば酒蔵や醤油蔵は菌を外に出さない、ある程度湿気を保つなど建築として閉じる理由があると思います。しかし、建築が産業化されてしまうと、そういう閉じる理由が機能性だけで語られるようになってしまっているような気がしていました。しかし、今日のみなさんのプレゼンを聞いて、非常にそういったことを、あえて置いてけぼりにして開いていくことをもう一度考え直そうとしている。特にそのコミットの仕方に繋がると思いますが、そのつくるプロセスを自分たちだけで責任を持たないという点に

共感します。そのようなアイデアがたくさんあったので、次の建築を学ぶ人たちに対して、もう一つの職能として見えてくることが期待できて、感動しました。気になった案は「慈悲の7つの行い」で、例えば福祉のような視点が国の制度によって仕事になっていたと思いますが、仕事になったがゆえの弊害がたくさんあって、土地に根付かなかったり、人材が足らなくなっていったりしますが、本来福祉は人材が足らなくなるという世界ではないはずです。仕事化され経済価値に変換されることで、人材が足らなくなるという課題が出てきたと思います。「慈悲の7つの行い」自体はそのようなことを飛び越えてやり直すためのアイデアがたくさん詰まっていそうに感じられて、面白いと思いました。

松村：私は建築家の職能を研究してきましたが、その視点から申し上げると、みなさんがこの作品をつくる建築家だとして、プロセスのどこからどこまでに関わるか、どういう設計をするのか、クライアントは誰なのか、といったリアリティが全般的に希薄だと感じました。しかし、それは原田さんも話していたように、新しい建築家の職能のあり方なのかなとも思います。一昔前だと「俺の作品はこれだ」とバーンと自分の世界観を提示していましたが、そういう時代からは様相が変わってきたな、建築家の主体性の発揮の仕方が変わってきたと思って聞いていました。そうすると、どこからどこまでどうやってマネタイズして、どこからどのように関わるのかも含めて、新しい仕事の在り方に変えていく必要もあるのかなと思って聞いていました。

泉山：選出した5作品だけではなく他の作品もそうですが、リサーチをすごくされていることが第一印象で、そこからアウトプットされている提案は腑に落ちる点が多くあります。それから他の方も言っていますが、社会的な課題に対するテーマが多かった印象です。その中で私が気になっているのは、「建築のかけらを拾って継ぐ」です。先ほどのコメントで、ワークショップなどをどうつくるか、使うのかを設計者側が担うという考えは素晴らしいことだと思いますし、これからそういうタイプの建築家が、増えてくるでしょう。すべて緻密にそのようなプロセスを組んでいるかというと、そうではないところもありますが、ただエリアの中で複数の建築が展開していく時のプロセスを感じさせる提案だと思いました。もう一つ「粋人の宴」も気になっています。建築がパブリックスペースに対してどのような関係性を持つのかは大切ですが、水平方向のグランドレベルの話と、立体的な路地と言っていましたけれど、それらの歩行者ネットワークが上層階に価値を与えると思っています。今、世の中で評価されている建築は、そういうところが弱いと思います。道頓堀をフィールドにして、それを提示しているように見えて気になりました。他の作品も提案力があり、素晴らしいと思っています。

司会：今の先生方のお話を受けて、学生から一言ずつコメントしてもらい投票に移りたいと思います。

袋谷：「山谷行」の袋谷です。建築を建てることは人や自然物などとの接点をつくり出すことだと考えているので、コンクリート造の建築が多い現代の状況に対して、硬く頑丈な建築よりも修繕していくという新しい文化が生み出されることで、今までの建築よりも長持ちする建築になれば良いと考えています。

小林：「建築のかけらを拾って継ぐ」の小林です。建築を学ぶ中、建築は強いものという印象を受け、その中で今回『建築のかけら』という断片のようなところに着目しました。建築学科に入るまでは、建築家というと図面を引いている人と想像していましたが、実際入ってみると意外と大工のような仕事もしている人がいて、そういった職能の在り方を展開していけたら良いと思っています。そのため、先ほどの議論は、自分の考えていたことを汲み取っていただけたと思っています。ありがとうございます。

古家：「慈悲の7つの行い」の古家です。私の案は建築家と地域住民が一緒になってつくっていくことを想定していますが、そうすることで、現代の閉ざされた修道院が、地域にも開かれて、キリスト教の隣人愛という助け合いがどんどん連鎖していくことを意図しています。宗教の温かみを感じることができたらいいなという想いで、泥壁を一緒につくるという構法にしました。

池田：「ついぎのすみか」の池田です。私はこの作品について、建築家がつくったということよりも、ここに住む使い手がどれだけ豊かに住めるかとか過ごせるかということのほうが重要だと思っていて、それはこの住宅だけに限ることではないと思っています。この住宅を修築した後の図面を今住んでいる人に見せに行った時に、「長生きしたくなるわ」という言葉をいただいて、それがすごく嬉しかったです。

木村：「粋人の宴」の木村です。万博も含めて、これから大阪について外に発信していく機会が多くなると思っていますが、本来の大阪の持つ、完璧な美しさではないけれども人の心がこもっている美しさ、そして、その土地の持つ強さがもっと伝えられても良いのではないかと思っています。一つひとつの操作はすごく単純で、都市に対して埋め込まれたように見えるかもしれませんが、それが人に対して、土地の持つ強さのようなものを増幅させる装置になってくれたら良いと思っています。先ほど議論にあがった、建築家がどこからどこまでのプロセスに関わるのかについてですが、正直そこまで詰められていなかったと感じているので、今後考えていきたいと思っています。

司会：先生方の投票結果は、「建築のかけらを拾って継ぐ」が7点（木内先生2点・泉山先生2点・野口先生2点・松村先生1点を投票）で、3点が「慈悲の7つの行い」（原田先生1点・松村先生2点を投票）と「ついぎのすみか」（木内先生1点・原田先生2点を投票）。1点が「粋人の宴」（泉山先生の投票）と「山谷行」（野口先生の投票）です。「建築のかけらを拾って継ぐ」を1位として、「慈悲の7つの行い」と「ついぎのすみか」で再度挙手による投票で2位と3位を決めていただく形でよろしいでしょうか？

木内：挙手で点数を出したうえで、最終的に議論ということでよろしいでしょうか？

司会：挙手をお願いします。「慈悲の7つの行い」1票（挙手：松村先生）、「ついぎのすみか」4票（挙手：木内先生・泉山先生・野口先生・原田先生の投票）。では2位を「ついぎのすみか」、3位を「慈悲の7つの行い」に決定します。

松村：個人賞は、ID125「わたしのおもかげを」（▶P154）の上田瑛藍さんです。

原田：「山谷行」です。

野口：ID054「わたしの家のわたし方」（▶P146）の竹田季世さんです。

泉山：「粋人の宴」です。

木内：ID034「東大阪詩的建築試論」（▶P142）の潮田龍諒さんです。

Surface

［座談会］

参加者（審査員）

木内俊克
泉山塁威
野口理沙子
原田祐馬
松村淳

参加者（出展者）

小林優希（1位）
池田穂香（2位／美しい建築で賞）
古家さくら（3位）
木村愛美（泉山賞／ファイナリスト）
潮田龍諒（木内賞）
竹田季世（野口賞）
袋谷拓央（原田賞／ファイナリスト）
上田瑛藍（松村賞／ぶっ飛んでるで賞）

気になる作品について

司会：本設計展で感じたことや、個人賞以外で気になった作品があれば教えてください。

泉山：アイデアを出すのは誰でもできるけれど、そこで何を思ってリアリティの強度を高めてみんなが乗りたい案とするかが、本日議論したかったところです。呼び方のわからないプログラムを読み解き、名前のついていない施設をもう一度きちんと自分で考え、誰が何をするのかを細かく読み解き、どういう施設になっていくか紐解くことに関心があります。受賞作品はおおむね、そのようなところがあり、それぞれの壁を突破し、みんなが思い出しやすい切り口を捉えた人の評価が高いと思います。

木内：一次審査は1作品30秒程度でしか見られなかったので、テーマ性が強いとか設計力が秀でているといった作品で、時間内に審査員の興味を引けたものが公開審査に進められたと思います。また、実際の設計コンペもそうなので仕方ないですが、社会的なテーマが強いものが多く、非常に意義があると感じる一方で、その案に乗れるか乗れないかは相手次第なところがあります。その船に乗せるには、やはり設計力や提案力が重要です。あとは、都市計画の選択者は基本的に卒論のみで、大学によっては卒業制作もやりますが、建築だけでなく都市に対しても提案する作品が世の中に少ない中で、ID110「空隙連鎖による都市の穿孔的更新」（▶P244）、ID043「段階的な遊休不動産の活用法」（▶P196）、ID062「都市の中に生態系を」（▶P210）などは都市まで考えていました。これらは事業までしっかり考えられてい

たり、リサーチが丁寧だったりと、目を見張るところがありました。ただ、卒業設計では選ばれづらいテーマではあり、アウトプットでどう見せていくかは今後の課題になると思います。建築の設計である以上、空間の提案で勝負しないといけないため、テーマ性が強い作品であっても、空間で魅せられるかが最後には評価が分かれるところであり、そこを表現しきれた人としきれなかった人で差が出ていました。

野口：今は、建築を１つ建てるにあたり、付随するさまざまな課題も解決しなければなりません。気になった作品はたくさんありましたが、「建築のかけらを拾って継ぐ」は会場内で１番ワクワクさせられた作品でした。形から捉えたところが良かったのですが、リサーチを重ねるにつれてそれがだんだん制約になっていき、いかにそこからジャンプするかが卒業設計の難しいところです。そのように枷となる反面、数値化はしないなど、もう一つ意識的に突き抜けるようなことを考えた上でしっかりリサーチをしておりバランスが良かったです。「わたしの家のわたし方」は、いろいろなシーンや環境など、自分がその場にいたらどうなるのかといった、さまざまなシーンを拾い上げて空間化しているのがとても良かったです。「山谷行」は、プレゼンを聞いてとても優しい建築だと思いました。周りの環境を読み込んで使えるものは持ってきて、それを小さく組み上げて形にしていき、訪れた人がつくったものが脈々と引き継がれていくなど、小さく変換していく建築もいいなと思いました。「慈悲の７つの行い」と「ついぎのすみか」で悩んだ末に「ついぎのすみか」を選んだのは、意識して自分の中で操作していた点を評価したからです。「慈悲の７つの行い」の空間などは良

かったけれど、いろいろな隙間のサイズ感について、どのような居心地の良さが感じられるかをプレゼンテーションに入れられると、本当に考えられていると納得できたと思います。

松村：まず一次審査後に２点を入れたのが「慈悲の７つの行い」と「わたしのおもかげを」で、後者は個人賞にするのも決めていました。建物という生きていないマテリアルが、人の実存にこれほどまで影響を及ぼすということを形にしているのに圧倒され、見た瞬間に個人賞はこれだと思いました。一方で「慈悲の７つの行い」は社会学者としても非常に考えさせられるテーマが盛り込まれていました。例えば、現代における宗教とは何か。寺社仏閣を扱った作品は多いだろうと思っていたら意外になく、宗教がテーマなのは本作品くらいでした。宗教社会学の先生なども、寺をどう活用するかを研究テーマにしており、昔の寺はコモンズでもあったため、再びその機能を持てるかどうかを研究しています。そういった意味では修道院は閉じた共同体ではあるけれど、あえてそこを追及しているのが、今のサステナビリティを具現化する我々には非常にフィットする生き方であり、宗教との新しい共存の仕方を示してくれたと思います。しかも昨今は宗教のナイーブな問題が起きている中で、あえて宗教を前面に出しているところに、問題提起をする作者の覚悟を感じました。宗教は社会的責任を果たせるのかを言及した、とても勇気のある提案でした。

建築について普段意識していること

司会：学生からも何か質問がありましたらどうぞ。

竹田：審査員の先生方はそれぞれ異なるフィールドで活躍されているからこそ、日常生活で建築を見る時に意識していることがあれば教えて欲しいです。

松村：私は社会学の研究者で、労働社会学と都市社会学という割と毛色の違う２つを専門としています。労働社会学の立場から建築の研究をしていると、『食』が気になります。その人がどうやって飯を食べているかを研究する中で、身についた癖や特性のようなものを『ハビトゥス』と私は呼んでおり、それが見えてこないフワッとしている作品が意外と多かったように思います。そこをあえて消しているのなら、それはそれで納得しますが、作者性のようなものが希薄になっていたのが良いとか悪いという話ではなく、社会学者として気になりました。また、都市社会学や地域社会学を研究している者としては、都市の中における子どもの居場所、若者の居場所あるいは食との関係に注目していました。実際にオランダでは都市の中に酪農を持ち込んだけれど、施設単体では持たなくなってきており、みなさんの提案を見ると、複合させて１つの施設にしているのが気になりました。

泉山：建築を専門とする立場から見ると、建築家が陥りがちなのは建築をつくるのが目的となってしまっている点です。でも、建築は人が使うための手段であり、使う人のところまでどう解像度を上げるかが基本です。建築も都市の一部なので、それが街にとってどうあるかは１つの大事な視点であり、居場所などの手触り感のある話がいくつか提案されていましたが、それを建築や空間と

ともにどのように提案して解決していくかが重要なのです。また、ゼミなどでは実現性や仕組みまで考慮しますが、卒業設計でそこまで求めるかは私個人としては悩んでいます。みなさんが建築の可能性としてボールを遠くに飛ばせるかが大事であり、実現可能性は追求しなくてもいいのではないかと思っています。

木内：土木分野における街づくりで、デザイナーとしての仕事を結構やってきました。そういう立場から、社会的なコンテクストの中で実際にデザインに何ができるかを考えないといけない。どのレベルでこそ、その役割を発揮できるのかも考えないといけない。そこに人が感情移入できたり合意できたりなど、形や色に対して他者がどれだけ乗れるかが非常に大事だと思っています。私が関わった例として、湧水がある街の津波対策で、街全体を2m嵩上げするプロジェクトにおいて、湧水を生かすため、一部だけでも元の地盤面を残せないかという要望がありました。それを残すと必然的にすり鉢状の地形になるけれど、ではその地形からどんな意味を紡げるのか、デザイナーとして考えました。結果的に、すり鉢の地形はイベント時など人が桟敷状に座れる広場となりましたが、要件としてあらわれる形にどうみんながのれる物語を繋げるか、そのきっかけとなる要素を街の中から探し出すことが、みなさんのデザイナーとしての目だと思うので、それを頑張って欲しい。コンテクストの読み取りが設計のスタート地点としてありますが、デザイナーの役割として大事なのは、いかにそのコンテクストと時代の関係を読み解き、そしてデザインによってどうその読み解きを形に落とし込んでいけるかだと思います。

野口：おそらく私の仕事柄、パッションの共有を求められます。人を巻き込むためにまず楽しい絵を描いて欲しいというものです。その時に意識していることとして、理想を描きはしますが、映像として見えるものから距離を取ったものを描くようにしています。目に映るものは図面やCGなどでできるため、私がイラストで描くのは目に映らないものであり、解像度を変えて描くとか、明らかに歪みを持ったものを意識しています。そのため、例えばオフィスビルを見る際に、道頓堀の立体のダイアグラムをその中に見出すようなことを普段から行っています。ものが持っている構造や背景など、川がよく変化していく流脈線のようなものを常日頃から考えています。私たちが描く線は1種類ではなく、わかりやすい

建築部位や仄めかされた抽象的な部位の場合もあります。つまり、目に見えているものではなく、その背景にあるものを見るよう意識しています。

司会：今から参加される原田さんには、本設計展を通して感じたことと、気になる作品について話していただきます。また、自身のフィールドだからこそ見えているものに関してもよろしくお願いします。

原田：展示方法にも通じる話かと思いますが、例えば読みやすさを考えるにあたり、この書体で合っているかなどを考えるのが私たちの仕事において重要です。例えば文字の間隔などで伝わることが変わったり、選ばれた書体が発言者の声の代わりになったりします。その声が正しいかを考えるのが非常に重要なのです。それをディテールとして持っておかないといけない。ある種の美意識としてのデザインというより、魅力的にきちんと伝わるかの比重を大きくするべきで、今回の展示を見た限り、ギャラリーを置いてけぼりにしている印象があります。もちろん何人かは良くできているのですが、一方で逆に伝わり過ぎて深読みしてしまうというのはあります。そのあたりの匙加減はとても重要です。そして、魅力的なデザインにすることと、そこまでの仕組みをデザインすることの両方が大切なのです。ただ、両方をやらなければいけないわけではなく、信頼できる人たちとチームアップすることも考えられます。おそらくみなさんは、今は1人でつくっているのだと思いますが、社会に出るといろいろな人たちと協働することが当たり前になるので、協働に重きを置く人が出てもいいと思います。あとは、自分がどこに興味があるかも重要で、家具は自分でデザインしたいしつくりたいという気持ちも重要です。一方で繋ぐ仕事をしたいとか、仕組みを考えたいという人が出てきてもいい。だから、自分が楽しいと思えることをきちんと掴むことが大事であり、それがプロフェッショナルな視点かはわかりませんが、そこを大切にして仕事をしています。

Question

卒業設計や卒業設計展というイベントに対する考えや卒業研究の思い出について教えてください。

木内 俊克

Answer

私たちや、私たちを取り囲み、私たちの一部にもなる物質や生き物、空気や光、そのすべてが相互に作用し合う世界の総体は、今どんな状態にあり、なぜそのような状態に至ったのか、今後いかに変化していくのか。そして、では何がいま私たちにとってのリアリティで、何をどう考えることがその世界に働きかけるための一手となるのか。その一手は、必ずしも政治的、経済的、文化的にメジャーかどうかや、広く人々の関心を集めるかどうかなどを競うような必要があるものではなく、ただどれだけその一手に力を注ぐことに対して意義を感じられるか、顔の見える誰かに、対価を払ってでもそれを創り出すことに意味があると伝えられるものに向かっているか、が重要です。そのような意味において、強く、世界に働きかける一手を探し出せたら、それはあなたの一生の財産になる。卒業設計とは、そうした財産をつくりあげる場だと考えています。

　２００１年、出身地の東京、江戸川区から、葛飾区を抜けて上野まで出る、いわゆる下町を抜ける京成線の車窓から、くすんで見えづらくなった印刷で「アメージングスクエア」と書かれた看板がかかげられた、まとまりのないテーマパークらしきと、隣接して各地から集められたような巨大な鉄くずの山が積みあがった同じサイズのゴミ廃棄場が並んだ風景を、私は見ていました。何度も見ていたはずの風景に感じた違和感をよく覚えています。それが私の卒業設計の対象で、その風景こそ自分が関わるべき時代や社会の縮図だと感じたことは、今も自分のものの考え方の起点となっています。

泉山 塁威

Answer

卒業設計は学生の４年間の学修の集大成であり、自らテーマを設定し、建築、都市、社会に対して提案や問題提起をするものです。その評価は一様には難しい。そのため、卒業設計展はそれらが学内の評価（や思想、教育方針）に留まらず、他大学の学生と外部講師による外部評価を得ることで、より総合性、客観性を持って、自身の提案や問題提起を議論し、評価を得るプレイスです。

　私の卒業研究は、神保町（東京）の古書店を含めた用途の変遷に取り組み、修士論文では、エリアマネジメントのまちづくりガイドライン（ビジョンやルール）、博士論文では、公共空間を中心としたエリアマネジメントの研究に取り組みました。いずれも論文はテーマを設定し、仮説やリサーチクエスチョンを立て、リサーチや分析、そして、考察を重ね、自身の仮説に基づいた結論を導いていく。私は学会論文を６Ｐ、８Ｐ、時には１０Ｐにまとめていくのは好きですが、１００〜２００Ｐの本論をまとめていくのは大変で好きではありません。博士論文は本当に苦しかった思い出で、ＰＣを見ると吐きそうなくらい。でも、「大変」って言葉は「大きく変わる」と書くように、本当に論文を書き上げた後、私はその論文を名刺代わりにいろいろな場でこれからのパブリックスペースやエリアマネジメントについて議論し、今があります。修羅場を潜るってこういうことかと思います。自身の成長がワンステージ上がるとともに、自身の専門性やテーマを見つけていく一つの機会となるでしょう。

野口 理沙子

Answer

卒業設計や卒業設計展というイベントに対する考えとして、作品に対する気持ちが強いほど、模型やドローイングにそれが現れていて、かつオリジナルの『表現』になっている気がします。誰かの卒業設計を見るときは、私は『表現』の観点からその作品に向き合ってみたいと考えています。

Question

卒業設計や卒業設計展というイベントに対する考えや
卒業研究の思い出について教えてください。

卒業研究の思い出として、とにかく必死で設計に取り組んだ記憶しかなく、今思えば
人生で一番集中した数ヵ月間だったと思います。設計自体は、空間の『高さ・幅・開口』
など、プロポーションを少しずつ変えたものが集まった集合住宅を考え、それを2m幅く
らいの一枚絵で表現しました。良いのか悪いのか、あのとき考えたテーマや表現方法は
今でも考え続けています。

松村 淳

Answer 私は二つの学部を卒業しています。一つ目の学部は社会学部でし
た。卒論のテーマは「建築の20世紀」というものです。社会学部の
学部生時代、卒論執筆時に抱いていた問題意識はいまだに継続しています。『建築家
の解体』という著作は卒論の三十年越しのアップデートと言えるものです。二つ目に卒業
した学部は建築デザイン学科でした。卒業設計はありましたが、一つの大きな作品を製
作するというものではなく、年間を通して三つの設計課題に取り組むというものだったと
記憶しています。単に図面を描いて模型をつくるだけではなく、ウェブポートフォリオを
作成するという課題もあり、そちらにずいぶん時間を割いた記憶があります。社会人学
生だったこともあり、やりたいことに対して時間が圧倒的に不足する現実に直面し、結
果的に不十分な作品しか出せずに愕然としたことを思い出します。不本意なものになっ
てしまった卒業設計からは、さまざまなレベルでのマネジメントについて学ぶ良い機会と
なりました。

All Entries

作品紹介

——

Diploma×KYOTO´23

The Kyoto exhibition of graduation projects
by architecture students

ニナイテ イン レジデンス
京都・祇園祭における都市祭礼の継承

少子高齢化で日本のさまざまなものの担い手が不足しており、それは都市の祭り、祇園祭でも同様である。
それを都市の祭りの特徴である「観光客の多さ」と、学生の街と呼ばれる京都ならではのリソースである「学生」を有効利用
した"ニナイテ イン レジデンス"で解消する。

ID001

安念 玉希 Tamaki Annen
神戸大学 工学部 建築学科 栗山研究室

設計期間 ▷ 6カ月
製作中の苦労や思い出 ▷ 始発帰宅10時登校
お気に入りの本 ▷ PLOT
製作中に影響を受けた人物や思想 ▷ ―

ハコをひらく
ー工業継承と多文化交流を目指す地域拠点ー

後継者問題を抱える工場の魅力を若い世代や子どもたちに伝えること、そして
近年急増している外国人労働者を地域コミュニティに巻き込むことを目指した地域拠点の一例として、
組箱・貼箱を企画・生産している有限会社アートステージを巻き込んだ拠点を計画することで、
住工混在かつ多国籍となっている地域における新しい拠点の在り方を提案する。

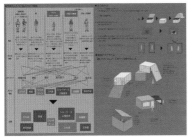
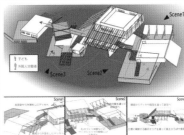

ハコをひらく
──工業継承と多文化交流を目指す地域拠点──

全国においても工場密度が高い東大阪市高井田地域。その中でも特に住工混在が進んでいるエリアに組箱・貼箱の企画・デザインから生産・発送まで取り組む、ある工場が建っており、近年はオープンファクトリーに対して積極的に参加している。また、この高井田地域には工場の後継者不足と、急増している外国人労働者が地域コミュニティに馴染みきれていないという課題が残っている。そこで、子どもや若い世代が工業に関心を持つきっかけをもたらしつつ、外国人労働者が地域の人々と交流するために必要な機能を持つ地域拠点をこの工場に併設することで、工場を地域に「ひらき」、それぞれのコミュニティを「ひらく」ことを目指す。

ID002

大西 美佑 Miyu Ohnishi

大阪大学 工学部 地球総合工学科 横田研究室

設計期間 ▷ 3カ月
製作中の苦労や思い出 ▷ パネル作成との両立が難しく、模型作成の時間が十分に確保できなかった。
お気に入りの本 ▷ 建築模型アイデア図鑑 身近な材料でつくる83の方法
製作中に影響を受けた人物や思想 ▷ 卒業論文のために実施したインタビュー調査に協力してくださった方々

アグリスケープ
都市型農作物生産消費研究施設

主に消費が行われている都市。そんな都市においても農作物を生産することは可能となってきている。都市においていかにして食物を生産しそれらをどのように消費するのか。都市にあらず、農地にあらず、そんな空間を大阪府中之島の一角で考える。

ID003

喜多 慶一郎 Keiichiro Kita
関西大学 環境都市工学部 建築学科 都市建築研究室

設計期間 ▷ 4カ月
製作中の苦労や思い出 ▷ 寝袋を持ち込み学校に宿泊したこと
お気に入りの本 ▷ ONE PIECE
製作中に影響を受けた人物や思想 ▷ トーマス・ヘザーウィック

ID004

表層から建築へ
看板広告の新しい在り方

看板広告は一般的には景観を壊すものとして捉えられ、規制の対象となる。一方で、盛り場などの大勢の人々が行き交う場所では規制が緩く、多くの看板広告が景観を彩っている。看板広告は建築外部に対しては広告装置としての役割、景観を彩る役割を持っているが、建築を覆うことで内部をブラックボックス化してしまっている。本提案では、多くの看板広告が並ぶ道頓堀において、回転・移動・形態変化などの操作を加えることによって、景観の再構築を行い、建築と看板広告、人と看板広告の関係性を革新する。これまで建築の表層で建築の内外を隔てる存在だった看板広告が内外をつなぐ存在になり、建築外部を彩るだけでなく、内部空間をつくるものとなる。

ID004

長浜 優輝 Yuki Nagahama
大阪公立大学 工学部 建築学科 建築デザイン研究室

設計期間 ▷ 4カ月
製作中の苦労や思い出 ▷ 製図室でシャンプーしていたこと
お気に入りの本 ▷ 建築意匠講義（香山壽夫）
製作中に影響を受けた人物や思想 ▷ ロバート・ヴェンチューリ

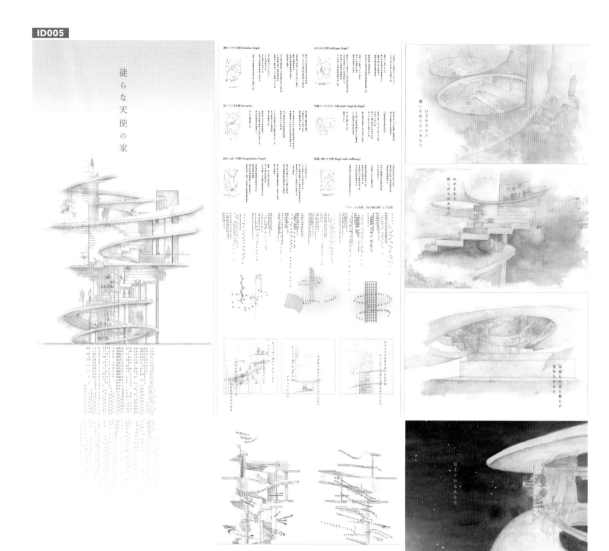

徒らな天使の家

"徒ら"。人々は、わかりやすくて、効率がよくて、合理的なものに目を向けてしまう。でも一見不便で、合理的でないようにみえる、"徒ら"こそ、実は人々の暮らしを豊かにしてくれる何かを隠し持っている。人々は、そんな"徒ら"のすてきなひみつをきっと知らない……。

パウル・クレーによって描かれた"徒ら"な天使たちがいた。ある日、谷川俊太郎の言葉を借りた天使たちは家をつくることにした。上にたどり着けない階段、しゃがんで通る場所、そんな場所たちは、実は"徒らな天使"の、"徒らなあなた"の居場所。あなたはこの家でどのように暮らしていますか?

ID005

岡 千颯 Chihaya Oka
大阪大学 工学部 地球総合工学科 阿部研究室

設計期間 ▷ 2カ月
製作中の苦労や思い出 ▷ 同期「どっか別の世界にいっちゃってる。」
お気に入りの本 ▷ クレーの天使
製作中に影響を受けた人物や思想 ▷ 安藤忠雄、パウル・クレー、谷川俊太郎

ID006

痕跡が織りなす回想空間

63年前、繊維業をするために曾祖父が土地を購入し、工場などを築いた。その後、曾祖父から祖父に引き継がれ、住空間を増やすなど新たな手が加えられた。祖父が高齢となった現在、祖父から父に引き継がれ、父の手も加わっている。そんな先祖3代に渡って手が加えられてきたこの場所の過去の増改築による痕跡を、建築を学んできた私が再解釈・言語化し、それらをもとに操作を加えることで、今後、数十年かけて新たな場へと変えていく。また、それらの痕跡が内包されたこの空間では、各々が思い思いに過去を回想できるだろう。

ID006

松川 裕成 Hironari Matsukawa
大阪公立大学 工学部 建築学科 建築計画・構法研究室

設計期間▷ 4カ月
製作中の苦労や思い出▷ 大学での寝泊まり生活
お気に入りの本▷ プロジェクト・ブック（建築文化シナジー）
製作中に影響を受けた人物や思想▷ サルベージデザイン

山車祭りが華やぐまで
名古屋型山車の組上の継承、山車祭り文化の発展を目的とした伝承館

名古屋の中心部にはかつて山車祭りというハレの場が存在したが、都会化の波に呑まれ消滅した。祭りというコトが行われなくなったのだが、コトを成立させるモノは今なおハレが存続する周辺部の山車蔵の中に残っている。そこでモノがどれほど残っているかを調査した。調査によって明らかになったモノの量的比例関係を考慮した結果、周辺部からモノを再び中心部に集め、山車の組上過程にそって展示するとうまく捌けると考えた。ケからハレへと向かうまでを示すことで、ハレの消失を物語る一種のレクイエム的な操作をするのだ。一方で、今なおハレが残る周辺部においても、ケからハレへ向かう行為の簡略化がされており、その継承にも役立たれる。

ID007

金子 豪太 Gota Kaneko
京都工芸繊維大学 工芸科学部 デザイン・建築学課程 木下研究室

設計期間 ▷ 6カ月
製作中の苦労や思い出 ▷ サッカ W杯のテーマ曲を聴くと卒業設計の記憶がフラッシュバックします。
お気に入りの本 ▷ 愛知の山車 百輌総揃え
製作中に影響を受けた人物や思想 ▷ 魚谷繁礼

ID011

みんなの凸凹で□をつくる

大阪の長居公園に日本初の障がい者スポーツセンターがある。この施設は、老朽化と財政難を理由に取り壊しの話が出ているが、利用者の反対意見により建て替わることが決まった。しかし、利用者数は減少傾向にあり障がい者が本当に求めているものは何かという疑問が出てくる。そこで、公園利用者の協力のもと対話やヒアリングを行った。「体を動かす」、そして障がい者と健常者が「互いを知る」ことをキーワードに、物理的のみならず心理的にも満足できるみんなのバリアフリーを提案する。互いを知ることによって、手を取り寄り添うことのできる人が少しずつでも増えていって欲しい。そんな思いで設計提案を行った。

ID011

田中 彩英子 Saeko Tanaka
関西大学 環境都市工学部 建築学科 都市設計研究室

設計期間 ▷ 6カ月
製作中の苦労や思い出 ▷ 不健康生活
お気に入りの本 ▷ どもる体
製作中に影響を受けた人物や思想 ▷ 色部正俊

未来へ紡ぐ**トポフィリア**
― 家島諸島男鹿島採石遺構再生計画 ―

高度経済成長期に無計画に採石された現在の島の姿。
自然破壊をただ批判するだけでなく、その過去を含め、新たな風景を作り出し、この歴史を後世に伝えていく。
この場所で風景をつくり、人の営みを再生するという行為に対して、建築の力で何ができるのかを探り。
この土地、採石場の特性を活かした新たな島の魅力を引き出し、
場所性を見出した「トポフィリア（場所への愛）」を抱ける場所を作り出す

未来へ紡ぐトポフィリア
家島諸島男鹿島採石遺構再生計画

高度経済成長期に無計画に採石された現在の島の姿。自然破壊をただ批判するだけでなく、その過去を含め、新たな風景をつくり出し、この歴史を後世に伝えていく。この場所で風景をつくり、人の営みを再生するという行為に対して、建築の力で何ができるのかを探り、この土地、採石場の特性を生かした新たな島の魅力を引き出し、場所性を見出した「トポフィリア（場所への愛）」を抱ける場所をつくり出す。提案として、地質・地形から過去を知り、未来を考え、活動する地球科学的意義のある場所や景観が保護、教育、持続可能な開発を行うものとし、研究施設を中心とした、ビジターセンター、宿泊拠点の三つの建物を一つの拠点として計画を行う。

ID012

菱川 陽香 Haruka Hishikawa
武庫川女子大学 生活環境学部 建築学科 中江・宇野ゼミ

設計期間 ▷ 5カ月
製作中の苦労や思い出 ▷ 発泡スチロールが休中に引っ付く
お気に入りの本 ▷ トポフィリア―人間と環境
製作中に影響を受けた人物や思想 ▷ 石上純也

ID013

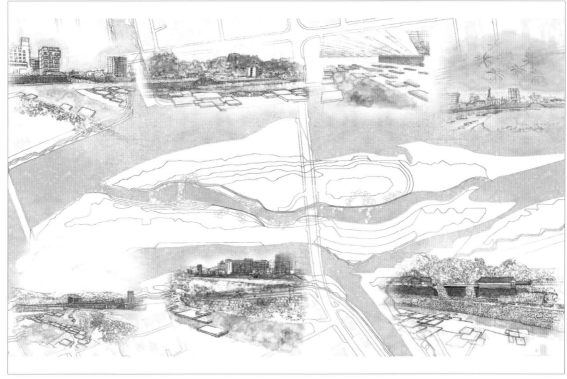

揺らめく結晶
〜川と共に生きるということ〜

何度も水害に遭っても、なぜ人吉の人たちは川から離れないのだろうか。人吉は私にとって父のふるさと、たまにしか帰らない場所、ちょっと遠い場所だった。二年前、人吉は水害に遭った。自分の家が、宝物が、水に飲み込まれていく光景を目にしたとき、人は何を思うのだろうか。皮肉なことに私と人吉を引き寄せた水害は、たくさんの人の思いも私に運んできた。もがき、苦しみ、葛藤しながらも前を向いて生きていこうとする姿は、なんて美しいのだろうか。あの人たち一人ひとりの思いが、コトバが、私の原動力である。そして、あの人たちの思いを忘れないように自分の中に刻み、そして伝えること、それが私の卒業設計である。

ID013

迫田 真友花 Mayuka Sakoda
大阪大学 工学部 地球総合工学科 木多研究室

設計期間 ▷ 2カ月
製作中の苦労や思い出 ▷ 段ボールの上で寝ていたこと
お気に入りの本 ▷ 津波のあいだ、生きられた村
製作中に影響を受けた人物や思想 ▷ ヒアリングしてきた人吉の人たち

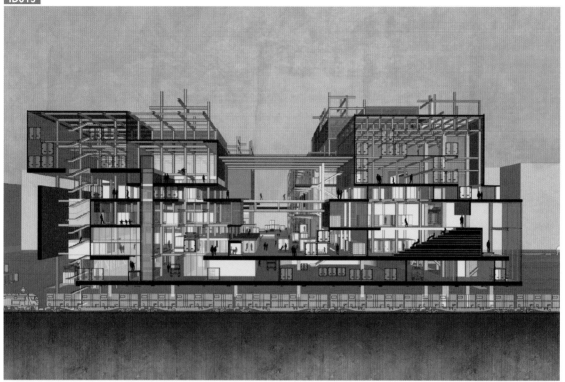

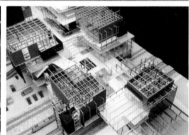

ハコの住む橋・箱に棲む橋
―都市と共存する貨物駅の在り方―

大阪府吹田市。かつて東洋一と呼ばれた吹田操車場が存在していたこの場所には吹田貨物ターミナル駅が開業し、日本の鉄道物流を支える主要拠点として機能する。

街から忌避される貨物駅を街に開き都市と共存する貨物駅の在り方、貨物を利用した自由なライフスタイルの提案を行う。具体的には貨物面におけるエキナカ倉庫、都市面におけるコンテナを利用した自由なライフスタイルの2つのプログラムを軸に提案を行う。今後の鉄道貨物が見据える社会とコロナ後のライフスタイルを想定し、多様化する社会問題を解決する建築、システム構築を目指す。

ID015

小礒 佑真 Yuma Koiso

立命館大学 理工学部 建築都市デザイン学科 都市空間デザイン研究室

設計期間 ▷ 4カ月
製作中の苦労や思い出 ▷ 卒業設計中の夜中雪合戦
お気に入りの本 ▷ 設計資料集成
製作中に影響を受けた人物や思想 ▷ 山本理顕、谷口吉生

ID017

平野郷再紡計画

高密都市は、土地の需要によって町の細分化・高層化が行われ無秩序に日々変化する中、旧環濠都市の骨格は地域保存運動によって守られ、秩序にのっとり現在の都市骨格となっている。まちなみ保存区域とその外側との境目は顕著に表れ、インフラから離れた保存区域は、町に訪れた人が歴史的都市の歴史を感じづらい。大阪平野郷は江戸時代から計画的に町割が形成されながら保存された環濠集落である。現在、環濠内は低層高密な住宅地であるが、環濠外は高層マンションが立ち並ぶ。歴史的保存地域の周辺地域のあり方を提案するとともに、高密な住戸を、町割やネットワークを紡ぎ再構成する。

ID017

盛影 聖 Hijiri Morikage

武庫川女子大学 生活環境学部 建築学科 田﨑・杉田ゼミ

設計期間 ▷ 5カ月
製作中の苦労や思い出 ▷ カップ麺生活とひとりのブラッシュアップ期間
お気に入りの本 ▷ 見る環境のデザイン 歴史的集落と街路景観
製作中に影響を受けた人物や思想 ▷ お世話になった友達や先生方

おや・えっ・なにあれ
―男木島におけるアプローチを主題とした展示空間の試案―

自然と歩きたくなる空間とはどんなものなのか。どんな景色が映ればその先に行きたいと思えるのか。歩くことによる景色や空間、五感の変化によって、その先の空間の感じ方や人の心情は移ろっていく。それではどういった歩行体験によって心情が変化するのか。どんな空間変化を感じられたら、さらに歩きたいと感じるのか。
美術館建築では、展示空間を主体として構成され、アプローチなどの空間構成も展示空間に大きな影響を与えている。また、外部空間から展示空間に至るまでのシークエンスが、美術館を訪れた際に体験できる最初の演出空間ともいえる。
以上のことを踏まえ、さまざまなアプローチ形態の抽象化・言語化のもと、展示空間を提案する。

ID018

八王子 富代 Tomiyo Hachioji
関西大学 環境都市工学部 建築学科 都市建築研究室

設計期間 ▷ 6カ月
製作中の苦労や思い出 ▷ 睡眠不足
お気に入りの本 ▷ 建築のデザイン・コンセプト
製作中に影響を受けた人物や思想 ▷ 吉阪隆正

ID021

死を呑む大地
自然に還るための非燃焼樹木土葬

すべての生物は死を迎え、その死体は他の生物の養分となる。しかし、現在の日本で行われている葬法は99.9%が火葬であり、火葬はその自然の流れから逸脱している。たとえ人間であっても他の生物たちと同じく、遺体を大地へと還すことが本来のあるべき姿ではないだろうか。私は遺体を全く焼かない、本当の意味で自然に還ることのできる新しい葬祭場を提案する。本提案では、亡くなられた人の遺体を臓器と身体に分け、臓器は山の生物の養分に、身体は樹木の養分に、それぞれを別々の方法で自然の中へと還元する。また臓器と身体を分け、弔いの工程を増やすことで、死と向き合う時間や故人との別れを告げる時間を増やすことが可能となる。

ID021

河合 遼我 Ryoga Kawai
大阪工業大学 ロボティクス&デザイン工学部 空間デザイン学科 建築計画研究室

設計期間 ▷ 6カ月
製作中の苦労や思い出 ▷ 圧倒的孤独感
お気に入りの本 ▷ 建築20世紀
製作中に影響を受けた人物や思想 ▷ 自分の友達

Domanity House Yoshino

~木材の地産地消促進のための施設群設計提案~

なぜ食材は国産にこだわるのに、
なぜ木材は国産にこだわられないのか

Domanity House Yoshino
木材の地産地消促進のための施設群設計提案

特定の住まいを持たず移動しながら生活するアドレスホッパーの人々をターゲットに、将来的に吉野への定住を促すことがこの設計の最終目標である。そのために、フェーズ1からフェーズ3までの段階的な宿泊施設として、短期滞在者向けのゲストハウス、中期滞在者向けのソーシャルアパートメント、長期滞在者向けのコレクティブハウスを設けている。これには滞在期間ごとに異なる木材に関する体験をしてもらい、その度に地域住民と関係を築いてもらうことで新しい地元として愛着を持ってもらう狙いがある。移住者が多くなり、滞在中にDIY教室などで木材加工などの技術を身につけてもらうことで、空き家問題にも一役買うはずである。

ID022

草刈 翔太 Shota Kusakari
帝塚山大学 現代生活学部 居住空間デザイン学科 北澤研究室

設計期間 ▷ 4カ月
製作中の苦労や思い出 ▷ 1カ月程度、1日2～3時間睡眠
お気に入りの本 ▷ AG
製作中に影響を受けた人物や思想 ▷ ―

ID023

都市の故郷

都市部で働く世代は職場でのコミュニティに満足し、住む街や働く街、人への関心が薄い。
地方出身の人、都会生まれ都会育ちの人など多様な人々が集まる都市部。大阪上本町の断絶された街の関係を対象に、さまざまな人の故郷観に着目して、その共有方法や空間構成を提案することで新しい住まい方・働き方の可能性を示し、現代の都市部で失いつつある場所・建築・人のつながりや関わり方を問う。

ID023

川上 玄 Gen Kawakami
大阪工業大学 工学部 建築学科 藤井研究室

設計期間 ▷ 6カ月
製作中の苦労や思い出 ▷ 研究室の友達と切磋琢磨して乗り越えられたこと
お気に入りの本 ▷ S,M,L,XL
製作中に影響を受けた人物や思想 ▷ 藤井先生と研究室の仲間

駅に住んでいる「グエンさん」
―「外国人労働者」から「まちの担い手」を生み出す地方駅の提案―

少子高齢化問題の先頭を歩む日本において、労働力不足が顕在化するに伴い、外国人労働者の受け入れを増やしてきた。しかし、特に近年増加している短期の在留資格の外国人労働者においては刹那的な労働力の穴埋めという域を脱しない。特に短期の外国人労働者に関しては、さまざまな内的外的、多くの外国人労働者が職場以外でのコミュニティに参加する機会を失っている。短期、長期の在留資格にかかわらず、外国人労働者らが、職場の外に飛び出し、さまざまなコミュニティに繰り出していくことで、少子高齢化による労働力やまちの担い手不足に対して、問題構造を変えていく可能性を秘めているのではないか。

ID024

伊藤 光題 Kodai Ito

立命館大学 理工学部 建築都市デザイン学科 都市空間デザイン研究室

設計期間 ▷ 4カ月
製作中の苦労や思い出 ▷ 寝袋を敷く気力すらなく椅子で寝落ちしていた。
お気に入りの本 ▷ 人口減少社会のデザイン
製作中に影響を受けた人物や思想 ▷ インタビューした方、研究室の同期

ID028

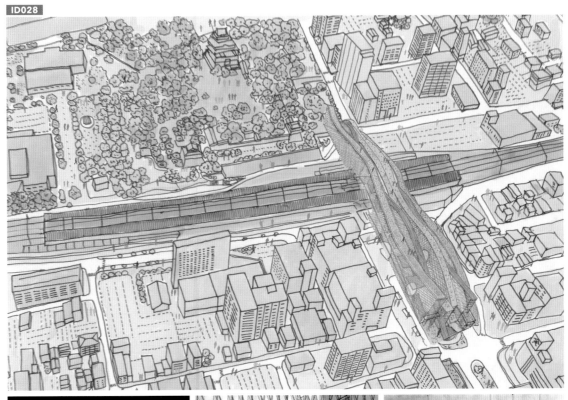

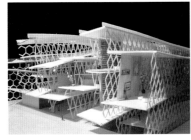

みちなるまち
ふくやま駅前整備計画

私たちはある場所を説明するとき、その場所で自身が経験したことの記憶を辿るだろう。人にとっての場所とは経験そのものである。建築空間は少なからず人々の経験を制限するが、人の数だけ経験を生み出すことができる。目的と手段を融合させる「ミチ」の構成により、建築によって個々の場所をつくり出す。視界に入るものが増え、常に見えるものが変化する。頭上から迫るような屋根、下って行く床などに加えて、他のミチでの活動も見えやすい空間を提供する。予めの目的ではないミチ（未知）なる空間へ足を進める。駅前という公共空間に個々の場所をつくり出す駅直結複合施設を提案する。

ID028

檀上 咲季 Saki Danjo

武庫川女子大学 生活環境学部 建築学科 鳥巣・田中ゼミ

設計期間 ▷ 5カ月
製作中の苦労や思い出 ▷ 夜型生活
お気に入りの本 ▷ Casa BRUTUS
製作中に影響を受けた人物や思想 ▷ イーフー・トゥアン「空間の経験」

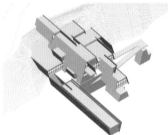

AMAGASE GEO-CRAFT

風光明媚な人造湖―鳳凰湖の風景は単なる「きれいな自然」ではなく、自然とインフラストラクチャーの作用から生まれたものだ。両者の作用は文化・歴史と結びつき、地理的かつドラマティックな物語を織りなす。この「地理的ドラマ」を、場所性と結びついた空間体験、そして現在直面する課題を通じて体感させる装置として、この建築を提案する。空へ向かう技術―航空機はAircraft。宇宙へ向かう技術―宇宙船はSpacecraftと呼ばれる。治水技術を巡る「地理的ドラマ」へ向かう建築として、Geo-Craftと名付けた。

ID029

三ヶ田 雄貴 Yuki Mikada

大阪大学 工学部 地球総合工学科 横田研究室

設計期間 ▷ 3カ月
製作中の苦労や思い出 ▷ ネガティブワード言い過ぎで、周りから叱られましたねぇ……
お気に入りの本 ▷ ポール・ルドルフの建築透視図
製作中に影響を受けた人物や思想 ▷ 上に書いた本ですね。彼の建築は、その迫力に度肝抜かれると思います。

ID030

解いて、知る。選んで、彩る。
こどもと社会が繋がる回復拠点

我が国において小中学校における不登校児童数は24万人を超えており、10年前と比較しおよそ2倍となっている。しかし、その中の3割の生徒が社会から提供される支援から取りこぼされ、いわゆる「ほったらかし」にされているといった事実が存在する。彼らのような不登校児童を生み出す原因の一つに、多くの規則に基づいた教育スタイルが挙げられた。そこで本計画では奈良の市街地にて、建築とその周辺のコミュニティを介することによる不登校児童の心のエネルギーの回復と生きる力の体得を目指す。そのプログラムの実現のため、糸が敷地の特産品である蚊帳を織りなすように、人と地域の人々が交わる新しい学びの在り方を提案する。

ID030

大西 理斗 Rito Ohnishi
立命館大学 理工学部 建築都市デザイン学科 都市空間デザイン研究室

設計期間 ▷ 5カ月
製作中の苦労や思い出 ▷ データが重すぎて、パソコン不調
お気に入りの本 ▷ 問いから始める教育学
製作中に影響を受けた人物や思想 ▷ 大西麻貴＋百田有希/o+h

生態被膜建築

一般にこれまでの建築は、硬い壁や床を用いて距離感を計画的に実現してきた。しかしそれらは空間や人を分断してしまう。この提案ではそんな壁や床に代わるものとして「被膜」という概念を導入する。そして「被膜」を実現するためにここでは「緑」「ひだ」「子ども」の3つの生態が登場する。

これらの手法を用いて、社会との関わりに不安を持つ子どもたちが、完全に守られた場所ではなく、物理的にも心理的にも自ら外部との距離を測れる、その段階を増やす建築的操作を行い、PublicとPrivateをつなぐ接続詞を再考する。

ID035

近藤 史佳 Fumika Kondo

近畿大学 建築学部 建築学科 髙岡研究室

設計期間 ▷ 6カ月
製作中の苦労や思い出 ▷ 睡眠不足
お気に入りの本 ▷ SUEP. 10 Stories of Architecture on Earth
製作中に影響を受けた人物や思想 ▷ 伊東豊雄

集 跡
産業遺産の新しい保存活用方法の提案

現在、日本には多くの歴史的建造物・遺跡が存在する。しかし、その遺跡等を有効に活用し、保存・修復の措置が取られているものは社寺や自然物など、観光施設になっているものが多く、それらは文化遺産と言われ保護されている。

それらに対し、産業遺産は、日本の近代化を映すものであるにもかかわらず、保護され活用されているものは少なく、価値を見出されないまま保存という名の放置がされている。

産業遺産は人と土地がつくり上げた風景であり、記憶そのものである。それらを失う事なく放置された産業遺産の新たなあり方について考える。

ID036

原田 海 Kai Harada
大阪公立大学 工学部 建築学科 建築計画・構法研究室

設計期間 ▷ 4カ月
製作中の苦労や思い出 ▷ みんなで朝まで歌いながら作業
お気に入りの本 ▷ 新建築
製作中に影響を受けた人物や思想 ▷ 谷口吉生

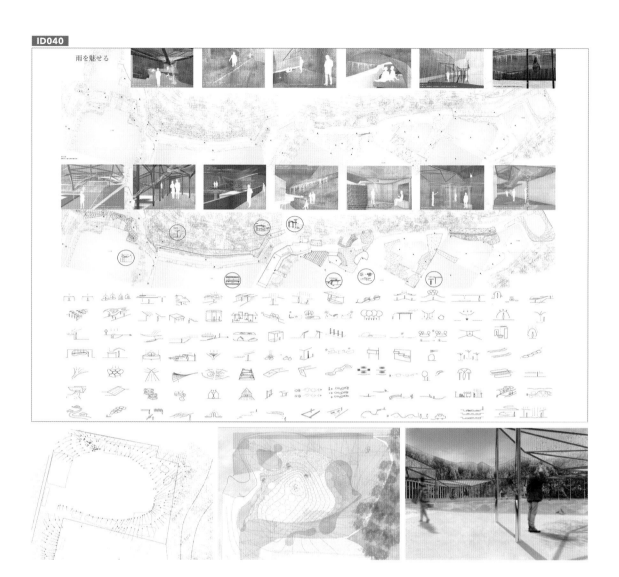

雨を魅せる

雨を魅せる。誰もが経験する雨をどうみるか、雨の動きを操作し、雨のみちをデザインする。雨を受ける建築を介して、人の五感に訴える。そこに生まれる光景は、雨という当たり前を「みる」きっかけをつくるだろう。敷地は京都精華大学の構内とする。なかでも敷地内の水路には木々が覆いかぶさり、自然に囲まれているが人の居場所は少なく、人通りも少ない。晴天時には干上がっている水路は雨の日にまた違った風景をみせる。ここに雨を介した人の居場所をつくりたい。

ID040

徳高 杏樹 Anju Tokutaka

京都精華大学 デザイン学部 建築学科 岸川スタジオ

設計期間 ▷ 6カ月
製作中の苦労や思い出 ▷ 金欠
お気に入りの本 ▷ 時間のなかの建築
製作中に影響を受けた人物や思想 ▷ グレン・マーカット

ID042

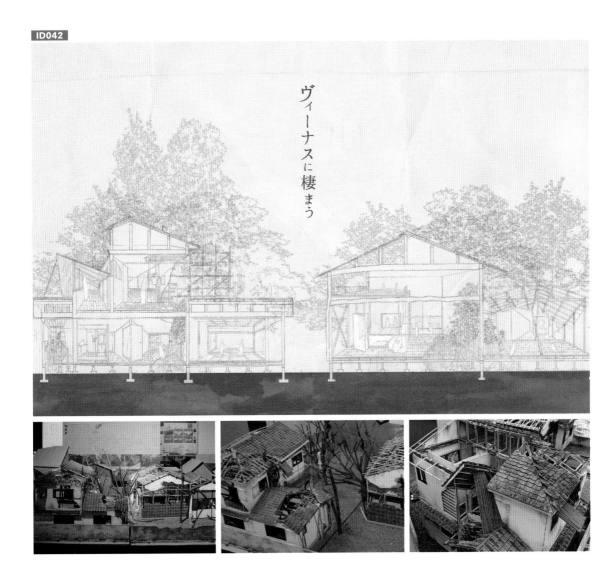

ヴィーナスに棲まう

ヴィーナスに棲まう

心惹かれた廃墟が更地になった。住むための「機械」とも謳われた住宅にとって、「壊れる」ことは死を意味するのだろうか。損傷をそのまま受け入れるだけではなく、人が自らの手で生きるための場所を壊しつくるという、今よりもっと能動的な生き方もあるのではないだろうか。両腕を失ったことで美しさを獲得したミロのヴィーナスになぞらえ、欠損があるからこそ魅力を感じていたこの廃墟を「ヴィーナス」と呼ぶ。人が不完全性を愛し、「棲まう」ことで、欠損のある廃墟が、解体や修復とは異なる、建築の「熟成」の在り方を考える。

ID042

若井 咲樹 Saki Wakai
京都大学 工学部 建築学科 平田研究室

設計期間 ▷ 4カ月
製作中の苦労や思い出 ▷ 対象の廃墟が調査する前に解体されたこと
お気に入りの本 ▷ 手の変幻
製作中に影響を受けた人物や思想 ▷ 平田晃久先生

段階的な遊休不動産の活用法
〜彦根銀座商店街の防災建築街区をモデルとして〜

現在、日本では少子高齢化などの影響により所有者が不明となり、放置されたままの「空き家」・「空き地」・廃れたシャッター街などが多く存在している。新たに建て直すと膨大なコストがかかり、利益も生み出せないためディベロッパーなどが開発に動き出す気配はなく、活用されないまま負の遺産として残り続けている。開発当時は地域住民の中心地として賑わいがあったが、現在はシャッター街となり単調な通過動線となっている彦根城下町の南に位置する、彦根銀座商店街の防災建築街区を対象にヒアリングやワークショップを行い、リノベーションや減築などの再生手法により段階的なまちづくりの在り方を提案する。

ID043

井上 拓磨 Takuma Inoue
立命館大学 理工学部 建築都市デザイン学科 都市空間デザイン研究室

設計期間 ▷ 4カ月
製作中の苦労や思い出 ▷ どんな時も最高の仲間に支えてもらいました。感謝しかないです。
お気に入りの本 ▷ タクティカル・アーバニズム
製作中に影響を受けた人物や思想 ▷ 地元の方々、地元の友人

ID044

IN RUINS
—動線の復元と新設による軍艦島の歴史・文化継承計画—

軍艦島の歴史と文化を継承するためには島をどう見せるべきか。厳しい自然環境と高密な高層住宅に囲まれた島の暮らしと深く関わっていた「動線」に着目し、地上の動線をなぞるようにして地下にボイドを創設する。高密ゆえに「地下街的空間」とされている島の地下に本当の地下空間を掘ること、また、当時の生活の跡と時間の流れが見える地上と、島民の空間認識の再現に重きを置いた地下空間がパラレルに存在することで、来訪者はなぜこのような過酷な場所に、ひしめき合って住まなければならなかったか、島民の空間認識の豊かさに思いを馳せることができるのではないだろうか。

ID044

北脇 知花 Chika Kitawaki
神戸大学 工学部 建築学科 光嶋研究室

設計期間 ▷ 6ヵ月
製作中の苦労や思い出 ▷ 学校泊まり込み毎日温泉
お気に入りの本 ▷ 思考の整理学
製作中に影響を受けた人物や思想 ▷ 先輩

地形に残されたひとの営み
御神酒と古墳による空間の提案

築造から1300〜1700 年経つ古墳。そこにはさまざまな歴史が積み重なっている。時には天皇の墓として、時には城として、また時には人々が暮らす土地として長年あり続けた。陵墓参考地認定され、誰も足を踏み入れられなくなった現在、古墳を「地形」として捉え、新しく歴史に捧げる醸造所を計画する。

ID045

山本 湧也 Yuya Yamamoto
関西大学 環境都市工学部 建築学科 住環境デザイン研究室

設計期間 ▷ 6カ月
製作中の苦労や思い出 ▷ 疲れたら研究室のみんなとけん玉
お気に入りの本 ▷ あきない世傳 金と銀
製作中に影響を受けた人物や思想 ▷ 三分一博志

ID048

下町共進化

かつて半農半漁のまちとして栄えた神戸「駒ヶ林」。そこには今もなお残る文化や人情などの要素がある。それを建築を行う上でのルールとし、対象とする空き家の周辺に現存する植物の観察から性質を抽出し組み合わせることで、建築と植物、人の共進化を促す。
「植物の性質」から建築に導くことを「プラント・スケール」と定義し、その場にあるモノを再利用しながら空間を創出し、「植物」と建築の新たな在り方、下町更新を模索する。

ID048

青山 健生 Kensei Aoyama

大阪工業大学 工学部 建築学科 藤井研究室

設計期間 ▷ 6ヵ月
製作中の苦労や思い出 ▷ 植物の性質を建築化しカタチへ発展させること
お気に入りの本 ▷ 建築と植物
製作中に影響を受けた人物や思想 ▷ 武田清明先生の建築と人、植物の関係性の考え方

スマノハヤシ

住宅街に挟まれた自然豊かな地域である須磨浦は、さまざまな交通機関が通っており、ポテンシャルのある地域である。しかし、現在はかつての賑わいは希薄となり、交通網の通過点となっている。本計画では新たな用途で駅前を再構成し、須磨浦が目的地となる提案を行う。多様な用途で組まれた複合施設は再びにぎわいを創出し、人々が足を運ぶことでさまざまな経験となるよう結びつける。一つの目的で訪れた人々も、次々と現れる須磨浦の魅力に引き寄せられ、山の景色や海の産物を堪能することを目指す。

ID049

原口 奈々 Nana Haraguchi
武庫川女子大学 生活環境学部 建築学科 鳥巣・田中ゼミ

設計期間 ▷ 5カ月
製作中の苦労や思い出 ▷ お手伝いさんたちのおかげで素敵な模型ができました!ありがとう
お気に入りの本 ▷ 音楽空間への誘い
製作中に影響を受けた人物や思想 ▷ サンティアゴ・カラトラバ

紡ぐ 織る 縫う
地方の新たな物流拠点の提案

近年、新型コロナウイルスの流行により、東京の一極集中が今まで以上に問題視されている。しかし未だに物流の拠点は変わらず東京にあるため、対策として十分とは言えない。東京以外の都市に物流拠点を分散させることはできないだろうか。計画敷地は、愛知県名古屋市にある中川運河とする。名古屋港と名古屋市内を結ぶために掘られた運河で現在は使われていない。名古屋地域における中心的な水上輸送路として再活用し、衣服を中心とする新しい形態の商業施設を提案する。また、服の「大量消費・大量生産」が問題視されている。仕組みをモノ消費ではなく特別な体験も加えたコト消費に発展し商品を購入することで、問題解決につなげる。

ID050

刑部 もあな Moana Osakabe

立命館大学 理工学部　建築都市デザイン学科　建築光環境デザイン・設備技術研究室

設計期間 ▷ 3カ月
製作中の苦労や思い出 ▷ 大雪によって、自転車で帰るのが大変だった
お気に入りの本 ▷ フランク・ゲーリー 建築の話をしよう
製作中に影響を受けた人物や思想 ▷ フランク・ゲーリー

まちにひらき、まちとなじむ

～大学艇庫と地域の共生～

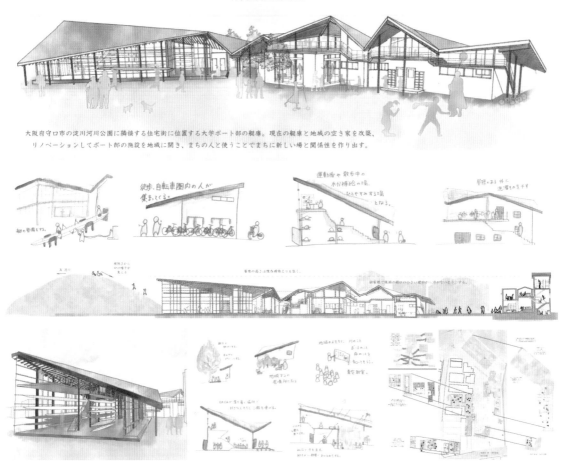

大阪府守口市の淀川河川公園に隣接する住宅街に位置する大学ボート部の艇庫。現在の艇庫と地域の空き家を改築、リノベーションしてボート部の施設を地域に開き、まちの人と使うことでまちに新しい場と関係性を作り出す。

まちにひらき、まちとなじむ
大学艇庫と地域の共生

現在は住宅街に存在しながら、地域の人々との関係がほとんど見られない大学ボート部の宿舎（艇庫）。その建物の建て替えとその街区にある空き家のリノベーション、そして空き地の有効活用によって、まちの人と大学生部員との関係と新たな場所を創造する。地域となじむように敷地周辺にある間口の小さい建築に合わせ、大きな一つの屋根ながらも折屋根とすること、また高低差をつけることで地域にあった建築とした。堤防を越えて広がる河川敷公園と住民をつなぐ場としての機能も併せ持つ場をつくり出した。

ID051

宮村 知音 Tomone Miyamura

大阪大学 工学部 地球総合工学科 横田研究室

設計期間 ▷ 3カ月
製作中の苦労や思い出 ▷ 研究室のみんなで大学で自炊をしたり、寝泊まりするなど非日常だったこと。
お気に入りの本 ▷ 間(ま)・日本建築の意匠
製作中に影響を受けた人物や思想 ▷ 当ボート部の部員の意見

ID053

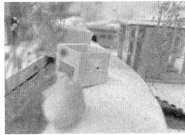  

逢空縁帰
―まちと出逢い。空き地に集まり。縁を紡ぎ、まちに寄り帰る。―

「『逢空縁帰』まちと出逢う。空き地に集まる。縁を紡ぎ、まちに寄り帰る。」をコンセプトに、奈良県御所市ごせまちにおける空き地・空き家問題の解決を目標にしながら、点在する５つの空き地を活用し、①「お試し宿泊施設」、②「大和絣・提灯祭り等まちの体験複合施設」、③「地酒飲み比べ店舗」、④「簡易宿泊施設」、⑤「まちの受付・シアター施設」の設計を行った。来訪者が各施設を巡るなかでまちと出逢い体験するだけではなく、地域住民にもまちのことを考えてもらうための「きっかけの場」として、緩やかな日常的活性化を促す施設を目指し設計した。まちに「なじむ」建物形を受け止めつつ、真っ白な空間はまちにとってほんの少し異質な空間となる。

ID053

井関 優衣 Yui Iseki

帝塚山大学 現代生活学部 居住空間デザイン学科 矢部研究室

設計期間 ▷ ６カ月
製作中の苦労や思い出 ▷ 制作中悩んでいた同期の完成作品に感動したこと。
お気に入りの本 ▷ 三日間の幸福、そらまめくんのベッド
製作中に影響を受けた人物や思想 ▷ 特にありません。「派手ではなく日常になじむこと、そこにほんの少し日常との違いを感じる心地の良い空間づくりを」

道に開かれた大きな軒下
―歴史都市の活動を包摂するジャンクションとしての建築―

都市は時代ごとの交通インフラの変化に合わせて骨格の組替えが行われ、その時々の中心に市場・寺社・駅という建築が存在するものだ。住人減少・高齢化を見据えた新しい地方都市のインフラとしてスモールモビリティやファニチャーのネットワークを仮定し、祭のハレ舞台から高齢者ケア、農園、ファブ施設という日常まで幅広く都市活動を包摂する建築をモビリティハブとして設計する。各プログラムが重なり合うようにすることで、活動の交差が生まれ、都市に住まう人・訪れる人を活性化する。都市の将来的な変化を見据えた提案であり、都市インフラ変化に併せて漸次的に完成に近付く建築の時間プロセスを描く。

ID055

近藤 誠之介 Seinosuke Kondo
京都工芸繊維大学 工芸科学部 デザイン・建築学課程 木下研究室

設計期間 ▷ 5カ月
製作中の苦労や思い出 ▷ スケジュール管理
お気に入りの本 ▷ 死海のほとり
製作中に影響を受けた人物や思想 ▷ 青木淳「原っぱと遊園地」

ID056

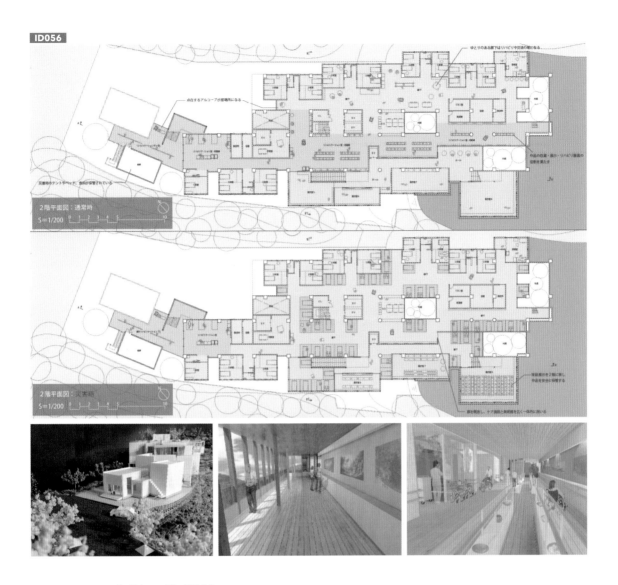

病院×美術館
鳴門市川東地区におけるケア施設の設計

徳島県鳴門市川東地区の中心、妙見山におけるケア施設（回復期リハビリテーション病院と既存美術館の複合施設）の計画。①不足している回復期の機能、②災害時にケアを必要とする人の避難所としての機能を担うことを目的とする。病院、美術館、避難施設のそれぞれが独立して持つ機能や空間と、それらが併設されることで生じる新たな機能や空間を一体的に構成することを試みた。病院の廊下は重要な自主リハビリテーションの場となるため、廊下のサーキュレーションを意識した全体構成とした。また、美術館で展示していない収蔵品を病院で展示し、リハビリテーションと作品鑑賞を兼ねる場を設け、歩行の促進を図った。

ID056

三浦 凜 Rin Miura
京都府立大学 生命環境学部 環境デザイン学科 建築計画学研究室

設計期間 ▷ 3カ月（構想7カ月）
製作中の苦労や思い出 ▷ 佳境となる時期が学科の論文組とズレていたことでしんどくなることがあった。
お気に入りの本 ▷ ―
製作中に影響を受けた人物や思想 ▷ 回復期リハビリテーションに関する論文

山守の結び
吉野町における木育センター

敷地は奈良県吉野郡吉野町の吉野貯木場。吉野林業地域で育った原木は吉野貯木場に運ばれ、製材される。現在、山を管理する山守の減少により林業が衰退し、貯木場に活気は感じられない。また吉野川により吉野町内で林業の場と生活の場が分断されている。そこで林業とまちの分断を解消し、双方の架け橋となる建築を提案する。両岸に製材所を中心としたコミュニティーの場を広げ、製材途中の木材を集いの場の構成要素として用いることで、製材の場が林業関係者と地域の人が交流する場になり得る。木育を展開することで地域の人や木材に興味のある人が集まり、この場所を起点に林業が再興していく。

ID057

加藤 千悠 **Chiharu Kato**

神戸大学 工学部 建築学科 槻橋研究室

設計期間 ▷ 5カ月
製作中の苦労や思い出 ▷ 屋根でバルサ大量消費
お気に入りの本 ▷ 日本人はどのように森をつくってきたのか
製作中に影響を受けた人物や思想 ▷ 藤原基央

ID058

うつろう自然とつながる、4つの活動拠点

Program1：海のむこうへ　Program2：海に泊まる　Program3：海を味わう　Program4：海から山へ

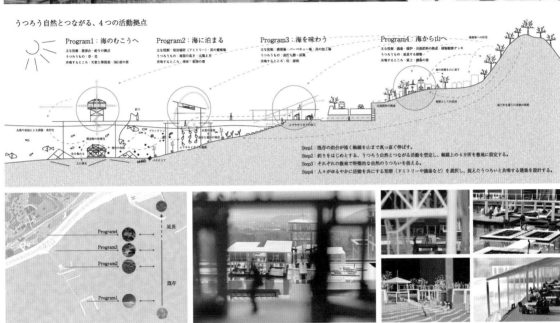

Step1：既存の釣台が描く軸線を山まで真っ直ぐ伸ばす。
Step2：釣りをはじめとする、うつろう自然とつながる活動を想定し、軸線上の4カ所を敷地に設定する。
Step3：それぞれの敷地で特徴的な自然のうつろいを捉える。
Step4：人々がゆるやかに活動を共にする形態（ドミトリーや銭湯など）を選択し、捉えたうつろいと共鳴する建築を設計する。

うつろう自然と、つながるところ

釣りをすることは、うつろう自然とつながることである。兵庫県神戸市にある須磨海づり公園は、自然と人のつながりを50年を超えて支えてきた。しかし、経年劣化と台風の被害を受けた今、転換点を迎えている。これまで愛され続けてきた「釣り」と、破損した釣台の「魚礁化」という新たな挑戦を拡張し、再生に向かう海づり公園の「これから」を描く。うつろう自然と人々の営みがつながり、須磨を介した大きなうつろいが動き出す。

ID058

小森 幸 Yuki Komori
京都大学 工学部 建築学科 柳沢研究室

設計期間 ▷ 5カ月
製作中の苦労や思い出 ▷ たくさんの人に支えてもらいながら、こつこつ取り組みました。
お気に入りの本 ▷ 旅をする木、直しながら住む家
製作中に影響を受けた人物や思想 ▷ 先生、先輩、友達、子どもの頃の自分、星野道夫

未だ見ぬ「居場所」との距離
〜その場所からの日々と、ソトへの滲み〜

人にとっての居場所とは何だろうか。私は居場所とは実際の建築や空間などではなく、人と人とのコミュニケーションから生まれる信頼や友情、愛情などの目に見えないつながりだと考える。だが、コミュニケーションが得意でない人にとってはつながりを見つけることが困難になり、社会や地域から少しずつ離れ、孤立してしまう。そこで、建築の外部と接する中間の構成要素・領域を選んでもらい、その建物の住人が心地よいと思う「心の距離感」で社会や人とつながることで家の近くや街、社会の中にそれぞれの居場所を見つける。自分の居場所を見つけ、一つ一つに喜びを感じ、身の周りや社会を好きになることが今後の都市には必要である。

ID059

尾崎 理 Tadashi Ozaki

大阪電気通信大学 工学部 建築学科 北澤研究室

設計期間 ▷ 5カ月
製作中の苦労や思い出 ▷ ゼミの中で最後まで作業をしていたのが自分だけだったこと。
お気に入りの本 ▷ 「建築」で日本を変える
製作中に影響を受けた人物や思想 ▷ 伊東豊雄

ID060

町と自然の間にある住まい
自然に繋げていく、町につなげてるように

この集合住宅のデザインを通して、世代間、多国籍間、周辺地域の住民や入居者の交流が生まれることが期待されている。活動中心的な生活空間の設計を通して、公共空間の重要性を反映させたいと思い、集合住宅の共用空間という視点でデザインを考えて、共有スペースを公園のような曲面としてデザインし、その曲面の上に居住者の部屋を配置する。街の空間も、集合住宅曲面の下の部分によって街と一体化することができ、住宅居住者は、共用スペースで商店街やギャラリーとして企画することが期待されている。この地域の設計を通して、人々の新しい生活活動のあり方として、他の都市や自然環境の境界線にも応用できる。

ID060

毛 弘奕 Koeki Mo
京都精華大学 デザイン学部 建築学科 川上スタジオ

設計期間 ▷ 5カ月
製作中の苦労や思い出 ▷ 造形の説得力
お気に入りの本 ▷ 行動建築論—メタボリズムの美学
製作中に影響を受けた人物や思想 ▷ 黒川紀章

都市の中に生態系を

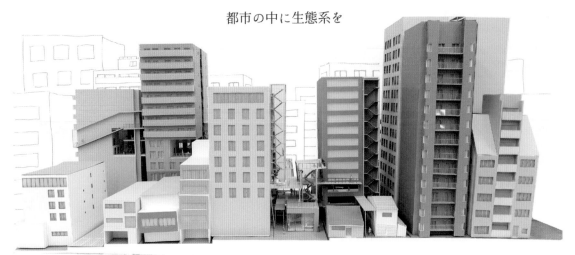

切り分けられた世界で「街区の踊り場」は生態系を作る器となる

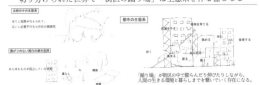

都市のなかに根っこのように広がる多様な踊り場を生み出す

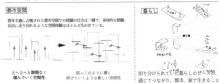

都市の中に生態系を

現代の都市空間は、人間の暮らしと生きる環境が切り離され、街に根を張るような実感を伴った暮らしができないように感じる。都市の中に当たり前にある「避難階段」をきっかけに都市の新しいあり方について考える。

垂直的に積まれていく都市空間の中に、避難階段の踊り場を拡張しながら根っこのように伸びていくような新しい空間性を伴ったコモンズを街区の中につくっていく。人間が入れ替わり続ける都市空間の中で土地や建物の所有から解放された新しい集まり方がこの街にとって根を張った暮らし、都市の中での生態系の器になる未来を描く。

ID062

小宮田 麻理 Mari Komiyada

近畿大学 建築学部 建築学科 松岡研究室

設計期間 ▷ 5カ月
製作中の苦労や思い出 ▷ 自習室泊まり作業＆カップ麺生活
お気に入りの本 ▷ 小さな風景からの学び
製作中に影響を受けた人物や思想 ▷ エドワード・レルフ「場所の現象学」

ID063

まつりまち
岸和田だんじり祭の再興

祭りが好きだ、そしてそこにいる人々やまちの雰囲気が大好きだ。現代で祭りは本来の意味を失い人々の参加意欲も低下し、衰退していくものも多い。その街を形づくる強烈な個性である祭りをこの先の未来に残していくために今何ができるのか。祭りやまちの歴史を紐解きながら、建築を手段として、生まれ育った街である岸和田でだんじり祭を再興していく提案をする。

ID063

島田 紗花 Sayaka Shimada
関西大学 環境都市工学部 建築学科 都市設計研究室

設計期間 ▷ 6カ月
製作中の苦労や思い出 ▷ ぼーっとしていて終電を見逃していた時
お気に入りの本 ▷ Casa BRUTUS特別編集 世界のベストミュージアム
製作中に影響を受けた人物や思想 ▷ 同期

重なり合う互助

現在、ひとり親世帯は増加している。そこで、住宅内外の共有空間をデザインし、周辺の農家や地域の人々も住人の暮らしに参加することで、地域全体でさまざまな相互扶助が起こる、ひとり親世帯が集い暮らす共生住宅を提案する。

ID065

中村 怜太 Renta Nakamura

大阪工業大学 工学部 建築学科 藤井研究室

設計期間 ▷ 7カ月
製作中の苦労や思い出 ▷ 自分との戦い
お気に入りの本 ▷ ー
製作中に影響を受けた人物や思想 ▷ 石上純也

ID066

泉水脈再編
水脈がマチの暮らしを作る

灌漑農業と水路で発達したマチの今は宅地に変化し、文脈のない宅地と水路の関係が生まれた。土着的に住む、マチの部分として住むことを考えた。

ID066

新谷 朋也 Tomoya Shintani

近畿大学 建築学部 建築学科 松岡研究室

設計期間 ▷ 1カ月
製作中の苦労や思い出 ▷ 多くの方に感謝。
お気に入りの本 ▷ 見えがくれする都市
製作中に影響を受けた人物や思想 ▷ ―

街交場
―大阪芝田における商業空間の提案―

大阪芝田地区に商業施設を計画する。かつて商業地として賑わいを見せた芝田には、雑多な空間が多く残るが、現在は周辺の再開発によって縮小しつつある。また、近年オンラインやネットショッピングの普及により片手でどこでも買い物ができるようになり、消費行為の場としての商業空間は、その実空間の必要性が問われる。そこで、体験を交えた消費行為をもつ商業施設を、芝田の都市構造から読み取った空間性を生かして、現代の消費行為の場としての均質な建築に対峙するかの如く建築した。

ID067

鷲尾 圭 Kei Washio
大阪公立大学 工学部 建築学科 建築デザイン研究室

設計期間 ▷ 1カ月
製作中の苦労や思い出 ▷ とりあえず一回病院行きました。
お気に入りの本 ▷ 京都 近現代建築ものがたり
製作中に影響を受けた人物や思想 ▷ 前田大然

ID071

拠所×方舟（ヨリカタブネ）
リニア時代、柴茶がつなぐ「疎開するふるさと」の提案

災害の多発化により一人ひとりこれからの生き方が問われている。2027年、災害時の多重化ネットワークの役割を担う リニア中央新幹線が東京ー名古屋間に開通する。山脈に挟まれた長野県の伊那谷には「長野県駅」がつくられる。ここは、 かつては学童疎開地であり、自然災害から復興を経た防災都市の顔も持つ。そのため、地盤づくりと日常茶飯事の文化を 兼ね備えた "柴茶" を筆頭に、自然、文化のアクティビティに生き抜く知恵が集積している。そこで、リニア時代、人々が、 柴茶を介して伊那谷の暮らしを経験し、「生きる力」を獲得していく。また、日常から離れて安心でき、非常時は逃げ帰る 場となる。そんな「疎開するふるさと」を提案する。

ID071

宮澤 楠子 Kusuko Miyazawa
立命館大学 理工学部 建築都市デザイン学科 建築設計デザイン（建築意匠）研究室

設計期間 ▷ 4カ月
製作中の苦労や思い出 ▷ 提出1週間前にハードディスクが壊れたこと。バックアップは何重にもすべし。
お気に入りの本 ▷ 小さな建築
製作中に影響を受けた人物や思想 ▷ 内藤廣

都市を翔ける

―新しい都市核としての象徴帯―

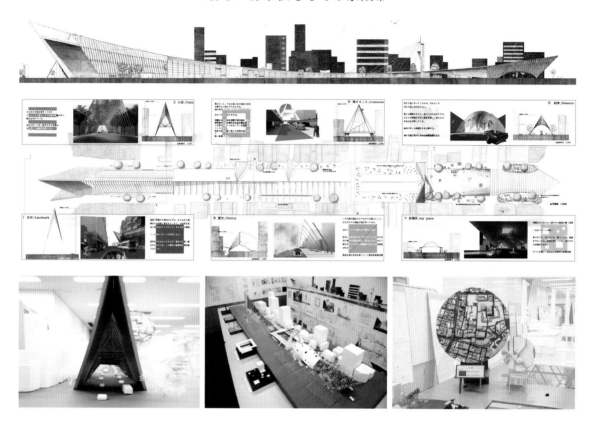

都市を翔ける

新しい都市核としての象徴帯

全長500m。車だと1分弱で通り抜けてしまう不死鳥通り。この道が福井のまちのシンボルとなるときどんな形をしているだろうか？ 近代城郭の破壊と堀の埋め立て、第二次世界大戦の空襲、直後の地震。度重なる都市の破壊により物理的アイデンティティを失ってしまった福井市において、車の車窓からまちを見ること、フェニックス通りを通り抜けることこそが、この街独自の空間体験であることを卒業論文において、都市形成史の作成、街路構造の解析、住民らのイメージマップ調査からあきらかにし、周囲の都市構造と呼応しながら光のパターンが移り変わる車窓体験を設計した。車の中であっても福井のまちとつながれる空間がそこにはある。

ID073

清川 忠和 Tadakazu Kiyokawa

大阪大学 工学部 地球総合工学科 木多研究室

設計期間 ▷ 2カ月
製作中の苦労や思い出 ▷ 半日間で終了した卒業設計逃亡生活
お気に入りの本 ▷ プロジェクト・ジャパン メタボリズムは語る…
製作中に影響を受けた人物や思想 ▷ 丹下健三 都市のコア

ID074

 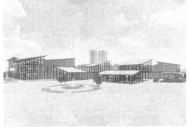 

街に溶け込む刑務所

再犯率の減少には受刑者と一般人との関わりが大切とされ、受刑者の更生システムは変化している。
それと共に刑務所建築ももっと街へ開き、更生した受刑者と一般市民が関われるよう街の一部となった刑務所を提案する。

ID074

長畑 将史 Masashi Nagahata
大阪工業大学 工学部 建築学科 藤井研究室

設計期間▷ 1 年
製作中の苦労や思い出▷ みんなで学校泊まってやるのが楽しかった
お気に入りの本▷ ー
製作中に影響を受けた人物や思想▷ 藤井先生

時間×建築

京都伏見の陰影が導く時間の建築化

時間感覚を忘れかけた現代社会に、時間価値を取り戻し、時間に溶け込み、ヒトの心に余白を持たせることのできるような建築を考えた。建築において影の動きは時間を示すものである。影の連鎖、瞬間・軌跡・遷移によって建築をつくり出し、影という非実体で形がない存在を空間化し、曖昧で予測不可能で意外性に満ちた空間を創造する。土地が持つ影にこそその場でしか感じられない時間が存在する。ある時間には街に影が落ち、つながることのなかった空間同士が影によってつながることができる。世界、日本、そして地域の時間が同時に介在している。建築を通して、見えない、触れられないものを想い、それぞれが持つ時間に触れることのできる場である。

ID075

俣野 将磨 Shoma Matano

摂南大学 理工学部 住環境デザイン学科 インテリア・建築デザイン史研究室

設計期間 ▷ 6カ月
製作中の苦労や思い出 ▷ 影という非実体を突き詰めていくのがとても大変だった。
お気に入りの本 ▷ 陰翳礼讃
製作中に影響を受けた人物や思想 ▷ 西沢立衛

ID076

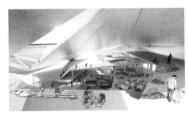
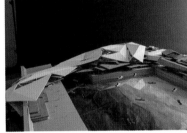

聯繋スル業
氷見の生業によるまちと海の結節点の形成

富山県氷見は、古くから漁業のまちとして栄えてきた。しかし、漁港の埋め立てや防波堤の建設により、漁港はまちからも海からも乖離していった。そこで私は、本建築がまちと海との結節点となるようなものを提案する。氷見の生業は漁業だけでなく、農林漁業が互いに支え合い関わり合いながら成り立っている。そこで氷見の生業のパタンランゲージを構築し、漁港内でもそれらのパタンを巡るように展開されることで氷見全体の生業の生活が漁港でも現れる。またこれらのパタンが漁港内に現れたときにただのコピーになるのではなく、大陸棚をもとに形態操作を行った本建築と絡んだ結果として変化が起き、氷見の生業を伝えることができる。

ID076

松原 大樹 **Taiki Matsubara**
立命館大学 理工学部 建築都市デザイン学科 建築計画研究室

設計期間 ▷ 2カ月
製作中の苦労や思い出 ▷ 模型でかい
お気に入りの本 ▷ ー
製作中に影響を受けた人物や思想 ▷ ー

土建木築
〜未来を創造する警鐘と継承、遊水池に創造される日常〜

日本における自然災害は途絶えない。特に、氾濫による洪水や水害は日本の地形がより引き起こす。そのような中、大和川は日本で初めて特定都市河川に指定され、遊水地などによる整備が計画されている。その遊水地が計画される予定の場所が住宅付近まで及ぶようになった計画地を選定。住宅付近に突如現れる遊水地という土木構造物への建築による計画提案をする。土木的操作を行い、スロープ、ブリッジ、トンネルの役割を持ち、遊水地と遊水地の関係、人と遊水地の関係を築く。その上で、建築的操作を内部空間に行い、水害歴史資料館をプログラムとして挿入し、将来、人々の日常になっていくであろう遊水地とその周りの空間の中心で警鐘の役割を果たす。

ID077

城崎 真弥 Shinya Kizaki
大阪工業大学 工学部 建築学科 寺地研究室

設計期間 ▷ 6カ月
製作中の苦労や思い出 ▷ 先生との戦いなし
お気に入りの本 ▷ ―
製作中に影響を受けた人物や思想 ▷ 田根剛

ID078

逢ふ日
救いのきっかけとしての古本ライブラリー

私たちは誰もが皆、それぞれに切実な悩みを抱えながら生きている。そんな私たちを救うために、建築には何ができるだろう。古本の色褪せた紙、折り目の付けられたページ、線の引かれたフレーズ。それらは背景に人の存在を感じさせる。読書という孤独な行為を通して人と出逢うことができる。

人は皆かづらかざしてちはやぶる神のみあれにあふひ(あおい)なりけり　—紀貫之

かつて人々が神に救いを求め葵祭を始めた京都で、今悩みを抱えながら生きる私たちが古本と出逢う。その出逢いは私たちを救うかもしれない。

ID078

武波 彩代 Sayo Takenami

神戸大学 工学部 建築学科 槻橋研究室

設計期間 ▷ 9カ月
製作中の苦労や思い出 ▷ 人と話すのがつらくて、研究室に行けない時期があった。
お気に入りの本 ▷ 17歳に贈る人生哲学、嫌われる勇気、幸せになる勇気
製作中に影響を受けた人物や思想 ▷ アルフレッド・アドラー

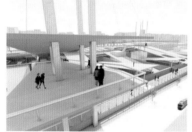  

たまる転換池

浄水場は都市での生活に必要不可欠な社会基盤であるが、平面的に大きく分断を生んでいる。高度経済成長期の需要に応えるために設計された処理能力に対し、水需要が下がっている現在、稼働率は50％を下回っているというギャップに着目し、浄水場として不要なスペースを街に解放する。都市のためにありながら分断を生んでいた浄水場は、本と人がたまる交流拠点になる。

ID079

鷲野 壮真 Souma Washino

立命館大学 理工学部 建築都市デザイン学科 建築計画研究室

設計期間 ▷ 3カ月
製作中の苦労や思い出 ▷ 眠る時間が何よりも幸せ
お気に入りの本 ▷ 集落の教え100
製作中に影響を受けた人物や思想 ▷ 青木淳、安藤忠雄、原広司

ID080

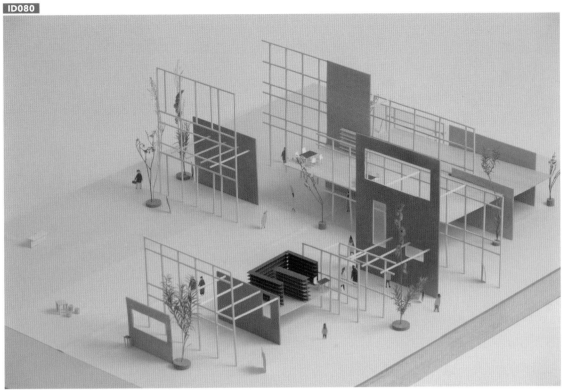

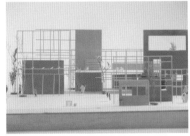 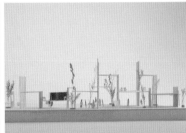 

生きてる跡
日常生活に非日常の要素を入れて、再び新鮮感を感じれる

建物のエレメントに、住んでいた人の思い出や日常の記憶が宿っていることにより、在りし日の思い出がつまった日常の断片を複数の敷地にたつ複数建物から一つの敷地に集め、それを再編集、再構成し直すことで、新しい非日常空間がつくれるのではないかと考えた。私は街の中にこうした昔の人や建築が生きた跡を残しつつ街に開かれた場所を用意することで、非日常の場所に日常的な時間や雰囲気をインストールし、自分等にとって本当に居心地のよい居場所が街全体に広がっていくことを願っている。

ID080

沈 思浩 Shiko Shin
京都精華大学 デザイン学部 建築学科 川上スタジオ

設計期間 ▷ 4カ月
製作中の苦労や思い出 ▷ プレゼンの制作
お気に入りの本 ▷ テンポラリーアーキテクチャー 仮設建築と社会実験
製作中に影響を受けた人物や思想 ▷ 門脇耕三

CREATIVE GEAR
─「ものづくりのまち」浜松における学習創造拠点─

国産のピアノやバイクの発祥の地であり、「ものづくりのまち」として知られる静岡県浜松市。かつては工場がまちなかにあり、人々の暮らしとものづくりは近接していたが、近年郊外や市外への工場の移転により、両者は切り離された。昨今のDIYの普及や3Dプリンターの登場などにより、個人での制作が広がり、ものづくりとの新たな関係が築かれつつある。そこで市役所に接する浜松の中心ともいえる場所で、人とものづくりをつなぐ地域工房、浜松の産業に関連した教育を行う大学を備えたものづくりプラットフォームを提案する。機械を動かすギアのように、人の活動が建物に活気を与え、その活気がまち全体に広がっていく。

ID081

徳枡 謙輔 Kensuke Tokumasu
神戸大学 工学部 建築学科 末包研究室

設計期間 ▷ 6カ月
製作中の苦労や思い出 ▷ 先輩方、同期、後輩たち、たくさんの人に助けられた卒計でした。
お気に入りの本 ▷ ファイバーシティ:縮小の時代の都市像
製作中に影響を受けた人物や思想 ▷ 古谷誠章、山本理顕、千葉学

ID085

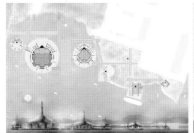  

帆柱を見上げて
兵庫津 海の音楽拠点

大輪田泊以来、長らく港町として栄えてきた兵庫津。しかし、近代化以降、沿岸部には造船所が立ち並び、街は海から切り離されてしまった。消えた街の誇りを取り戻すにはどうしたら良いのだろうか。「知らないとなりの人との一体感」という点で、劇場空間と、街への誇りは非常に似ていると考えた。かつて港に立ち並ぶ帆柱のような光景を目指し、そしてその柱が、舞台の後ろにそびえ、舞台の上での出来事と、街の生活を結びつけていく。無くせない生きる誇りを、柱に込めて。

ID085

舟木 健太郎 Kentaro Funaki

神戸大学 工学部 建築学科 山崎・山口研究室

設計期間 ▷ 4カ月
製作中の苦労や思い出 ▷ 友人が留年した事。5単位も足りなかったらしい……。
お気に入りの本 ▷ ルイス・カーン 光と空間
製作中に影響を受けた人物や思想 ▷ ASKA（CHAGE and ASKA）

津の境界再考
土地性を受け継ぐ新旧共存のまちの玄関口

かつての都市には玄関が存在した。その土地ならではの気候風土と関わり合いながら合理的につくられてきた都市構造があり、訪れた人々は街に入る予感を覚え、詩や歌として表現した。

現在どこにでも見られ簡単に通り過ぎられるような津市中心地に、街に入る玄関口があればどうだろう。街の境界が希薄になった現代で、城下町時代から水辺と関わり合いながら更新されてきた土地性を受け継ぎつつ、土地をポジティブな街の境界として再認識できるような街のファサードとしての新旧共存の建築群を提案する。

ID087

鈴木 啓悟 Keigo Suzuki

京都工芸繊維大学 工芸科学部 デザイン・建築学課程 長坂研究室

設計期間 ▷ 3カ月
製作中の苦労や思い出 ▷ 雑談徹夜
お気に入りの本 ▷ 家をせおって歩いた
製作中に影響を受けた人物や思想 ▷ 原広司

ID089

里山後来
都市集中型の未来に対するオルタナティブの提案

里山のプログラムを現代的に再構築し、「都市集中に対するオルタナティブ」を創る。本提案は、都市集中型の未来に対するオルタナティブの先駆けであり、ケーススタディを京都府上世屋集落としたものである。また、本提案は近代以降の社会の基盤にある自然観を改めて問い直し、人間と自然の関係の新たな在り方を構想するきっかけになることを期待する。

ID089

渡部 祐輝 Yuki Watanabe
立命館大学 理工学部 建築都市デザイン学科 建築設計デザイン（建築意匠）研究室

設計期間 ▷ 6カ月
製作中の苦労や思い出 ▷ 地形が複雑なため設計が難しかった
お気に入りの本 ▷ 利己的な遺伝子
製作中に影響を受けた人物や思想 ▷ 平田晃久

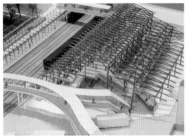

杜の結び、駅の始め
―杜の跡地に建つ駅舎―

阪急神戸本線六甲駅の新しい駅舎の設計に取り組んだ。六甲駅は、隣の六甲八幡神社の鎮守の杜を大幅に縮小して開通した。利便性を優先した結果、無闇に駅舎が建てられたため、二つは隣り合っているのに背を向けて建っている。そこで杜を木々の深さで終わらせるのではなく、建物を用意することを提案した。神社の拝殿は参拝者に向かって、軒が下がっている。これは参拝者をお迎えしていると解釈し、ホームの上屋も駅を降りる人をお迎えするために、軒を下げた。杜を完結させる建物をきっかけに駅のホームやコンコースを展開した。このように "境内に佇むこと" と "ホームで電車を待つこと" を同じように考えることで、二つを結びつけた。

ID090

細川 葉子 Yoko Hosokawa
京都工芸繊維大学 工芸科学部 デザイン・建築学課程 長坂研究室

設計期間 ▷ 2カ月
製作中の苦労や思い出 ▷ 弟とよく遊んだ境内、高校時代に利用した駅なので、この敷地をできて感慨深い。
お気に入りの本 ▷ デリカシー体操
製作中に影響を受けた人物や思想 ▷ 研究室の先生、製図室の友達

ID091

記憶的 境界 面
〜川と共に生きるということ〜

私が21年生まれ育った土地である京都の景観、都市性、奥性、創られ方についての提案。街並みの形成と深い関わりのある塀や壁のスケールの変化、違いを細かくし既存の敷地の特性を生かすことによる京都グリッド、条坊制のヒューマンスケール化を目的とする計画。人々の行為がそのまま都市スケールと共鳴する場を構想。外的秩序を強く持つ現代のインフラと京都の文化を形成、波及してきた「間」の歴史的差異を表面、表象化。この場に訪れる人はそれぞれの時間的体験をする。

ID091

齊藤 竜也 Tatsuya Saito
京都精華大学 デザイン学部 建築学科 岸川スタジオ

設計期間 ▷ 5カ月
製作中の苦労や思い出 ▷ 制作にあたるまでの構想
お気に入りの本 ▷ 集落の教え、実存・空間・建築
製作中に影響を受けた人物や思想 ▷ 梅林克

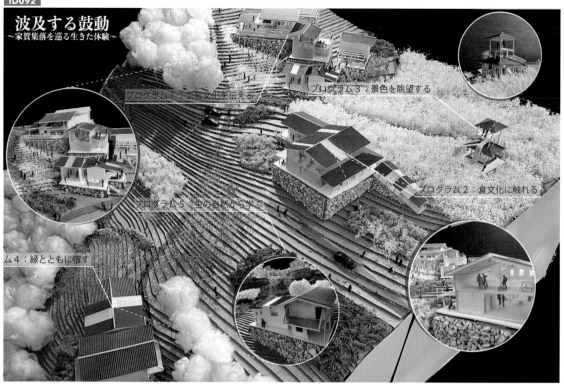

波及する鼓動
~家賀集落を巡る生きた体験~

プログラム1：工芸文化を伝える
プログラム3：景色を眺望する
プログラム2：食文化に触れる
プログラム5：生の自然から学ぶ
ム4：緑とともに宿す

波及する鼓動
家賀集落を巡る生きた体験

この集落を訪れた時に、ここをどうにかして盛り上げたい、知ってほしいという気持ちになった。そこで、文化施設や宿泊施設などが複合したような観光施設を考えた。しかし、現代におけるリゾートホテルのような人の手によって美しく魅せられたつくりでいいのだろうかと考え、この場の特性を上手く使いながらありのままの場と建築が融合し合うような場所にしようと考えた。さらに建築を点在させ場所を大きく使うことで、人の動きや交流が広範囲に広がり、小さな建築群がこの場に広く影響を持たせることも考えた。

ID092

日出 汐音 Shion Hinode
大阪公立大学 工学部 建築学科 建築デザイン研究室

設計期間 ▷ 2カ月
製作中の苦労や思い出 ▷ 提出前に提案が白紙になったこと
お気に入りの本 ▷ 卒業設計作品集
製作中に影響を受けた人物や思想 ▷ 製図室の仲間たち

ID094

不沈 〜箱舟が繋ぐ未来〜

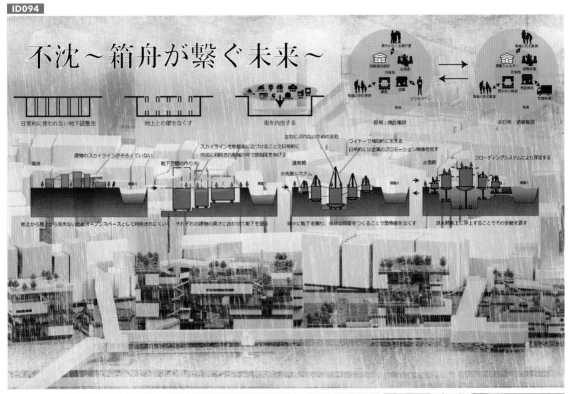

不沈

箱舟が繋ぐ未来

近年下水道から水が逆流するほどの雨量を観測することが増えている。その解決策として雨水や河川水を一時的に受け入れる調節池が建設されているが、地上と地下の貯水空間に分断される調節池では人々の防災意識は薄れ、水に対する認識が鈍っていく。果たして、この現代で無機質な調節池をつくることは正解なのだろうか。この提案では地上と地下空間の間にあるコンクリートをなくし、調節池に舟のように浮かぶ建築を浮かべることで日常的に水辺空間を創り出し、水害時には水位に合わせて浮上する建築をつくり出す。日常と非日常の両方で機能するからこそ防災のシンボルとなりえる。そういった考えから新たな水インフラとの向き合い方を検討し提案する。

ID094

奥井 温大 Haruto Okui

大阪工業大学 工学部 建築学科 岡山研究室

設計期間 ▷ 5カ月
製作中の苦労や思い出 ▷ 模型の一部を釣り糸で引っ張れるようにするのに苦戦しました
お気に入りの本 ▷ 商店建築、路地からのまちづくり、情報の呼吸法
製作中に影響を受けた人物や思想 ▷ Waterstudioの創設者であるKoen Olthuis

編む
地域を繋ぐ架け橋

"近隣との関係を断ち、隣の住民すらも知らない"この現状に疑問を抱く。過去にはよく見られた"近隣の人々と街ですれ違えば挨拶をかわし、地域住民とかかわり合いを持つ"そんな日常が豊かさではないかと私は、考える。

再開発が進み、過去の形を失っていく千里ニュータウン。

これらの中心に残る2つの近隣センター。昔ながらの形が残るこの場所は、何もしなければ消えゆく場所である。これらの街の中心地である場所に消えゆく街の姿を映し出し、継承していく。豊かな街とはどんな街であるか、千里ニュータウンという街のあり方について考える。

ID095

井上 舞香 Maika Inoue

摂南大学 理工学部 建築学科 都市文化共生デザイン研究室

設計期間 ▷ 4カ月
製作中の苦労や思い出 ▷ 手伝ってくれる後輩は偉大
お気に入りの本 ▷ 世界のかわいい村と街
製作中に影響を受けた人物や思想 ▷ ADVVT

ID096

はじまりの音
～「音楽の街」を促進する複合音楽施設の提案～

本計画では「長岡京＝音楽の街」を目的とし、地域活性化を図る複合音楽施設は人々が自由に音楽に触れることのできる音楽公園としての機能を果たす。施設内を自由に人々が思い思いに過ごす姿は、まるで「公園」のように感じられるのではないだろうか。地域住民はさまざまな形で音の体験ができ、音楽家は地域住民と交流ができる。この計画は完成された音楽の発表の場ではなく、そのプロセスに携わり手助けになるような施設の提案である。音楽活動を通して音楽家と地域住民のコミュニティを広げる「音楽が人と人をつなぐ」施設になればと考える。

ID096

奥村 汐音 Shione Okumura
帝塚山大学 現代生活学部 居住空間デザイン学科 矢部研究室

設計期間 ▷ 5カ月
製作中の苦労や思い出 ▷ カフェインの大量摂取
お気に入りの本 ▷ 建築模型アイデア図鑑 身近な材料でつくる83の方法
製作中に影響を受けた人物や思想 ▷ 先生、研究室のみんな

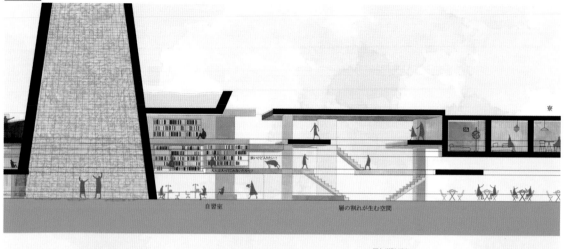

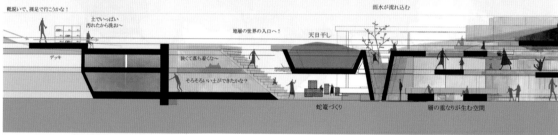

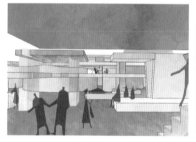

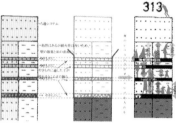

漂流漂着地
信楽でみせる物の動き

滋賀県甲賀市信楽は、やきもの産地で、街中では成果物を見ることがメインになっている。山奥にある約四百万年前の土、昔は街と密接な関係だった土小屋、焼成時に割れてやきものにもなれず土にも戻れないで人に隠されている破片。このような成果物の裏に隠れる物の背景が、産地であるのにも関わらず見えない。私は、これらのように山奥や街の影といった人目に付かない場所で役目を持たないまま漂っているものに、本当は価値があるのだと考える。本計画では、居場所がなく漂流しているものの居場所を人と物の動きに合わせて提案する。

ID097

千本 瑞穂 Mizuho Chimoto
立命館大学 理工学部 建築都市デザイン学科 建築計画研究室

設計期間 ▷ 3カ月
製作中の苦労や思い出 ▷ データがネットにほぼなく、街の人に聞いたり山奥まで歩いたりしたこと。
お気に入りの本 ▷ 漂流物
製作中に影響を受けた人物や思想 ▷ 藤森照信「土と建築」

ID098

大地と植物と建築と
装飾的緑化建築からの脱却

大地は植物が生きる上で欠かせない、拠り所となるものである。建築が人々にとっての拠り所であるように。

では両者の拠り所が一体となれば、そこは植物と人々が生活を共にする場となるのではないか。

屋上に降る雨は土へと浸み込み、建築の中を巡る。その結果として植物たちが自由に根付く。そして人々にとって新たな活動の場となる、そんな豊かな自然物が循環する建築。

当卒業設計ではオフィス複合施設を設計する。世界的に広がる緑化と建築の間に生じている齟齬の打開策となり、また変わりゆくオフィスビルの新たなプロトタイプとなる建築を提案する。

ID098

酒見 助 Tasuku Sakemi

京都工芸繊維大学 工芸科学部 デザイン・建築学課程 武井研究室

設計期間 ▷ 5カ月
製作中の苦労や思い出 ▷ 極寒の廊下での模型制作と製図室キャンプ
お気に入りの本 ▷ 人が集まる建築
製作中に影響を受けた人物や思想 ▷ 武田清明氏、友人、先輩

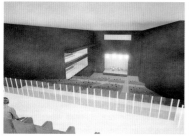

懸隔を結う
〜境界がうみだす文化の交流〜

沖縄県北谷町は米軍基地である嘉手納基地と接しているが、両者はフェンスで分断されている。このフェンスは境界として強い性質を持っているため、交流をうみだすために境界を全くなくしてしまうと差異の大きなものの距離が近づきすぎてしまい、かえって心理的距離が生まれてしまう。そこで、境界を残すことで両者の距離を保ちつつ、その境界が交流のきっかけとなるような文化交流施設を提案する。音楽・文学・スポーツ・食文化の4つの両者の生活に根付いた文化を軸に、対等な立場での交流が生まれる。

ID101

斎藤 准輝 Junki Saito
立命館大学 理工学部 建築都市デザイン学科 建築計画研究室

設計期間 ▷ 4カ月
製作中の苦労や思い出 ▷ 自分の設計の意図や趣旨を上手に伝えることに苦戦しました。
お気に入りの本 ▷ ー
製作中に影響を受けた人物や思想 ▷ 研究室のメンバー

ID103

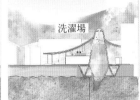
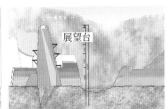

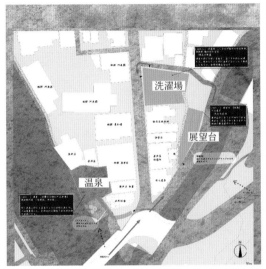

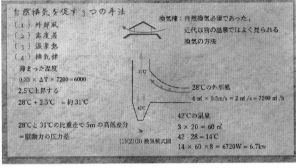

岩盤、日の目を浴びる。
―奥津温泉街全体を再起させる岩盤と水脈―

温泉は地中の豊かさを地上に伝えるきっかけに過ぎない。地上に現れた温泉だけに人が集まり、そこで完結するのではなく、地下4mより広がる岩盤に着目し、地域全体に潜む地中の豊かさを認識できる温泉街を提案する。"温泉と同じ役割を担う、地中と地表を貫通する「塔」""地表の人／川／風を受け入れる「流れ屋根」"、2つの要素を持つ建築が温泉街に点在する。伝統文化の温泉を使った洗濯に対して、自然乾燥を促す形状にすることで洗濯＋乾燥できる長時間滞在の観光になる。

ID103

武本 真侑 Mayu Takemoto
京都工芸繊維大学 工芸科学部 デザイン・建築学課程 金野研究室

設計期間 ▷ 5カ月
製作中の苦労や思い出 ▷ 提出間際になってくると後輩と食べる食事が唯一の娯楽
お気に入りの本 ▷ 瀬戸内の建築
製作中に影響を受けた人物や思想 ▷ 友人

都市に織り込む遊園地

遊園地を都市の中に織り込むと、どんな風景や生活や見つけられるのか。都市の機能と一体化しながら神戸一帯を駆け巡るレールと人々が、日常と非日常の境界を曖昧にし全体をつなぐ。この異常事態としての建築を、オートマティックな分析を用いた設計にあてはめてみると同時にヒューマンスケールで改めて見上げてみる。つくる過程と使う過程のずれが、巨大な構造体以上に豊かな解釈をもたらす空間を表出させるきっかけになりうるのでは、という思考実験を設計にまとめた。見えてきたのは、都市の新しいあり方、立体都市による上書きと、身体で感じる街の起伏と応答。マクロな視点での都市設計からミクロな視点での人々の居場所まで想定し都市に提案する。

ID104

矢倉 愛美 Manami Yagura
京都大学 工学部 建築学科 平田研究室

設計期間 ▷ 5カ月
製作中の苦労や思い出 ▷ 建築ソフト以外のアプリケーションも駆使して設計したこと。
お気に入りの本 ▷ 原っぱと遊園地
製作中に影響を受けた人物や思想 ▷ 平田晃久

  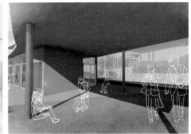

アフタースクール
門真市における子どもたちの放課後の居場所

昔はまちのみんなで子どもたちを育て、子どもたちは育ち、物は満たされなくとも心は満たされていた。現代の子どもたちを取り巻く環境はどうだろうか。遊び場をなくしたり、助けを求める場所がわからなかったり、孤独を感じている子どもたちがいる。子どもたちを高校生以下と設定し、そんな現代の子どもたちが助け合い、周辺の住民や企業、大学生に助けられ、将来に夢を見られる、家でもなく学校でもない、第3の放課後の居場所"アフタースクール"を門真市で提案する。

ID105

阪口 葵 Aoi Sakaguchi
関西大学 環境都市工学部 建築学科 都市設計研究室

設計期間▷ 5カ月
製作中の苦労や思い出▷ ストレス
お気に入りの本▷ これから読んで見つけます
製作中に影響を受けた人物や思想▷ 先生、研究室のみんな、先輩方

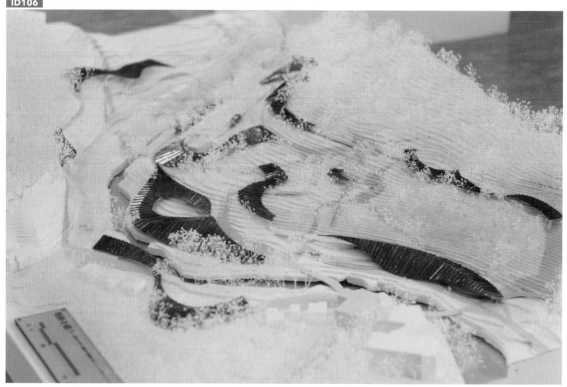

地跡を縫う

—忘れられゆく風景を再編集するフィールドキャンパス—

衰退する山間地域と均質に広がる都市の境界、京都八瀬。近代化とともに栄え、この場所に集った人々の記憶や体験、風景、そしてこの場所そのものも、現代社会の中で忘れられ、消えてゆく。この地に遺された消えゆく道とかつての風景に記憶の堆積を読み取り、今わたしたちが忘れていく身体を通した体験の場としての新たな物語へ再編集を行う。この場所が未来へと続いていくように。

ID106

宮本 莉奈 Rina Miyamoto

神戸大学 工学部 建築学科 末包研究室

設計期間 ▷ 6カ月
製作中の苦労や思い出 ▷ 真っ暗な部屋でトレース台に正座して手描き図面を描いたこと
お気に入りの本 ▷ 形態デザイン講義
製作中に影響を受けた人物や思想 ▷ 私の周りにいてくださった先生、先輩、同期、後輩のみなさん

ID107

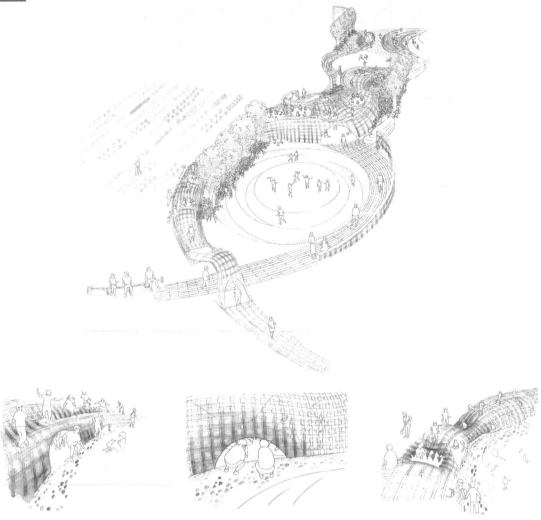

よりみち あそびみち
「あの子」と「あの人」に目が行くこの場所で。

まちに子どもの遊びを前提としたランドスケープのような建築を創造することにした。ここでは、小さな子どもが大人の空間に埋もれることなく、その姿は大人にとって大きく映るだろう。起伏に富んだ子どもの遊び場"あそびみち"では、大人たちも工夫して自分たちの居場所をつくりあげる。子どもの居場所と大人の居場所。2つの居場所はみちとなり、互いに干渉しながらまちの中にパブリックスペースの新しい形を生んでいる。

ID107

牧 美春 Miharu Maki

大阪大学 工学部 地球総合工学科 木多研究室

設計期間 ▷ 2カ月
製作中の苦労や思い出 ▷ 生まれて初めて床に段ボールを敷いて寝ました。
お気に入りの本 ▷ 人が集まる建築
製作中に影響を受けた人物や思想 ▷ 仙田満

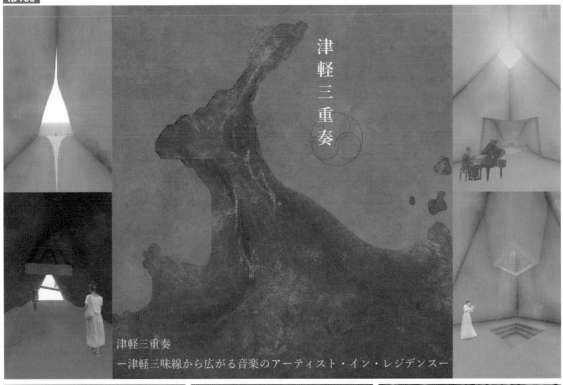

津軽三重奏

津軽三重奏
ー津軽三味線から広がる音楽のアーティスト・イン・レジデンスー

津軽三重奏
津軽三味線から広がる音楽のアーティスト・イン・レジデンス

昔、「ボサマ」と呼ばれる盲目の芸人たちによって演奏されていた三味線。今日を生きるために、日々試行錯誤し、三味線の音を進化させてきた。理不尽な差別、無慈悲で厳しい自然、自身の悲痛な境遇、そのすべてに三味線一つで立ち向かった生きる表現としての音楽。それが世に認められ、現代に伝わったものが津軽三味線である。
この津軽三味線が生まれてきた姿は、世界共通の音楽の起源と言えるのではないか。
人々が音楽を探し求める音楽のアーティスト・イン・レジデンスを津軽三味線の発祥地に計画し、音楽の起源を感じ取る。
ここは津軽三味線を基点として、音楽の真髄に迫る音楽のアーティスト・イン・レジデンスである。

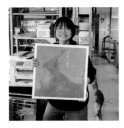

ID108

梶山 彩花 Ayaka Kajiyama
神戸大学 工学部 建築学科 槻橋研究室

設計期間 ▷ 6カ月
製作中の苦労や思い出 ▷ 平面・断面・模型表現。
お気に入りの本 ▷ ピーター・ズントー作品集
製作中に影響を受けた人物や思想 ▷ 津軽三味線の師匠

ID109

都市に伏在する若者の依りしろ
脱施設的包括支援センターの提案

家庭や学校に居場所をなくした若者は、都市空間に自らの拠り所を見つけてたむろする。この場所は犯罪が多く安全とは言えないが、集まった若者たちが互いに相談を聞き合う相互扶助の場という側面もある。一方、支援団体は都市にたむろする若者を一義的に「悪」とし、街中に構える施設で独りよがりな支援を続けている。そこで、若者が現在たむろする空間のルールを分析し、都市がもつ監視性によって施設的ではない支援手法を検討した。敷地は大阪府中央区心斎橋周辺。心斎橋の開発によるビルの裏側を利用し、都市に開いたある程度の監視性をもつ脱施設的包括支援を提案する。本提案は機能が分化した「ハコモノ支援」に対するアンチテーゼである。

ID109

岡本 侑也 Yuya Okamoto
立命館大学 理工学部 建築都市デザイン学科 都市空間デザイン研究室

設計期間 ▷ 4カ月
製作中の苦労や思い出 ▷ 卒業設計中の夜ごはん
お気に入りの本 ▷ 街並みの美学
製作中に影響を受けた人物や思想 ▷ 仙田満、平田晃久、水谷修

空隙連鎖による都市の穿孔的更新

敷地は大阪の中津という、古い長屋が密集するエリアの中で大地主が持つ一帯の土地である。ここで、空き地からピロティ、バルコニーといったさまざまなスケールの「空隙」を市民たちが自ら選択して連鎖させ、市街地を更新するための12の行動指針を策定した。敷地の中の3つの起点「空き地」「連担する空き店舗」「空き家の長屋」を想定しケーススタディを行い、行動指針を適応することで生まれ得る都市空間を描いた。確認申請不要で行うことのできる行為や、空隙を連鎖させて生まれる空間についてのレシピも用意し、市民による自発的な都市の更新を促すきっかけをいくつもつくっている。こうして生まれた都市空間はきっと「豊か」だと言えるであろう。

ID110

中村 大智 Daichi Nakamura
大阪大学 工学部 地球総合工学科 木多研究室

設計期間 ▷ 1カ月
製作中の苦労や思い出 ▷ コンビニの飲料売り場で立ったまま寝落ちし、他の客に手で払われた。
お気に入りの本 ▷ 断片的なものの社会学
製作中に影響を受けた人物や思想 ▷ 誰にも影響は受けませんでした

ID111

死なずの建築
ずっと生き続ける小学校の提案

現代社会において建築は大量生産品になってしまった。すなわち、建築は人の道具になっている。街中の建物も壊されてはすぐ建てられる。私たちの思い入れの場所も跡形もなく消し去られてしまう。果たしてそれは正しいのか。私は考えた。建築は都市から消えていくべきもの、都市に残るべきもの、この二つに分かれるのではないのかと。人と密接に関係を持ち、都市において残るべきものは何なのか。その一つとして小学校が挙げられる。今回私は小学校が人とずっと生き続ける提案をした。記憶として、また形として生き続けるこの小学校の提案が、小学校の廃校問題の解決への糸口になることや、新たな建築の建て方としての応用となることを期待する。

ID111

吉田 修斎 Noriyoshi Yoshida
関西大学 環境都市工学部 建築学科 都市建築研究室

設計期間 ▷ 6カ月
製作中の苦労や思い出 ▷ 思いを形に落とし込むところ、情報量の取捨選択に苦労しました。
お気に入りの本 ▷ 特にないですが、人の作品集とかを見るのが好きです。
製作中に影響を受けた人物や思想 ▷ ―

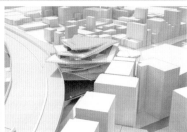

滲透する哀悼
都市における終焉の場

多死社会を迎える現代の日本は、暮らしから「死」を遠ざけている社会だと言われている。都市での人の死を取り扱う環境はビル状の墓地、直葬など時代の生活の変化に合わせ、多様に進化しているが、求める合理性・利便性から「死」をコンパクトにまとめ、人の死を生活から隔離・隠蔽させている。そこで、本提案では都市の描く生に充足している現代に、都市におけるアジール空間として「死」を民主化する葬送空間を提案する。

ID113

増田 颯人 Hayato Masuda

立命館大学 理工学部 建築都市デザイン学科 建築計画研究室

設計期間 ▷ 5カ月
製作中の苦労や思い出 ▷ カフェイン摂取
お気に入りの本 ▷ 見えがくれする都市
製作中に影響を受けた人物や思想 ▷ 養老孟司

ID115

お菓子の家
食の生産を身近にするための提案

日本は今、フードロスや農業人口の減少などの食に関する大きな問題を抱えている。農業人口が減少しているからと農家になれる人はどれだけいるのだろうか。結局は他人事であり、人々の食に対する問題意識が低いためにこのような事態が発生する。そこで、農業を農家だけがやるものではなく、私たち一般市民がもっと身近に生産というものに繋がれる場をつくり出し、皆が日本の食の問題について考え貢献できる建築を提案する。

ID115

稲川 陽菜 Hina Inagawa

立命館大学 理工学部 建築都市デザイン学科 建築光環境デザイン・設備技術研究室

設計期間 ▷ 4カ月
製作中の苦労や思い出 ▷ 真冬の研究室に連泊
お気に入りの本 ▷ 阪急電車
製作中に影響を受けた人物や思想 ▷ イサム・ノグチ

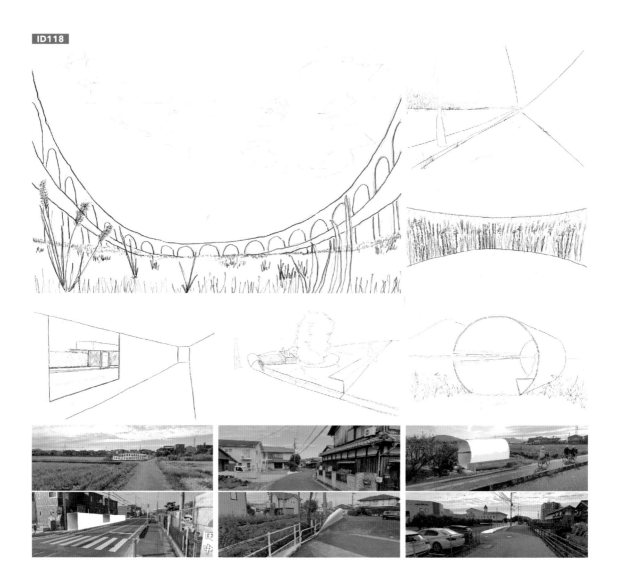

地方都市のホメオスタシス
人為の更新による心象風景の再生産

現在、少子高齢化や人口流出によって地方都市は自然に還りつつある。アスファルトの割れ目に生える雑草や錆びた看板は、人為と自然の拮抗が現れている場であり、これが地方都市らしさといえるのではないだろうか。人為と自然のバランスを保つため、人間のナワバリを守るために地方都市を更新する。それは、町の中に現れる自然に気づく装置であり、町の人や生き物の居場所である。挿入された人為は自然に還る過程の中で、誰かの故郷の新たな心象風景を構成する一部となるだろう。

ID118

中井 結花 Yuka Nakai

京都橘大学 現代ビジネス学部 都市環境デザイン学科 松本研究室

設計期間 ▷ 5カ月
製作中の苦労や思い出 ▷ 感覚的なものを説明し、人と共有することの難しさを知った。
お気に入りの本 ▷ 小さな風景からの学び
製作中に影響を受けた人物や思想 ▷ 「この場所を良くしてくれるんですか?」と尋ねられたこと。

ID119

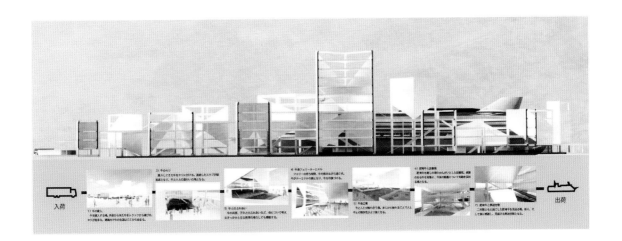

入荷　　　出荷

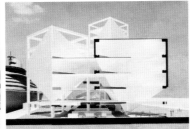

都市型酪農の再興
港を結節点とする酪農施設の提案

普段関わり合うことのない生産者と消費者の結節点となる施設を提案する。敷地は神戸市の神戸港。文明開花時代に港から食肉文化が入り、都市部でも酪農が盛んであった。現在、神戸市内の食用牛生産のほとんどは六甲山で行われており、消費者の目に触れることは少ない。迷惑施設として扱われている酪農施設を港に配置することで都市との共存を目指す。また出荷経路を媒介として六甲山、港、屠殺場を繋ぐ。港を生産者と消費者の結節点とし、食用牛の生産過程を表面化することを目指す。

ID119

坂井 碩紀 Hiroki Sakai
立命館大学 理工学部 建築都市デザイン学科 建築計画研究室

設計期間 ▷ 2カ月
製作中の苦労や思い出 ▷ ヘルプ期間中のピザパ
お気に入りの本 ▷ 時生
製作中に影響を受けた人物や思想 ▷ Archigram

青春へ

この建築は、周辺の空間の重ね合わせにより、対立する事象の融合を試みている。補色同士の色が混ざり合うと無彩色になるように、真逆同士の要素を合わせることで、中間に自由な空間を生み出し、人々に生の試みを投げかけているのかもしれない。私は、この建築に「青春」という言葉を与えた。まず、黒の四角柱の塔は棒的（機能的、構造的）な存在で、美術館や図書室として利用できるものであるのに対して、地下は器的（空間的、象徴的）な存在である。その棒的な塔と器的な地下の間の空間に、糺の森から流れてくる、晴れた美しい小川（御手洗川）を引き込んだ。ここは、青と春、つまり「青春」で空間を構成している。

ID120

奥田 大紀 Daiki Okuda

京都精華大学 デザイン学部 建築学科 川上スタジオ

設計期間 ▷ 4カ月
製作中の苦労や思い出 ▷ コインパーキングで、ロック板が上がっていたまま、車を発進してしまったこと。
お気に入りの本 ▷ 道具論
製作中に影響を受けた人物や思想 ▷ 高校時代からの同級生

ID123

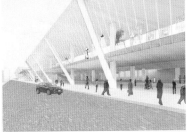

折りなす邂逅

かつての卸売市場は、業者や関係者のみが出入りする、ブラックボックス化した機能重視の建築であった。EC市場が増加した現在、市場の機能は減少しつつあり、遠くない未来に卸売市場そのものの消失が懸念される。一方で、卸売市場で行われていたセリ行為を筆頭として、人と人とが直接介して物を売買する過程は、価値が生みだされる機会であると考える。スーパーマーケットやネットショッピングなど、近代化した消費形態では得ることのできない、付加価値が生まれる瞬間に着目し、今後機能が減少していく卸売市場がそのような体験を引き起こす空間に変化していくことを提案する。

ID123

鈴木 里枝 Rie Suzuki
立命館大学 理工学部 建築都市デザイン学科 建築計画研究室

設計期間▷ 4カ月
製作中の苦労や思い出▷ 睡眠不足
お気に入りの本▷ 原っぱと遊園地
製作中に影響を受けた人物や思想▷ ―

こもれびと
智頭町における公民館を併設した複合施設の提案

木漏れ日とは、木の枝葉の間から日差しが漏れる光景、またはその日差しのことであり、山林や森の中で見ることができる。土地・木・光の３つの要素がなければ「木漏れ日」はできないことから、土地を智頭町、根を生やす木を住民、養分を与える日の光を移住希望者・観光客と捉えた。土地の９割が森林に覆われている智頭町では、町のどこにいても青々とした山々が視界に入ってくる。それは智頭町のシンボルであり、切り離せないものとなっている。町の中の木漏れ日となるような、智頭町を訪れた人にとって穏やかで暖かいコミュニティの場所となる施設を考えた。

ID124

岸本 彩優 Ayu Kishimoto
帝塚山大学 現代生活学部 居住空間デザイン学科 北澤研究室

設計期間 ▷ 3カ月
製作中の苦労や思い出 ▷ 途中まで考えていた案を没案にし、もう一度考え直した。
お気に入りの本 ▷ ―
製作中に影響を受けた人物や思想 ▷ 山崎亮

ID126

堂々たる撞着
港湾倉庫のコンバージョンによる公共図書館の設計提案

この世では、自分の築き上げた世界が他者の介入によって損なわれたり、他者の世界に介入していたりする。時にその介入が諍いを生むこともある。合理的に整備された都市空間が個人の改造や自然の力によって歪められる。その際に生ずる通常では起こりえない部材の勝ち負けは自己矛盾を孕んでおり、人間らしく美しい。これをレトリックの一種である撞着語法になぞらえて「建築的撞着」と称した。その交差点では作為的な要素が失われ、新たなアフォーダンスが生まれる。神戸新港エリアに佇むコンクリート造の港湾倉庫を設計対象とし、コンバージョンによる公共図書館を提案する。既存躯体と新設構造の納まりに矛盾を生じさせる。

ID126

長央 尚真 Shoma Nagao

神戸大学 工学部 建築学科 光嶋研究室

設計期間 ▷ 6カ月
製作中の苦労や思い出 ▷ 徹夜なし、手伝いなし、借金なし
お気に入りの本 ▷ ディテール
製作中に影響を受けた人物や思想 ▷ カルロ・スカルパ

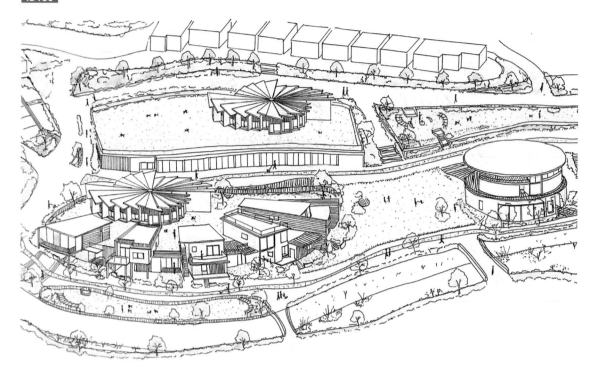

ともに歩きともに住まう
歩いてつながる動物保護エリア

現在、犬の保護施設では譲渡のペースに対して保護する数のほうが多く、スペースや人手が足りていない問題がある。保護犬を減らすためには野良犬を保護するだけではなく、既に飼育されているペットが手放されることを防ぐことが重要であることから、譲渡に条件を設け慎重であることが多い。このままでは保護の数の増加に対し、人手不足とスペース不足でパンクすることが考えられる。このような現状から本計画では「動物保護施設を身近なものに」をコンセプトに保護施設での人手を増やし、かつ譲渡先の幅を広げる住居併設型保護施設とその周囲のエリア計画を提案する。

ID130

安田 茉由 Mayu Yasuda
武庫川女子大学 生活環境学部 建築学科 杉浦・石田ゼミ

設計期間 ▷ 5カ月
製作中の苦労や思い出 ▷ 散歩のアンケートの際、犬が可愛すぎてなかなか調査が進まなかった。
お気に入りの本 ▷ 都市のイメージ
製作中に影響を受けた人物や思想 ▷ ー

ID133

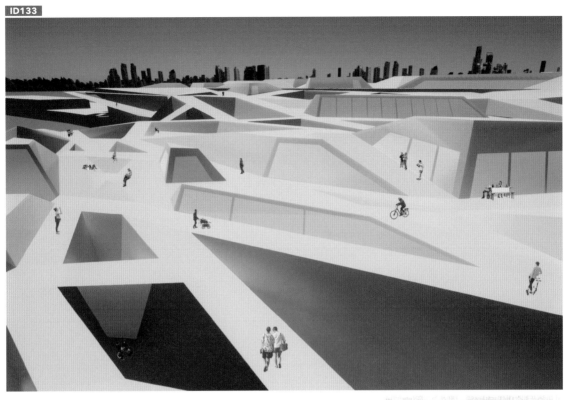

都市の調色

短期的に最大利益を得るための装置と化した建築は人々に対して豊かな生活を供給できているのだろうか。
新たに建つ卸売市場は機能的で効率的な閉鎖型を目指す。
それにより、卸売市場周辺は市場以外の人が立ち入りづらい場所となってしまった。
また、卸売市場で働く人々にとって豊かな労働の場となっているのだろうか。
そんな卸売市場に対してさまざまな人が窮屈さから解放された日常を送れるような場所の提案をする。

ID133

坂田 修人 Shuto Sakata
京都精華大学 デザイン学部 建築学科 葉山研究室

設計期間 ▷ 5カ月
製作中の苦労や思い出 ▷ 敷地の卸売市場が見学できなかったこと
お気に入りの本 ▷ ルイス・カーンの全住宅
製作中に影響を受けた人物や思想 ▷ 先生や友達

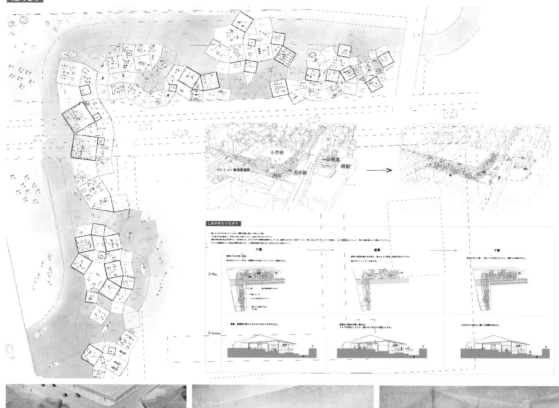

潮 / 汐だまり
水位変化と共にうつろうコミュニティ

海とのつながりがあったことから、商業が発展し賑わいが広がった堺。今も残る内川を拠点に、水辺から始まる賑わいを創造する。海水が街に流れ込む内川沿いに、水を受け入れ、人だまりをつくる商い建築を提案する。満潮時には7つの島に分裂し、個々のコミュニティを形成する。干潮時には、全体がつながり縦横無尽に人々が交わる。海の変化によってコミュニティが移ろう、この建築を起点に新たな人と水のつながりを築いていく。

ID134

西田 彩ら Sara Nishida
立命館大学 理工学部 建築都市デザイン学科 建築計画研究室

設計期間 ▷ 1カ月
製作中の苦労や思い出 ▷ ―
お気に入りの本 ▷ 集落の教え
製作中に影響を受けた人物や思想 ▷ ―

ID137

共同体感覚の7つの散歩道

共同体感覚とは「共同体に所属しつながりを感じる」ことで、孤独や疎外感などの劣等感を克服するために必要な感覚である。計画する共同体感覚の7つの散歩道は私と海の生物たちの居場所。人は海の生物のために訪れ、海の生物は人の心を癒す。散歩にやってきた人は、海の生物にあった後に建築によって回収された海洋ごみを持って帰ることで、人は貢献感を得られ、海の生物たちは棲家が守られる。

ID137

井田 雅治 Masaharu Ida

大阪工業大学 工学部 建築学科 藤井研究室

設計期間 ▷ 6カ月
製作中の苦労や思い出 ▷ 生物たちとの場所がつくれたのが良かった
お気に入りの本 ▷ S ,M ,L,XL
製作中に影響を受けた人物や思想 ▷ 藤井先生とゼミの仲間

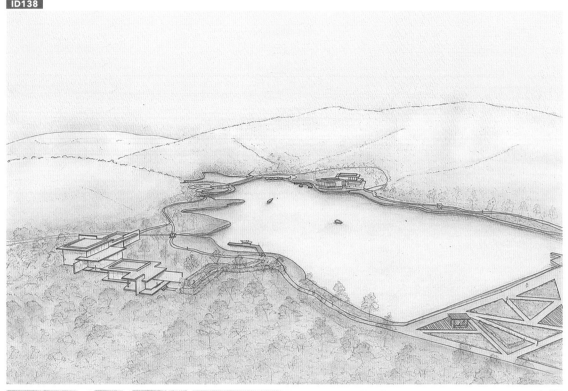

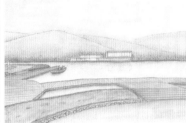

翠の界

池をめぐる庭園美術館

日本庭園は左右非対称であり、自然との調和を重んじることで、自然への敬意、移り変わる時間といった、わび・さびに美意識を置き、日本独自の空間をつくり上げてきた。特に廻遊式庭園は継起的体験を通じて庭の景を鑑賞する庭園であるため、歩行によって変化する空間が大きな魅力である。廻遊式庭園がもたらす豊かなシークエンスは、歩行する人々に刺激を与え、豊かな思考を生み出すことができるため、継承していく必要がある。そこで、自然の溢れる道を歩く中でたくさんの変化を体験し、新たな発見や感情に気づくことができる、豊かなシークエンスを持つ庭園美術館を設計する。

ID138

向 菜那 Nana Mukai

武庫川女子大学 生活環境学部 建築学科 柳沢研究室

設計期間 ▷ 5カ月
製作中の苦労や思い出 ▷ 息抜きで大学の庭園散歩
お気に入りの本 ▷ 図解 世界の名作住宅
製作中に影響を受けた人物や思想 ▷ 先生や友達

ID140

こどもと路線と、「学校都市」

学校は、もっとまちに開かれていてもいいのではないか。

現代の学校空間は日常的に都市空間と結びついておらず、子どもは学校の限られた敷地の中で1日を過ごす。

もし、学校がまち全体に広がっていたら。子どもが敷地に制限されず、いろんな場所で、いろんな人から学ぶことができたら。そこで学ぶ子どもたちは、まちのことをもっと好きになってくれるのではないだろうか。

敷地は地方観光都市の和歌山県那智勝浦町。過疎化の進むこのまちで、私は路線を学校にする。インフラの一つを学校にして、まちと学校をひとつにする。「学校都市」を提案する。

ID140

喜多村 壮 So Kitamura

立命館大学 理工学部 建築都市デザイン学科 建築計画研究室

設計期間 ▷ 4カ月
製作中の苦労や思い出 ▷ かたちがなかなか決められなかったこと。
お気に入りの本 ▷ 斜陽
製作中に影響を受けた人物や思想 ▷ セドリック・プライス、シーラカンス

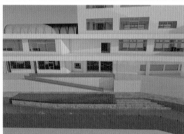

象徴建築

広がる建築、充積する都市

その土地に長年存在する、自然、建築、遺跡。周囲の人々に影響を与えながら、壊れ、再生し、残っていく。残ったものがアイコンとなり、まちを色づけるデザインが生まれてくるのだろうか。歴史が生み出すデザインへの挑戦をする。

歴史的アイコンが複数点在する寝屋川市は、現在文化的な厚みがあるにもかかわらず、それが生かされていない。寝屋川市の中心である寝屋川市駅の前に、寝屋川市に点在している歴史的アイコンをもとに、まちを色づけているデザインを再認識でき、また、寝屋川市のアイコンとなる市庁舎建築を提案した。

ID141

松川 和樹 Kazuki Matsukawa

大阪電気通信大学 工学部 建築学科 北澤研究室

設計期間 ▷ 6カ月
製作中の苦労や思い出 ▷ 学内展前の3日間睡眠無し、(初めて)さすがにつらかった。
お気に入りの本 ▷ 建築とは〈からまりしろ〉をつくることである
製作中に影響を受けた人物や思想 ▷ 社会に出ると今のような好きな建築ばかりは考えられなくなる。

起 伏 の し ろ

—山城の空間特性を用いた文化複合施設の提案—

南側立面図

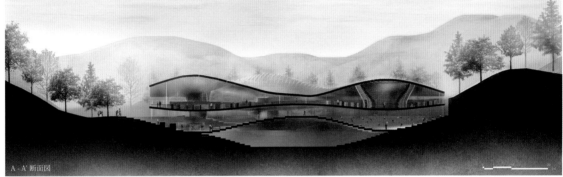

A‐A'断面図

起伏のしろ

—山城の空間特性を用いた文化複合施設の提案—

山城の空間特性とは、地形の起伏によって領域を創出することにある。そこで山城跡に現れる建築として、大小さまざまなスケールの起伏が、空間を連続しつつも緩やかに分節する、壁のない複合施設を提案する。光の入り方や音の響き方、外の見え方や人々の関係性。それぞれに対してさまざまな起伏が生まれる空間は、異なる目的を持った人々を一つの連続した空間に受け入れる。

ID143

落合 洸介 Kosuke Ochiai

神戸大学 工学部 建築学科 末包研究室

設計期間 ▷ 2カ月
製作中の苦労や思い出 ▷ たくさんの方に手伝ってもらいました。
お気に入りの本 ▷ りんごかもしれない
製作中に影響を受けた人物や思想 ▷ 風景の論理

天文都市
野辺山における地域再編計画

野辺山国立天文台は宇宙電波望遠鏡を利用した最先端の研究が行われ、世界の研究機関で利用されている。近年、宇宙開発はさまざまな分野で拡大し、市場規模は年々増加している。研究や開発が活発に行われる一方、日本では研究費が他国に比べ少ないこと、施設の不十分さなどの難があることで別国に優秀な研究者が引き抜かれている。研究力やその成果は国力にも影響するのではないだろうか。

本設計では天文台を題材に日本の宇宙開発分野の研究拠点となる複合都市を目指し、施設をプログラム、計画した。誰でも最先端の研究に触れ、興味を持つ。新たな研究施設のあり方を探る。

ID144

山本 有結吏 Ayuri Yamamoto

武庫川女子大学 生活環境学部 建築学科 米田・曽和ゼミ

設計期間 ▷ 6カ月
製作中の苦労や思い出 ▷ 校舎内や街中を設計の荷物を持って駆け抜けていたこと。
お気に入りの本 ▷ 熱帯
製作中に影響を受けた人物や思想 ▷ 先生、友人、自分

ID147

Climate Plaza
-気候の設計-

Climate Plaza
気候の設計

人のアクティビティや居場所をつくり出す「気候」を設計する。京都府立植物園がもつ豊かな「気候の種」を操作し、春に桜が芽吹くように、夏に向日葵が太陽に顔を向けるように、人々がさまざまな「気候」の中で自らの居場所を見つける。一つの大きな都市建築のなかで、陽だまりや風を感じ、人々が集まる「広場的建築」を目指した。近現代の閉鎖空間による擬似的な自由ではなく、自然を取り込むことで感じる原初的な自由な場を計画する。

ID147

今野 優摩 Yuma Konno
京都精華大学 デザイン学部 建築学科 岸川スタジオ

設計期間 ▷ 4カ月
製作中の苦労や思い出 ▷ 気が付けば家に救急隊員が流れ込んできたこと。
お気に入りの本 ▷ 小さな矢印の群れ
製作中に影響を受けた人物や思想 ▷ 小嶋一浩

鉱都の羅針図
かつての東洋一の鉱山におけるブラウンフィールド更始計画

岐阜県飛騨市神岡町は、かつて東洋一と謳われた「神岡鉱山」を有し、鉱山のまちとして発展した。日本の高度経済成長期の負の側面である四大公害病の一つ「イタイイタイ病」の発生源となった地であり、人々に負の遺産と認識される。一方で、閉山した現在はかつての鉱山跡地を活用したカミオカンデ計画が行われていることをはじめ、このまちは復活し始めている。

これらの見えない過去〜未来の歩みを、建築によって可視化させ、鉱都・神岡を体現するメモリアルを提案する。

ID148

前田 彩花 Ayaka Maeda
立命館大学 理工学部 建築都市デザイン学科 建築設計デザイン（建築意匠）研究室

設計期間 ▷ 6カ月
製作中の苦労や思い出 ▷ 睡眠不足
お気に入りの本 ▷ 内藤廣設計図面集
製作中に影響を受けた人物や思想 ▷ 内藤廣

ID150

校―manabiba―
武庫川学術都市計画

私たちが在籍する武庫川学院は西宮市内に多くのキャンパスがある。しかし武庫川学院施設は点在しており、施設間のつながり、周辺地域との関係性が薄いと感じる。そこで武庫川学院のルーツであるイギリスの教育環境にならい、武庫川学院施設を拠点とする学術都市を計画する。点在する武庫川学院施設をつなぎ、既存の建物や地形を残しながら新たな学院施設を設け、街の中に武庫川学院の学びの空間を挿入していく。武庫川施設の学びをつなげるとともに、学院施設と街並みが一体となった市街を計画することで周辺地域との関係性を深めることを目的とする。

ID150

前田 朱音 Akane Maeda

武庫川女子大学 生活環境学部 建築学科 鳥巣・田中ゼミ

設計期間 ▷ 6カ月
製作中の苦労や思い出 ▷ 自分の考えていることを表現することができず、悩まされていた。
お気に入りの本 ▷ ルイス・カーン研究
製作中に影響を受けた人物や思想 ▷ 先生、友人、自分

躍動する学生たちの棲家
ミュージカル練習場併設の学生寮

学業同様、人間形成の場として大きな意味を持つサークル活動。その1つであるミュージカル制作を取り上げる。従来、制作段階ごとに分断された空間で活動し、制作過程の把握が困難であった。そこで、制作過程を俯瞰的に捉えられる練習場を併設し、活動へのさまざまな関わり方を受け入れる学生寮を設計する。①活動への関わり方から学生を分類し、生活空間への価値観とその配列を整理。②制作過程を4段階に分け、段階ごとの練習場への要求を整理。練習場が浮かぶ中央の吹抜を挟みパス（通路）を挿入。吹抜、パスを介して各々の生活と練習が接点を持ち、立体的に視線が交差する。学内外の人の流れを集約し、学生の活動が外側へと広がるよう意識した。

ID153

鍋島 有哉香 Ayaka Nabeshima

京都府立大学 生命環境学部 環境デザイン学科 建築計画学研究室

設計期間 ▷ 3カ月（構想7カ月）
製作中の苦労や思い出 ▷ 所属する学生劇団の公演と卒制の両立。時期が被って大変だった。
お気に入りの本 ▷ 住居論
製作中に影響を受けた人物や思想 ▷ 山本理顕

ID154

ずっと地元で暮らしてたい。
―北浜町的エンディングノート―

福祉施設は姥捨て山か、監獄か。限られた介護士による要介護者の対応効率化のため、福祉施設は介護される人とする人の二者構造で、とても閉塞的な環境をしている。施設に入るのではなく、地元でかつて暮らしていたように暮らす。介護する、されるの中に何も関係のない人が入り込むことで社会性を残した新たな福祉施設の形を提案する。そこで私が、私の地元で、地元の人のためとなる建築の姿を追求する。対象敷地は、スーパーや薬局などの生活動線と、地元民の散歩道、国道に面する三角地で、既存の地元民の動線そのままに、既存施設を浸食する地域のシンボルとして建築を立ち上げる。最期の時まで親しんだ地で過ごすことのできる環境をつくり出した。

ID154

黒川 泰地 Taichi Kurokawa
大阪公立大学 工学部 建築学科 建築デザイン研究室

設計期間 ▷ 2カ月
製作中の苦労や思い出 ▷ 製図室で迎えた誕生日
お気に入りの本 ▷ ぼく モグラ キツネ 馬
製作中に影響を受けた人物や思想 ▷ 石井修

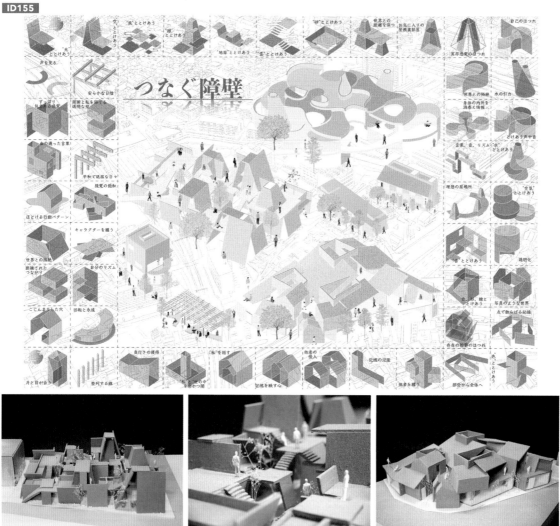

つなぐ障壁

「自閉傾向」から始まる建築を提案する。自閉傾向は、環境要因との相互作用などによって表出することで自閉症スペクトラムとして人や社会との関係を隔てる障壁となっている。本提案では「自閉傾向」の特性を設計手法として取り入れることでその価値の発掘を図った。違いを個性として認め、受け入れあえる社会のための活動拠点を計画する。

ID155

三木 竣平 Shunpei Miki

大阪工業大学 工学部 建築学科 藤井研究室

設計期間 ▷ 4カ月
製作中の苦労や思い出 ▷ 図面や模型の表現をどのようにすべきか悩んだ
お気に入りの本 ▷ 建築意匠講義
製作中に影響を受けた人物や思想 ▷ 大西麻貴＋百田有希 / o+h

富嶽反転

－富士山の内的情景をうつしだす－

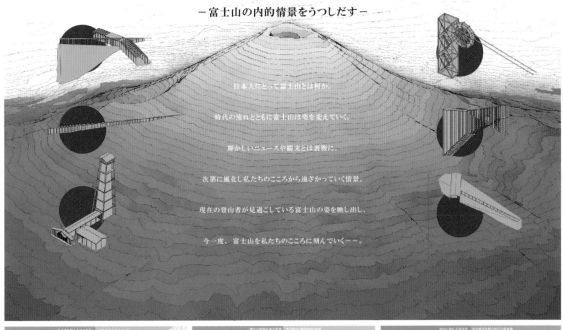

日本人にとって富士山とは何か。

時代の流れとともに富士山は姿を変えていく。

輝かしいニュースや観光とは裏腹に、

次第に風化し私たちのこころから遠ざかっていく情景。

現在の登山者が見過ごしている富士山の姿を映し出し、

今一度、富士山を私たちのこころに刻んでいく――。

富嶽反転

―富士山の内的情景をうつしだす―

私たち日本人にとって富士山とは何か。富士山は古くから日本人のこころの山と言われ、日本人の自然観や文化観が反映されてきた。近年富士山の開発・観光地化が進み、時代の流れとともに失われたものや、山頂を目指すのみの富士登山において見過ごされた風景がある。私はこの富士山に内在する要素を「内的情景」と呼ぶ。時代の流れとともに風化した構造物や大地に、富士山の内的情景をうつしだす6つの視点場を挿入する。富士山の内的情景をうつしだすことによって、日本人のこころにそれぞれの富士山の情景がうつしだされる。内的情景に別の意味が付加され、一つの統合された富士山ではなく、日本人にとって豊かな富士山の像が形成されていく。

ID158

田内 丈登 Taketo Tanai

大阪大学 工学部 地球総合工学科 阿部研究室

設計期間 ▷ 4カ月
製作中の苦労や思い出 ▷ 深夜の発狂、上裸でジェッソ。
お気に入りの本 ▷ 陰翳礼讃
製作中に影響を受けた人物や思想 ▷ ピーター・ズントー

2023.02.27　Diploma×KYOTO '23

幹 部 名 簿

役職		名前	大学	学部学科
代表		中野 宏道	近畿大学	建築学部 建築学科
副代表（会計）		原口 奈々	武庫川女子大学	生活環境学部 建築学科
副代表（書記）		伊藤 光題	立命館大学	理工学部 建築都市デザイン学科
企画班	班長	近藤 史佳	近畿大学	建築学部 建築学科
	副班長	青山 健生	大阪工業大学	工学部 建築学科
	幹部	小山 聡太	帝塚山大学	現代生活学部 居住空間デザイン学科
	幹部	川上 玄	大阪工業大学	工学部 建築学科
	幹部	袋谷 拓央	大阪工業大学	工学部 建築学科
	幹部	安田 茉由	武庫川女子大学	生活環境学部 建築学科
スポンサー班	班長	水野 光流	京都精華大学	デザイン学部 建築学科
	副班長	西岡 茉莉	武庫川女子大学	生活環境学部 建築学科
	幹部	王 博文	大阪工業大学	工学部 建築学科
制作班	班長	小傳茂 友貴	摂南大学	理工学部 建築学科
	副班長	鴬野 壮真	立命館大学	理工学部 建築都市デザイン学科
ゲスト班	班長	近藤 誠之介	京都工芸繊維大学	工芸科学部 デザイン・建築学課程
会場班	班長	松原 大樹	立命館大学	理工学部 建築都市デザイン学科
	副班長	千本 瑞穂	立命館大学	理工学部 建築都市デザイン学科
	副班長	前田 朱音	武庫川女子大学	生活環境学部 建築学科
書籍班	班長	草刈 翔太	帝塚山大学	現代生活学部 居住空間デザイン学科
	副班長	城崎 真弥	大阪工業大学	工学部 建築学科
	副班長	千葉 祐希	京都大学	工学部 建築学科
	幹部	川口 起司	関西大学	環境都市工学部 建築学科
広報班	班長	安念 玉希	神戸大学	工学部 建築学科
	副班長	檀上 咲季	武庫川女子大学	生活環境学部 建築学科
学校代表班	班長	酒見 助	京都工芸繊維大学	工芸科学部 デザイン・建築学課程
	副班長	中井 結花	京都橘大学	現代ビジネス学部 都市環境デザイン学科

Lands Design
PROFESSIONAL LANDSCAPE SOFTWARE

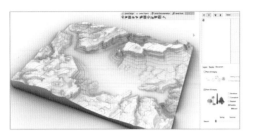

強力な地形モデリングツール

等高線、曲線、点群から地形を作成します。衛星地図から場所を選択することにより、地形をスキャンしてクラウドからインポートすることもできます。Lands Design には、地形のトリム・修正、境界線やパスに沿った切土 / 盛土、穴の追加、土地区分、土量の算出を行うツールが含まれています。このすべてのデータは専用の地形オブジェクトとして保存され、いつでも編集できます。

3D / 2D の豊富な植物データベース

8000種以上の植物データベースを提供。特定の基準（気候、土壌のタイプ、耐風性、開花と結実など）によりリストをフィルタリングすることで、サイトに最適な植物を選択できます。各植物には、2D および 3D でカスタマイズ可能な表示モードがあり、レンダリング、エクスポート、季節と成長のシミュレーション用など目的に応じて切り替えて使用することができます。

プロジェクトにおける
BIM/LIM (Landscape Information Modeling)

植栽要素、土木オブジェクト、地形などは、属性情報を持つスマートなオブジェクトとして提供されます。これらのオブジェクトは簡単に編集でき、数量計算しドキュメント化できます。常に 3D モデル、関連リストおよびドキュメントにリンクされている 2D 図面を作成するためのツールを提供しています。

リアルタイムな 2D ドキュメンテーションの生成

2D スケッチを 3D プロジェクトに変換し、視覚化します。でき上がった 3D モデルから 2D の技術的な平面図を作成し、寸法、ラベル、タグ、植物の写真、その他の注釈を追加して、プロジェクトをドキュメント化します。レイヤマネージャーを使用してプロジェクトを整理することにより、図面、灌漑、寸法計画などのさまざまなレイアウトを作成します。リストツールを使用して、植物、屋外素材、ゾーン、地形操作による切土・盛土の土量などの数量を算出し可視化します。

Grasshopper によるパラメトリックデザイン

植栽、地形、土木要素を使用して設計ワークフローを自動化します。繰り返し作業を削減して時間を節約し、カスタム機能を作成して、さまざまな設計における選択肢をより深く検証します。これらすべては、ビジュアルプログラミング環境である Grasshopper で実現されています。

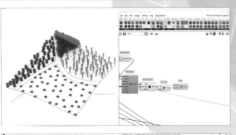

プロジェクトに命を吹き込むアニメーション動画と
リアルなイメージ画像

リアルな画像、バーチャルツアー、アニメーションビデオでプロジェクトを提示します。プロジェクトをウォークスルーし、植生の季節変化シミュレーションを再生し、太陽光の動き、風の効果、植物の成長の視覚化を可能にします。さらに、Enscape、Lumion、V-Ray などの希望のレンダリングエンジンを適用することもできます。

AppliCraft https://www.applicraft.com/products/rhinoceros/landsdesign/

つくるひとをつくる®

どうせなら、
前向きな方がいい。
Not 3K,
But 3K Standards.

SANWA 三和建設株式会社

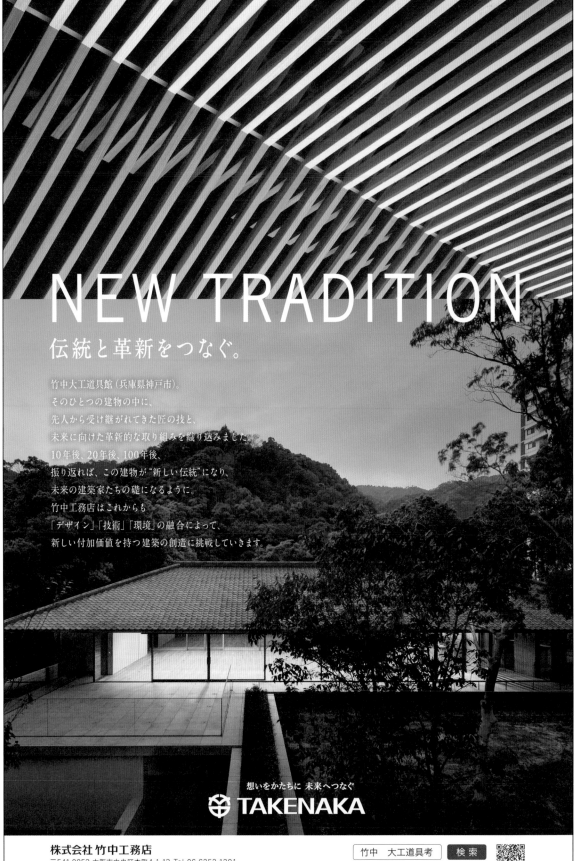

NEW TRADITION

伝統と革新をつなぐ。

竹中大工道具館（兵庫県神戸市）。
そのひとつの建物の中に、
先人から受け継がれてきた匠の技と、
未来に向けた革新的な取り組みを織り込みました。
10年後、20年後、100年後、
振り返れば、この建物が"新しい伝統"になり、
未来の建築家たちの礎になるように。
竹中工務店はこれからも
「デザイン」「技術」「環境」の融合によって、
新しい付加価値を持つ建築の創造に挑戦していきます。

想いをかたちに 未来へつなぐ

TAKENAKA

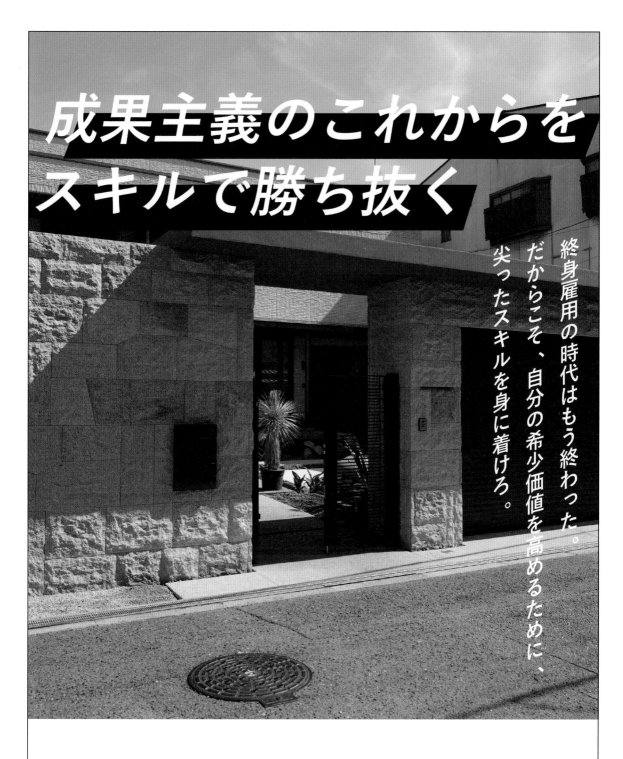

成果主義のこれからを
スキルで勝ち抜く

終身雇用の時代はもう終わった。
だからこそ、自分の希少価値を高めるために、
尖ったスキルを身に着けろ。

第4回学生に教えたい"働きがいのある企業"大賞受賞

ハンワホームズ株式会社
Hanwa Home's

ハンワホームズ株式会社	検索

外構業界・ハンワホームズで働く魅力を紹介する動画はHPから!

建築が大好きだ。

その情熱だけで十分だ。

株式会社吉住工務店

総合建設業・設計施工・注文住宅

本社
兵庫県丹波市春日町野村2465
0795-74-0712

西宮支店
兵庫県西宮市神楽町11-25
さくら夙川 STATION BUILDING 2F
0798-31-2061

吉住工務店新社屋[設計施工]
ウッドデザイン賞2022受賞

AXES

一級建築士事務所
株式会社 **アクセス都市設計**

HO: 京都市右京区西院西三蔵町 3-30-1F
BO: 大阪市中央区今橋 2-3-16
　　　　　　　 JMF ビル今橋 01-10F

URL：http://axescity.co.jp

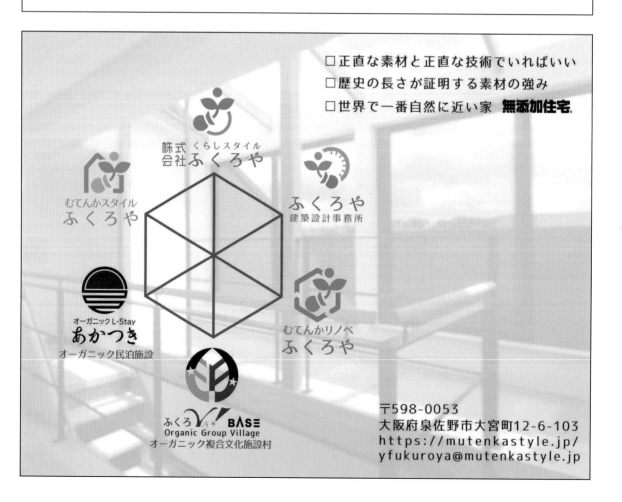

『対話の設計』を積み重ね、
思いをかたちに。
未来を志向し、進化し続けます。

Accumulate "design of dialogue" and put your thoughts into shape.
Aiming for the future, we will continue to evolve.

株式会社 内藤建築事務所

BUILD WORKs
京都の注文住宅。工務店・一級建築士事務所

100年後もこの街が誇る家を造る

京都で注文住宅を手掛ける工務店として、ゆずれない思いがあります。
歴史が息づくこの街で、歴史に残る家を、建てたい。
いい家を建てた、いつまでもそう思える家を、建てたい。

だからこそ、設計から施工まで、わたしたちは常に自らに問いかけます。
100年後もこの街が誇る家を造る。
それが、ビルド・ワークスの仕事です。

株式会社ビルド・ワークス 京都市左京区下鴨西林町28-2　お問い合わせ・資料請求 075-707-2223

私の選択は
間違ってなかった

選んだのは、合格者の50%以上が
進んだ王道ルートでした。

田中 道子♡

令和4年度 一級建築士合格

総合資格のおかげで人生変わりました。

総合資格学院イメージキャラクター
令和4年度 一級建築士試験合格
当学院受講生・俳優
田中 道子さん

令和5年度 **1級建築士 学科+設計製図試験**	令和5年度 **1級建築士 学科試験**	令和5年度 **1級建築施工管理 第一次検定**
全国ストレート合格者占有率	当学院基準達成 **当年度受講生合格率**	当学院基準達成 **当年度受講生合格率**
51.8% 他講習利用者+独学者／当学院当年度受講生	**82.5%** 全国合格率16.2%に対して **5倍以上**	**90.6%** 全国合格率41.6%に対して **2倍以上**
全国ストレート合格者**1,075名**中／当学院当年度受講生**557名** （令和5年12月25日現在）	8割出席・8割宿題提出・総合模擬試験100点以上達成 当年度受講生**315名**中／合格者**260名**（令和5年8月30日現在）	8割出席・8割宿題提出 当年度受講生**255名**中／合格者**231名**（令和5年7月14日現在）

建築技術教育普及センター発表に基づきます。 ※総合資格学院の合格実績には、模擬試験のみの受験生、教材購入者、無料の役務提供者、過去受講生は一切含まれておりません。

X ⇒「@shikaku_sogo」
LINE ⇒「総合資格学院」
Instagram ⇒「sogoshikaku_official」で検索!

開講講座 1級・2級 建築士／建築・土木・管工事施工管理／構造設計1級建築士／設備設計1級建築士／
宅建士／インテリアコーディネーター／建築設備士／賃貸不動産経営管理士

法定講習 一級・二級・木造建築士定期講習／管理建築士講習／第一種電気工事士定期講習／監理技術者
講習／宅建登録講習／宅建登録実務講習

Diploma × KYOTO '23

京都建築学生之会合同卒業設計展

—

2024年2月14日　初版発行

編著　京都建築学生之会

発行人　岸 和子

発行元　株式会社 総合資格
〒163-0557　東京都新宿区西新宿1-26-2　新宿野村ビル22F
TEL 03-3340-6714
株式会社 総合資格　https://www.shikaku.co.jp
総合資格 出版サイト　https://www.shikaku-books.jp

編集　株式会社 総合資格 出版局（金城夏水）

編集協力　京都建築学生之会 書籍班

デザイン　株式会社 総合資格 出版局（三宅 崇）

撮影　瀧本加奈子、北川紗也

印刷・製本　シナノ書籍印刷 株式会社

Printed In Japan
ISBN 978-4-86417-530-2